Modellanalysen: Literatur

Lyrische Labyrinthe
Sechs Themen und Motive

Modellanalysen: Literatur

Begründet von Werner Zimmermann
Herausgegeben von Klaus Lindemann

Klaus Lindemann (Hrsg.)

Lyrische Labyrinthe

Sechs Themen und Motive

Lyrikreihen für die Sekundarstufen I und II

Ferdinand Schöningh

Paderborn · München · Wien · Zürich

Die Deutsche Bibliothek - CIP-Einheitsaufnahme

Lyrische Labyrinthe: sechs Themen und Motive; Lyrikreihen
für die Sekundarstufe I und II / Klaus Lindemann (Hrsg.). -
Paderborn; München; Wien; Zürich: Schöningh, 1995
  (Modellanalysen: Literatur; 22)
  ISBN 3-506-75062-3
NE: Lindemann, Klaus [Hrsg.]; GT

Gedruckt auf umweltfreundlichem, chlorfrei gebleichtem
und alterungsbeständigem Papier ∞ ISO 9706

© 1995 Ferdinand Schöningh, Paderborn
Verlag Ferdinand Schöningh, Jühenplatz 1, D-33098 Paderborn

Alle Rechte vorbehalten. Dieses Werk sowie einzelne Teile desselben sind urheberrechtlich geschützt. Jede Verwertung in anderen als den gesetzlich zugelassenen Fällen ist ohne vorherige schriftliche Zustimmung des Verlages nicht zulässig.

Printed in Germany. Herstellung: Ferdinand Schöningh, Paderborn.

ISBN 3-506-75062-3

Inhaltsverzeichnis

Vorwort 7

I. Norbert Micke
Vom „Ährenfeld" zum Stadtlabyrinth –
Arbeit an Gedichten in der Sekundarstufe I
(Klasse 5–7) 9

II. Hubert Rüter
„Brav, alter Maulwurf" – Das Motiv des Maulwurfs
in Gedichten der Gegenwartsliteratur 38

III. Monika Lenkaitis
„Rom hat viel alte Bausubstanz" –
Rom in deutschen Gedichten 74

IV. Martin Schneider
Zaren und Kosaken, Kuppeln und Ikonen oder:
„... daß deiner Wolgen Schall auch hören soll
mein Rhein" – Facetten des Rußlandbildes in der
deutschen Lyrik 101

V. Klaus Lindemann
„Ich hatte einst ein schönes Vaterland" –
Heimat, Fremde und Entfremdung in Beispielen
deutscher Lyrik 126

VI. Werner Zimmermann
„Triffst du nur das Zauberwort" –
Gedichte über das Wort 151

Vorwort

Mit diesem zweiten Lyrik-Band der Reihe werden die in *Mythos und Mythenbildung* vorgestellten Reihen um sechs weitere ergänzt und dabei zugleich um Vorschläge zum Umgang mit Gedichten in der Sekundarstufe I erweitert. In diesem Band finden sich daher Unterrichtsreihen für beide Sekundarstufen des Gymnasiums und der Gesamtschule.

Norbert Mickes Weg „vom Ährenfeld zum Stadtlabyrinth" bietet neben der Formulierung des thematischen Schwerpunktes für den Band Möglichkeiten der Beschäftigung mit Gedichten auf der frühen Sekundarstufe I. Die folgenden Reihen regen die Arbeit mit Gedichten in unterschiedlichen Jahrgangsstufen der Schule an. Einen geheimnisvollen Labyrinthebauer unter der Erde erforscht dabei Hubert Rüter mit dem „Motiv des Maulwurfs in Gedichten der Gegenwartsliteratur". Ebenfalls vorwiegend anhand moderner Gedichte hat auch Monika Lenkaitis dem Thema Rom durch die Anthologien nachgespürt und dabei gerade die „subversiven" Zugänge zu einem der traditionsreichsten Motive der deutschen Lyrik entdeckt. Demgegenüber gilt Martin Schneiders Aufmerksamkeit dem lange im Dunkel – fast – „ewige(r) Grenzsperre(n)" liegenden neuen Rom der „Zaren und Kosaken, Kuppeln und Ikonen" in Gestalt des Rußlandbildes in deutschen Versen. Den verschlungenen und versteckten – nicht nur poetischen – Wegen der Heimatlosen folgt danach Klaus Lindemann in seinem Beitrag „Heimat, Fremde und Entfremdung in Beispielen deutscher Lyrik"; während schließlich Werner Zimmermann mit den geheimnisvollen „Zauberwort(en)" der Dichter von den Merseburger Zaubersprüchen bis zu den „Sterbenswort(en)" der Moderne den Weg durch die Labyrinthe der deutschen Poesie abschließt.

Die Verfasser der Beiträge gehen davon aus, daß dem Lehrer unter den aktuellen und individuellen Bedingungen von Schule und Lerngruppe die konkrete didaktische und methodische Planung der jeweiligen Unterrichtsreihe vorbehalten bleiben sollte. Trotzdem haben sie – teils integriert, teils gesondert – *Anregungen* zum unterrichtlichen Umgang mit den interpretierten Texten angeboten und damit der in dieser Buchreihe gepflegten Tradition und Konzeption entsprochen.

Am 18. 9. 1994 starb in Essen der Mitautor dieses Bandes, der Begründer und langjährige Herausgeber und Mitherausgeber dieser Reihe, Dr. Werner Zimmermann. Verlag und Herausgeber werden ihm ein ehrendes Andenken bewahren.

Essen, im Oktober 1994   Klaus Lindemann

Norbert Micke

Vom „Ährenfeld" zum Stadtlabyrinth –

Arbeit an Gedichten in der Sekundarstufe I (Klasse 5–7)

Analog zum komplexen Sinnaufbau eines Gedichtes bietet die Arbeit daran eine Fülle von Erschließungsmöglichkeiten, welche an Beispielen vorgeführt werden sollen. Da die Eigenart der einzelnen Texte bestimmte Formen der Sinnannäherung nahelegt, enthalten die Gedichtbesprechungen in integrierter Weise Analysen und didaktisch-methodische Anregungen. Den unterschiedlichen Stufen des Verstehensprozesses entsprechen kreative wie auch analytische Formen der Textarbeit; miteinander kombiniert ermöglichen sie einen Verständnisgewinn, der sich am heuristischen Prinzip des hermeneutischen Zirkels und dem von Martin Heidegger propagierten „Entwurfcharakter alles Verstehens"[1] ausrichtet. Die im folgenden beschriebenen Unterrichtsvorschläge beziehen sich auf die Jahrgangsstufe 5–7. Schüler dieser Jahrgangsstufe verfügen bereits über vielfältige Kenntnisse in bezug auf den Umgang mit Gedichten: in der Regel kennen sie bereits einige spezifisch lyrische Textbausteine (z.B. Reimformen) und haben auch den kreativen Umgang mit Gedichten (z.B. Umsetzen des Gedichtes in eine andere Textart) schon erprobt. Die in diesem Beitrag entwickelten methodischen Möglichkeiten haben denn auch nicht das alleinige Ziel, neue Umgangsformen vorzustellen (so ist die Vorgehensweise der Sinnantizipation als methodisches Element häufig etwa beim Weiterschreiben von Gedichtanfängen). Ziel ist es vielmehr, die Rezeption als Prozeß der Sinnannäherung im Unterricht transparent zu machen: der Schüler soll sich etwa der Notwendigkeit des ‚Übersetzens' von sprachlichen Strukturen bewußt werden.

Die Arbeit an August Heinrich Hoffmann von Fallerslebens (1798–1874) Gedicht „Das Ährenfeld" greift auf Vorerfahrungen der Schüler mit der Sinnantizipation zurück.

Das Ährenfeld

August Heinrich Hoffmann von Fallersleben

Ein Leben wars im Ährenfeld
Wie sonst wohl nirgends auf der Welt:
Musik und Kirmes weit und breit
Und lauter Lust und Fröhlichkeit.

5 Die Grillen zirpten früh am Tag
Und luden ein zum Zechgelag:
Hier ist es gut, herein, herein!
Hier schenkt man Tau und Blütenwein.

Der Käfer kam mit seiner Frau,
10 Trank hier ein Mäßlein kühlen Tau,
Und wo nur winkt ein Blümelein,
Da kehrte gleich das Bienchen ein.

Den Fliegen ward die Zeit nicht lang,
Sie summten manchen frohen Sang.
15 Die Mücken tanzen ihren Reihn
Wohl auf und ab im Sonnenschein.

Das war ein Leben ringsumher,
Als ob es ewig Kirmes wär.
Die Gäste zogen aus und ein.
20 Und ließen sichs gar wohl dort sein.

Wie aber geht es in der Welt?
Heut ist gemäht das Ährenfeld,
Zerstöret ist das schöne Haus,
Und hin ist Kirmes, Tanz und Schmaus.

Das für die Erschließung ausgewählte Verfahren fußt auf Anregungen Wolfgang Menzels (‚Werkstatt Lyrik – Lyrik Werkstatt'[2]) und Winfried Pielows (‚Das Gedicht im Unterricht'[3]). Insbesondere das von W. Pielow vorgestellte Konzept eines „schrittweisen Erlesens aus einer Gesamterwartung heraus"[4] gewährleistet die intendierte Kombination von analytischer und kreativer Textarbeit und ermöglicht zudem einen Verständnisgewinn, der sich am heuristischen Prinzip des hermeneutischen Zirkels und dem von M. Heidegger propagierten „Entwurfcharakter alles Verstehens" ausrichtet. Ausgehend vom Titel des Gedichtes soll im Unterrichtsgespräch eine Gesamterwartung formuliert werden, die sich sukzessiv in der Konfrontation mit einzelnen Strophen erneuert und sich allmählich dem Textsinn annähert. Indem die Schüler so in die Rolle des Mitentwerfenden und Mitsuchenden versetzt werden, erhalten sie einen Einblick in den Entstehungsprozeß des Gedichtes. Letzteres soll auch noch dadurch verstärkt werden, daß die Mitglieder der Lerngruppe dazu angeregt werden, mitgestaltend diesen Prozeß nachzuvollziehen. Dazu sollen sie versuchsweise – nachdem bereits Bauprinzipien des Textes deutlich geworden sind – ihre Sinnantizipationen in der vorgegebenen lyrischen Form verschriftlichen. Ich gehe davon aus, daß auf der Folie der entworfenen Vorerwartungen –

sei es durch Kontrasterfahrungen oder durch Affirmierung – ein intensiver (wenn auch evtl. nur ein begrenzter) Einblick in den Aufbau des Textsinnes gewonnen werden kann. In dieser Vermutung sehe ich mich durch folgende Behauptung W. Menzels bestärkt: „Vor dem Hintergrund eigener Entscheidungsprozesse wird das, wofür sich der Dichter entschieden hat, besser verständlich."[5] So werden durch die Anwendung der beschriebenen methodischen Grundkonzeption die Schüler in ihrer Eigentätigkeit im Umgang mit Lyrik gefördert. Auch wird ihnen ihre Rolle als Rezipient in stärkerem Maße bewußt, als dies beim herkömmlichen Analyseverfahren der Fall ist. Und schließlich erweitern sie, indem sie mitgestaltend ein Gedicht erschließen, ihr Repertoire an Ausdrucksformen.

A. H. Hoffmann von Fallerslebens Gedicht „Das Ährenfeld" eignet sich besonders gut für eine Erschließung, an der die Schüler sinnantizipierend-mitgestaltend teilnehmen können. Zunächst sind ihnen hier vermittelte Inhalte nicht fremd (z.b. Tiere und Pflanzen als ‚Handlungsträger'); sie entsprechen in vielem ihren Leseerwartungen, die sie aus der Lektüre von Fabeln und Märchen gewonnen haben (trifft auf Schüler der fünften und sechsten Klasse zu). Der Erschließungsarbeit kommt aber insbesondere die Struktur dieses Gedichtes entgegen. So wird das Motiv ‚Leben' im Sinne von Lustbarkeit in klarer Bilderabfolge entfaltet: in der 1. Strophe durch die Wörter „Musik", „Kirmes", „Lust" und „Fröhlichkeit"; die Strophen 2–4 stellen ein fröhliches Treiben im Tier- und Blumenreich dar (‚Handlungsträger': „Grillen", „Käfer", „Blümelein", „Bienchen", „Fliegen", „Mücken").

Sinnantizipationen können an vielen Stellen erfolgen, z.B. nach der 1. Strophe auf die Fragen ‚Wie könnte das lustige Treiben aussehen?', ‚Wer könnte an ihm teilnehmen?' und nach der Besprechung der 2. Strophe etwa auf die Fragen ‚Welche Tiere könnten außer den „Grillen" teilnehmen?', ‚Was könnten sie tun?' Eingerahmt ist das Motiv des Lebens als Lustbarkeit durch das Vergänglichkeitsmotiv. Vorverweise auf die Thematik ‚Vergänglichkeit' sind der Titel selbst (von einem „Ährenfeld" steht zu erwarten, daß es irgendwann abgemäht wird), dann in der 1. Strophe das ambivalent gebrauchte Wort „Leben", der Vergleich „Ährenfeld" – „Welt" wie auch das Motiv der „Kirmes", die auf- und wieder abgebaut wird. Auch die Verwendung des Präteritums („ein Leben wars") im ersten Vers läßt erahnen, daß das lyrische Ich schon zu Beginn das abgemähte Ährenfeld vor Augen hat. Am Schluß des Gedichtes (5. und 6. Strophe) werden die zuvor verwendeten Wörter wieder angeführt und die Vorverweise auf die Thematik ‚Vergänglichkeit' bestätigt: „das *war* ein *Leben*", „*als ob* es *ewig Kirmes* wär", „wie aber geht es in der *Welt*? / Heut *ist gemäht* das *Ährenfeld*", „und *hin ist Kirmes.*" Auch in bezug auf die Sinnebene ‚Vergänglichkeit' lassen sich also ausgehend von den Vorverweisen Sinnantizipationen entwerfen. Es ist allerdings zu erwarten, daß diese für eine Jahrgangsstufe 5–6 relativ abstrakte Sinnschicht dem Erwartungshorizont der Schüler ferner liegt als die zuvor beschriebene und daß die Antizipationen in bezug auf den Schluß vielleicht auf einen Höhepunkt, ein spektakuläres Ende oder ein Ausklingen des lustigen Treibens abzielen. Solche Vermutungen würden etwa der fünften Strophe nahekommen, die eine Zusammenfassung des ‚Festes im Ährenfeld' leistet („die Gäste zogen aus und ein"). Der tatsächlich vorhandene ‚doppelte' Schluß (Teil A: Strophe 5: Zusammenfassung des Festes; Teil B. Strophe 6: Generalisierung auf der Ebene ‚Welt') sperrt sich etwas gegen ein sinnantizipierendes Vorgehen, läßt aber trotzdem Möglichkeiten kreativer Textarbeit zu: auf der Basis der vorlaufenden Erschließung können Kriterien und ‚Inhalte' für mögliche Schlußstrophen ermittelt werden, die, ob sie nun mehr in die Richtung A oder B tendieren oder auf völlig andere Lösungen abzielen, ihrerseits wieder Gegenstand eines vergleichenden Erschließungsverfahrens sein können. Hier wird sich dann zeigen, daß etwa eine nach der Möglichkeit A verfaßte Strophe zwar ‚richtig', aber trotzdem noch ergänzungsbedürftig sein wird.

Neben der Eingangs- und der Schlußstrophe belegen vor allem Personifikationen (z.B. „die Grillen ... luden ein"), daß auch dieses ‚Naturgedicht' keinesfalls die Hermetik einer ausschließlichen Naturdarstellung anstrebt, sondern letztlich auf eine anthropologische Aussage abzielt. Personifikationen lassen sich bei der mitgestaltenden Erschließungsarbeit als Strukturmuster (‚bildhafter Textbaustein') verwerten. Da die verwendeten ‚formalen' lyrischen Bauprinzipien (Paarreim, vierhebiger jambischer Vers) Schülern aus den angesprochenen Jahrgangsstufen in der Regel bekannt und als vergleichsweise leicht zu handhabende lyrische Gestaltungsformen auf spielerischem Wege anwendbar sind – dichterische Vollkommenheit ist in Schülerarbeiten natürlich nicht erwartbar –, kann innerhalb des Erschließungsweges der Versuch unternommen werden, Sinnantizipationen in lyrischer Form zu versprachlichen. Für ein solches mitgestaltendes Erschließen eignen sich vor allem die Strophen 2–4. Ausgehend von dem Vorwissen, daß im „Ährenfeld" ein ‚Fest' stattfindet, an dem Tiere als Gäste teilnehmen (vgl. Strophe 2), können die Schüler Anschlußstrophen verfassen, die sehr originalnah sind und im Vergleich sehr gut auf das Original rückbeziehbar sind. Dies ist in der Reihungsstruktur begründet, die diese Strophen prägt. Zwar ist es wohl kein Zufall, daß die „Grillen" in der Reihung die erste Stelle einnehmen: sie „luden ein" zum Fest und sorgten für seine musikalische Eröffnung (Strophe 2). Doch dann werden die anderen Gäste nacheinander eingeführt – je zwei pro Strophe –, wobei sich die Reihenfolge als belanglos für die Bedeutungskonstitution erweist. Im Prinzip sind hier Elemente des Gedichtes beliebig austauschbar. Diese Tatsache macht sich die mitgestaltende Textarbeit zunutze. Indem die Schüler lyrische Produktionen erstellen können, die sich als dem Original verwandt erweisen, werden sie in ihrem kreativen Tun mit Lyrik bestärkt und fassen das erschlossene Original schließlich auch als *ihr* Gedicht auf.

Möglichkeiten für eine kreative Textarbeit bietet auch Georg Brittings (1891–1964) Gedicht „Fröhlicher Regen".

Fröhlicher Regen

Georg Britting

Wie der Regen tropft, Regen tropft,
An die Scheiben klopft!
Jeder Strauch ist naß bezopft.

Wie der Regen springt!
5 In den Blättern singt
Eine Silberuhr.
Durch das Gras hinläuft,
Wie eine Schneckenspur,
Ein Streifen weiß beträuft.

10 Das stürmische Wasser schießt
In die Regentonne,
Daß die überfließt,
Und in breitem Schwall
Auf den Weg bekiest
15 Stürzt Fall um Fall.

Und der Regenriese,
Der Blauhimmelhasser,
Silbertropfenprasser,
Niesend faßt er in der Bäume Mähnen,
20 Lustvoll schnaubend in dem herrlich vielen Wasser.

Und er lacht mit fröhlich weißen Zähnen
Und mit kugelrunden, nassen Freudentränen.

Ausgangspunkt für die Behandlung des Gedichtes, das Georg Britting innerhalb eines Zyklus „Regenlieder" veröffentlicht hat, sollen zunächst die ersten drei Zeilen sein. Hier wird die Gegenwart des Regens sowohl auf einer lautmalerischen als auch auf einer bildhaften Ebene evident. Die monotone Wiederholung des beginnenden Tropfens findet sich durch Reime versprachlicht, die sich aus identischen Gleichklängen entwickeln. („Regen tropft, Regen tropft ... klopft ... bezopft"). Das Naturphänomen, das sich dergestalt bemerkbar macht, existiert aber nicht für sich selbst, sondern wirkt auf den Sprecher ein. Dieser befindet sich offenbar in einem geschützten Raum. Wenn auch das Naturschauspiel auf ihn gerichtet ist und „an die Scheiben klopft", kann er es doch genüßlich erleben. Auffällig ist, daß die Worte des Sprechers von Erstaunen geprägt sind. Dies zeigt sich sowohl an dem einleitenden emphatischen Ausruf („Wie der Regen ...") als auch an dem überraschenden Hinweis auf die verwandelnde Kraft des Regens: „Jeder Strauch ist naß bezopft."

Die in den ersten drei Zeilen dargestellte Grundsituation ließe sich nun erarbeiten durch Fragen nach dem Standort und der Befindlichkeit des Sprechers oder durch den Auftrag, das Dargestellte zu zeichnen. Die Musikalität der Verse läßt sich miterleben durch ein gemeinsames Sprechen. Wichtig ist, daß dem Rezipienten hierbei die Darstellung des Regens als ein ästhetisches Erlebnis bewußt wird, daß sich die vielgestaltige, teils ambivalente Stimmung des Sprechers, die die genüßliche Beobachtung aus dem sicheren Raum ebenso mit einschließt wie Furcht vor der Naturgewalt oder Erstaunen vor dem Phänomen als solchem, zumindest teilweise überträgt. Im folgenden sollen zwei Aspekte genauer ausgeführt werden, die Gegenstand einer weiter Behandlung des Gedichtes sein können, nämlich das Prinzip der Steigerung – was sich auf das Äußere, den Regenverlauf, ebenso bezieht wie auf das Innere, die Befindlichkeit des Sprechers –, und das Motiv der Metamorphose.

Um die Progression des Sinnes zu erfassen, können zunächst die Sinnabschnitte erarbeitet werden. Dabei werden die Schüler etwa folgenden Verlauf dargestellt finden: der Regen tropft und näßt Fensterscheiben und Sträucher (Strophe 1); die Regentropfen springen, treffen auf das Gras, bahnen sich dort gesammelt einen Weg (Strophe 2); der Regen sammelt sich in einer Tonne zu einer Wassermasse; als die Tonne das Wasser nicht mehr begrenzen kann, schwappt es überfließend auf den Boden (Strophe 3); der Regen tobt sich aus, indem er sich über Bäume ergießt (Strophe 4); das Naturschauspiel präsentiert sich dem Sprecher als etwas Fröhliches: der „Regenriese" lacht und weint zugleich (Strophe 5). Das Beobachtete läßt sich wie folgt auswerten: Der Regen wird in seinem Verlauf als Bewegung dargestellt. Dies betrifft zunächst den äußeren Vorgang. Aus dem einförmigen Tropfen, das auf die Fensterscheiben trifft, wird ein bewegtes Tun. Eine Steigerung läßt sich insofern feststellen, daß sich sowohl Weg und Richtung („Schneckenspur", „Wasser schießt / In die Regentonne" ... „auf den Weg bekiest / Stürzt") als auch zunehmende Menge („Wasser schießt / In die Regentonne, /Daß die überfließt, / ... Schwall") ergeben. Auf diese Weise erschafft sich ein „Regenriese" selbst. Indem dieser sich im Kampf mit einem ihm adäquaten Gegner („faßt ... in der Bäume Mähnen") mißt, findet schließlich ein Höhepunkt und damit ein Ausgleich statt. Am Ende steht so etwas wie Erlösung. Bedrohliche Elemente, die sich beispielsweise in der dritten Strophe finden („Das stürmische Wasser schießt / In die Regentonne, / Daß die überfließt ... Stürzt Fall um Fall"), sind verschwunden, der Riese erweist sich als eine durchweg freundliche Erscheinung, die Bewegung hat ihr beglückendes Ende gefunden.

Die nachgewiesene äußere Bewegung findet ihre analoge Entsprechung in der Struktur des Endreims. Die Gleichförmigkeit des Beginns (a–a–a) weicht einer sich aus der Monotonie sukzessiv lösenden, aber geregelten Variatio (zunächst noch Paarreim: b–b, dann Kreuzreim: c–d–c–d). In der Folge wird die regelmäßige Variation durch Waisen durchbrochen (e–f–e–g–e–g; h–i–i–j–i; Waisen sind f und h, j wird in der Schlußstrophe wiederaufgenommen); auch der dargestellte Verlauf des Regens beinhaltet hier die Gefahr des überdimensionalen Anschwellens und Ausbrechens. Doch schon die vierte Strophe zeigt mit dem Paarreim i–i wieder ein statisches Element. Mit der fünften Strophe schließt sich ein Kreis: in der vorlaufenden Bewegung war offensichtlich nicht nur ein dämonisches, sondern auch ein ausgleichendes Element vorhanden. So greift die fünfte Strophe auf das zuvor verwendete j zurück und endet – freilich auf einem höheren Plateau als das anfänglich erscheinende a – ebenmäßig auf: j–j (im Vergleich zur vierten Strophe gleicht sich in Strophe 5 die Länge der Zeilen wieder an: 10 und 12 Silben; dies unterstreicht den Eindruck des Ausgleichs). Jedenfalls ist hier ein vollständiges Ende der Bewegung erreicht.

Die Tatsache, daß auch Stimmungen Gegenstand der Darstellung sind, wird notwendig Anlaß des Gespräches werden. Sowohl der Titel als auch das Schlußbild verweisen manifest auf genuin menschliche Attribute, nämlich Stimmungen, und auch ein weiterer Blick in den Text kann Hinweise auf Befindlichkeiten des Sprechers erschließen. Nachdem der Schüler einmal erkannt hat, daß der Regen nicht an sich fröhlich sein kann, sondern als solcher nur von einem Sprecher aufgefaßt wird – hiermit wäre sogleich eine wesentliche Aufgabe der Personifikation erfaßt –, kann er nun auf Spurensuche gehen und so etwas wie ein Stimmungsdiagramm erstellen. So könnte ein Beobachtungs- und Beschreibungsauftrag lauten: Wie empfindet der Sprecher den Verlauf des Regens? Welche Ausdrücke sind Indizien für Stimmungen oder Stimmungswechsel? Im Anschluß an die eingangs bereits erarbeitete innere Grundsituation könnte als Stimmungsfolge etwa gekennzeichnet werden: Staunen über die Eigenschaften des Regens („Wie der Regen springt!") – Gefühl des Werthaften und Märchenhaften, das zur Metamorphose gehört („In den Blättern singt / Eine Silberuhr.") – Furcht vor der dämonisch vernichtenden Kraft der Naturgewalten („Das Stürmische Wasser schießt / In die Regentonne, / Daß die überfließt ... Stürzt Fall um Fall") – Respekt vor der Größe und Kraft der Naturerscheinung („Regenriese ... Blauhimmelhasser, / Silbertropfenprasser") – Erleichterung infolge der Auflösung („Lustvoll schnaubend in dem herrlich vielen Wasser." / „Und er lacht mit fröhlich weißen Zähnen / Und mit kugelrunden, nassen Freudentränen."), die sich abermals mit einem Staunen vollziehen kann: denn ursprünglich Gegensätzliches wird bei diesem glücklichen Ende miteinander versöhnt

("Freudentränen"). Leicht erkennbar ist, daß auch dieser innere Prozeß eine Rundung erfährt: nachdem die Gefährdung überwunden ist, erweist sich die Ankündigung des Gastes, der „an die Scheiben klopft" (Strophe1) als segensreich, der Ausgleich der äußeren Kräfte zieht einen Ausgleich des Inneren nach sich: die Ausdrücke „lacht", „fröhlich", „kugelrunden, nassen Freudentränen" spielen Behaglichkeit, Glück und innere Harmonie wider.

Zuletzt noch einiges zum Motiv der Metamorphose. Daß Georg Britting zur Darstellung der verwandelnden Kraft des Regens in besonderem Maße auf Bilder zurückgegriffen hat, ist leicht ersichtlich. Ein Versuch der Auflösung zeigt: einige Bilder sind leicht zu deuten, sie explizieren sich selbst. Dies gilt zum Beispiel für diejenigen Ausdrücke, die von der Art der Wortschöpfung auf die Regenfülle verweisen („Blauhimmelhasser, / Silbertropfenprasser"). Andere erschließen sich nicht so mühelos. Hier sind etwa zu nennen: „In den Blättern singt / Eine Silberuhr" oder „in der Bäume Mähnen"). Für die Annäherung an den Textsinn ist damit ein wesentlicher Punkt erreicht. Bei Bildern stellt sich das grundsätzliche Problem der Übersetzung. Dies als Aufgabe ins Bewußtsein zu heben ist sicher ein zentrales Anliegen der Textarbeit. Ausgehend von den Arbeitsaufträgen ‚Übersetze die bildhaften Ausdrücke! Formuliere mit Deinen eigenen Worten, was mit den bildhaften Ausdrücken gemeint ist!' könnten die Schüler zu folgenden Ergebnissen gelangen:

Jeder Strauch ist naß bezopft.	Der Strauch hat menschliche Eigenschaften (Zopf); wie der Mensch wird er im Regen naß.
In den Blättern singt eine Silberuhr.	Das regelmäßige Tropfen des silbrig aussehenden Regens erinnert an eine Melodie.
der Regenriese	Der Regen wird zu einer riesigen menschlichen Gestalt.
Blauhimmelhasser	Der Regen ist eine Person, die etwas haßt, und zwar den blauen Himmel.
Silbertropfenprasser	Der Regen ist überreich an Wassertropfen.
in der Bäume Mähnen	Die Bäume werden mit Pferden gleichgesetzt. Der Wind faßt ebenso in die Mähne der Pferde wie in die Zweige und Blätter der Bäume.

Die Auswertung eines solchen oder ähnlichen Ergebnisses bietet neben der Chance, Fachtermini wie Personifikation, Metapher, Bild einzuführen, die Gelegenheit, das ‚Übersetzungsverfahren' zu reflektieren.

Dabei wird mancher Schüler wohl mit Recht einwenden, um die Aufgabe zu bearbeiten, müsse er ja fast einen Aufsatz schreiben. anhand eines Vergleiches zwischen den im Text vorhandenen Bildern und den von den Schülern erreichten Lösungen lassen sich dann wichtige Qualitäten der Bildersprache herausarbeiten, zu denen unter anderem Kürze und Prägnanz gehören. Die Tatsache, daß Bilder ein eigenes Sprachsystem innerhalb der ‚Normalsprache' ausmachen, wird durch den Versuch der ‚Übersetzung' ebenso bewußt wie die Erkenntnis, daß hier wie bei jeder Übersetzung von Sprachen – und dies gilt für die Auflösung von Bildern in einem noch stärkeren Maße – lediglich eine Annäherung an die Urgestalt möglich ist (vgl.: Arthur Schopenhauer: „Nicht für jedes Wort einer Sprache findet sich in jeder anderen das genaue Aequivalent. Also sind nicht sämmtliche Begriffe, welche durch die Worte der einen Sprache bezeichnet werden, genau die selben, welche die der andern ausdrücken"[6]). Die Auseinandersetzung mit der Frage, was eigentlich in den Bildern verschlüsselt sei, führt letztlich zu dem Ergebnis, daß Georg Britting das Menschliche in übergreifende Naturvorgänge stellt und daß er Bewegungen des Inneren – zum Beispiel Haß, Wut, Glück – mittels komplementärer ‚Regenbilder' aussagt.

In der Aussage ähnlich, aber in der Ansprache und im Einbezug des Rezipienten verschieden zu dem Gedicht „Fröhlicher Regen" zeigt sich James Krüss' (geb. 1926) Gedicht „Das Feuer".

Das Feuer

James Krüss

Hörst du, wie die Flammen flüstern,
Knicken, knacken, krachen, knistern,
Wie das Feuer rauscht und braust,
Brodelt, brutzelt, brennt und braust?

5 Siehst du, wie die Flammen lecken,
Züngeln und die Zunge blecken,
Wie das Feuer tanzt und zuckt,
Trockne Hölzer schlingt und schluckt?

Riechst du, wie die Flammen rauchen,
10 Brenzlig, brutzlig, brandig schmauchen,
Wie das Feuer, rot und schwarz,
Duftet, schmeckt nach Pech und Harz?

Fühlst du, wie die Flammen schwärmen,
Glut aushauchen, wohlig wärmen,
15 Wie das Feuer, flackrig-wild,
Dich in warme Wellen hüllt?

Hörst du, wie es leiser knackt?
Siehst du, wie es matter flakt?
Riechst du, wie der Rauch verzieht?
20 Fühlst du, wie die Wärme flieht?

Kleiner wird der Feuersbraus:
Ein letztes Knistern,
Ein feines Flüstern,
25 Ein schwaches Züngeln,
Ein dünnes Ringeln –
Aus.

Das Gedicht „Das Feuer" läßt sich auf unterschiedliche Weise behandeln. Die Textarbeit könnte – ausgehend von der Beschreibung der ersten Strophe – sinnantizipierend sein. Nachdem einmal die Strukturelemente des Anfangs (Anrede des Rezipienten mit dem Pronomen „du"; Thematisierung der sinnlichen, in diesem Falle der akustischen Wahrnehmung; Aufzählung von akustisch wahrnehmbaren Erscheinungsformen des Feuers, und zwar insbesondere mit Hilfe von Verben; Verwendung von Lautmalerei; Verwendung eines Fragesatzes) offenbar geworden sind, läßt sich eine Weiterführung des Gedichtes gestalten. Ebenso wie bei der Arbeit am Gedicht „Das Ährenfeld" könnte der Vergleich mit Textteilen des Originals während der Weiterführung eine kritische Reflexion des eigenen Schreibproduktes (Inwiefern ist der Schreiber dem Strukturmuster, der Webart des Textes treu geblieben?) ermöglichen. Auch eine stärker observierend-deskriptive Annäherungsart ist denkbar. Ausgangspunkt kann hierbei die gedankliche Gliederung des Textes, die von den unterschiedlichen Wahrnehmungs- und (analog dazu) Präsentationsformen und vom Verlauf des Feuers geprägt ist, sein. Eine so beschaffene Textarbeit lädt dazu ein, semantische Sachverhalte wie Isotopieebene und Oberbegriff einzuführen und durch farbliche Markierung transparent zu machen. So könnten die Schüler Ausdrücke, die sich den Bereichen akustische Wahrnehmung, optische Wahrnehmung, Wahrnehmung durch den Geruchssinn und Wahrnehmung durch die Haut zuordnen lassen, farbig kennzeichnen. Hierbei würde schnell evident werden, daß den ersten vier Strophen jeweils ein Bereich eignet, während die fünfte Strophe eine Addition der vier Bereiche und somit den Idealtypus einer zusammenfassenden Strophe darstellt. Zugleich fiele auf, daß trotz der Addition der Bereiche das Nachlassen der Kraft des Feuers durch entsprechende Lexeme („leiser", „matter", „verzieht", „flieht") versprachlicht wird. Außerdem fehlt gerade hier die in den vorherigen Strophen vorzufindende Addition von Präsentationsformen des Feuers, die mittels *einer* Wahrnehmungsart erfaßt werden. Schließlich ließe sich ermitteln, daß die letzte Strophe durch das Merkmal der Defizienz gekennzeichnet ist: es sind nur noch akustisch und optisch wahrnehmbare Präsentationsformen des Feuers gegenwärtig, zudem nimmt die Länge der Zeilen im Vergleich zu den vorherigen Strophen ab, die letzte Zeile besteht lediglich aus dem Wort „aus", das zugleich das Ende des Feuers wie der Verse markiert. Anläßlich der unterrichtlichen Behandlung des Textes konnte beobachtet werden, daß den Schülern analytische Arbeitsformen allein nicht ausreichen und daß sie eine Vorliebe dafür zeigen, das Gedicht zu sprechen, und sogar keine Widerstände entwickeln, dieses Gedicht auswendig zu lernen. Letzteres mag auch in der Sinnprogression begründet sein, die bei der Reproduktion aus dem Gedächtnis quasi von selbst wiederersteht. Tatsächlich stellt der Text vielfältige Anlässe zum Sprechen bereit. Zunächst einmal läßt sich der Verlauf, das leise Beginnen, das Aufflammen und das allmähliche Sterben des Feuers durch Heben und Senken der Stimme und durch unterschiedliche Lautstärke wiedergeben. Weitere Vorteile des Sprechens sind leicht ersichtlich: so kann man doch selbst ein Teil des – wenn auch nur imaginären – Feuers werden, indem man durch richtiges Befolgen der lautmalerischen Elemente (z.B.: „Knicken, knacken, krachen, knistern"; „Brenzlig, brutzlig, brandig") dieselben Geräusche verursacht wie das Naturphänomen selbst. Ohne Mühe erreichen die Schüler beim Lesen den beschwörenden Ton der Fragen: „Hörst du ... Siehst du ... Riechst du ... Fühlst du?". Dieser gewinnt sogar an Intensität und Stärke, wenn sich für jede Wahrnehmungs- bzw. Präsentationsform des Feuers ein Sprecher findet und wenn die Sprecher – in einer Art von szenischem Spiel – die ihnen verfügbaren Mittel der Stimme und der Gestik einsetzen. Deutlich wird dann, wie aus der Vereinzelung der Sinne und Erscheinungen in Strophe fünf eine Verdichtung wird, die jedoch gleichzeitig das Moment des Nachlassens enthält, und wie in Strophe sechs das Absterben der Sinne und Erscheinungen dargestellt wird.

Aus einer solchen Sinnannäherung erwachsen naturgemäß weiterreichende Impulse, die wieder stärker analytische Zugangsformen erforderlich erscheinen lassen und mit den oben beschriebenen methodischen Ansätzen verknüpft werden können. Dies betrifft etwa die Ermittlung der Funktion der für den Gedichtaufbau konstitutiven Fragen. Interessant ist die Art dieser Fragen: Warum haben sie den ihnen eigenen beschwörenden Ton? Stellen sie den Gefragten vor eine echte Entscheidung? Ist es nicht so, als dränge der Sprecher dem Gefragten die Antwort nachdrücklich auf: Ja, du kennst doch diese Erscheinungen, diesen Verlauf, denn du verfügst immerhin über die Wahrnehmungsformen, die ich dir hier nenne? Ein geheimnisvolles Einverständnis zwischen Sprecher und Angesprochenem scheint hierdurch angedeutet zu sein. Es gibt archetypisch angelegte gemeinsame Gewißheiten der Seele, die das Sein betreffen und die durch die – zweifellos rhetorischen – Fragen rückversichernd ins Bewußtsein gehoben werden. Insofern bedient sich James Krüss derselben Technik wie Goethe in seinem Gedicht „Mignon". „Kennst du das Land, wo die Zitronen blühn?" Auch diese Frage suggeriert dem Gefragten: Natürlich kennst du das ‚Land', wir beide, du, der Gefragte, ich, der Fragende, kennen es, wir sind uns dieses ‚Landes' gewiß und haben daher eine uns verbindende Seinsgewißheit. Sich Klarheit zu verschaffen bezüglich dieser verbindenden Gewißheit ist wohl ein wichtiger Schritt zum Verständnis des Textsinnes und wird ermöglicht durch die Suche nach Gemeinsamkeiten, die der Fragende und der Gefragte mit dem Naturphänomen Feuer besitzen. Dabei wird erkennbar – die Verwandtschaft mit den zuvor vorgestellten Texten wird nachgerade auf verblüffende Weise offenkundig –, daß das „Feuer" nichts anderes ist als ein Sinnbild für das menschliche Leben, dessen Beginn, Entfaltung und Ende zu registrieren eben den Kategorien der menschlichen Wahrnehmung vorbehalten ist.

Ein Gedicht, das eher problemorientiert und in Aussage und Gestaltung auf die angesprochene Altersgruppe ausgerichtet ist, stammt von Josef Reding (geb. 1929).

Josef Reding

Gegensachen

Manchmal will man Jokus machen:
will beim Beten plötzlich lachen,
will beim Essen Fratzen schneiden,
am Aschermittwoch sich verkleiden;
5   das sind so Gegensachen,
die darf man ab und zu schon machen.

Ostern will man Knaller kaufen,
Weihnachten mal tüchtig raufen,
will des Nachts spazierengehen
10 und am Tag die Sterne sehen;
das sind so Gegensachen,
die darf man ab und zu schon machen.

Am Geburtstag will man weinen,
will als Tag-Gespenst erscheinen,
15 will als mieser Schurke handeln,
den Lehrer schnell zur Maus verwandeln;
das sind so Gegensachen,
die darf man ab und zu schon machen.

Der Text ist von seiner Aussage her wohl jedem Leser verständlich: wo gäbe es nicht „Sachen", die einem nicht einmal „gegen" den Strich liefen. Kinder und Jugendliche werden häufig darauf hingewiesen, daß sie sich geradezu diametral zur Erwartung anderer verhalten und erfahren oft Gegenläufiges: Weisungen, Ermahnungen, Verbote, die ihren Wünschen in ärgerlicher Weise gegenüberstehen. Was liegt also näher, als die Bearbeitung dieses Gedichtes auch mit einer ‚Gegensache' zu beginnen, d.h. das Element des der Erwartung Gegenläufigen in den methodischen Zugang mit einzubeziehen? Zu diesem Zweck übernehme ich einen Vorschlag Wolfgang Menzels[7], der den Schülern den Text in folgender Form präsentiert:

Gegensachen

Manchmal will man Jokus machen: will plötzlich lachen beim Beten, will Fratzen schneiden beim Essen, sich am Aschermittwoch verkleiden; das sind so Gegensachen, ab und zu darf man die schon machen. Ostern will man Knaller kaufen, Weihnachten mal tüchtig raufen, will spazierengehen des Nachts und am Tag die Sterne sehen; das sind so Gegensachen, ab und zu darf man die schon machen. Man will weinen am Geburtstag, will als Tag-Gespenst erscheinen, will als mieser Schurke handeln, den Lehrer schnell zur Maus verwandeln; das sind so Gegensachen, die darf man ab und zu schon machen.

Schülerreaktionen auf diese Art der Präsentation erfassen schnell das ‚Gegenläufige'. So sieht doch kein Gedicht aus. Das ist eher ein normaler Text. Aber halt: da gibt es ja doch Wörter, die sich reimen, zum Beispiel „machen" oder „lachen". So oder ähnlich könnten erste Äußerungen lauten. Auch der Ärger, der unausweichliche Widerstand, der sich entwickelt, wenn man auf ein „Gegen" stößt, wird gelegentlich artikuliert: Das ist doch kein normales Gedicht! Warum schreibt der Autor den Text nicht richtig? Im Sinne eines selbsttätigen, eher induktiv ausgerichteten Unterrichtsverfahrens lassen sich nun Bausteine traditioneller Lyrik mittels der Frage erschließen, was an dem Gedicht nicht ‚richtig' sei. Hierbei dürften die Schüler äußern, daß der Text sich nicht strophisch aufgliedere, daß die sich reimenden Wörter nicht am Ende einer Zeile stehen und daß der Text zwar mit einer geregelten Abfolge von betonten und unbetonten Silben beginne („Manchmal will man Jokus machen"), dann aber in prosaisch ungebundener Sprache umschlage und auch weiterhin einen Wechsel von metrisch gebundener und ungebundener Sprache aufweise.

Eine Beseitigung der störenden Widerstände läßt sich leicht erreichen. So findet eine Abteilung von Sinnabschnitten, die zu der Strophenbildung des Originaltextes berechtigt, ihre Legitimation durch den Hinweis auf den refrainartigen Doppelvers „das sind so Gegensachen, / die darf man ab und zu schon machen" sowie auf die Einleitung einer jeden Strophe mit Hilfe eines Zeitadverbials („Manchmal", „Ostern", „Am Geburtstag"). Die Zeilen lassen sich ohne Mühe so gestalten, daß die Reimwörter als Endreim erscheinen; dabei können die

Schüler zusätzlich die Reimstruktur (Paarreim) identifizieren und den am Schluß jeder Strophe wiederkehrenden Reim als Beleg für einen Refrain werten.

Mit der Alternation von betonten und unbetonten Silben ist ein wichtiges lyrisches Bauelement angesprochen. Die Schüler erkennen, daß etwa der Satz „will plötzlich lachen beim Beten" nicht in das vierhebige trochäische Versschema seines Vorgängers („Manchmal will man Jokus machen") paßt, daß sich dieses Problem aber durch einfache Wortumstellung beseitigen läßt (hier können auf spielerische Weise unterschiedliche Wortstellungsvariationen auf ihre metrische Verwendbarkeit hin überprüft werden, etwa „will lachen plötzlich beim Beten", „will beim Beten plötzlich lachen") und daß somit die Position der Wörter im Satz für das Metrum ausschlaggebend ist. Auf eine Schwierigkeit muß allerdings hingewiesen werden: neben dem Refrain folgen auch die Zeilen 4 und 16 nicht dem sonst vorherrschenden trochäischen Versmaß; jene sind nämlich jambisch. Der Wechsel des Versmaßes läßt sich, was den Refrain anbetrifft, durch die explizite Nennung des Begriffes „Gegensachen" erklären. Möglich ist, daß hier das Motiv des Gegensätzlichen durch Umschlagen des Versmaßes ausgedrückt werden soll. Die Änderungen in den Zeilen 4 und 16 sind einer Deutung weniger zugänglich. Die zur Rettung des trochäischen Versmaßes mögliche Heranziehung des Begriffes ‚Auftakt' würde eher Verwirrung stiften. Sinnvoll ist es wohl, daß bei der unterrichtlichen Besprechung das Merkmal der regelmäßigen Alternation in den Vordergrund gestellt wird und als wichtiges traditionelles Bauelement Erwähnung findet, daß aber der Umstand des trochäisch-jambischen Wechsels keine Berücksichtigung erfährt. Jedenfalls kann die eigenständige Lösung dieser noch primär strukturellen Widerstände dem Schüler das Gefühl des Gelingens vermitteln: eine Auseinandersetzung mit derartigen ‚Gegensachen' lohnt sich.

Zu erörtern bleiben Aspekte, die den gedanklichen Gehalt des Textes betreffen. Die hier dargestellten „Gegensachen" nötigen dem Leser wohl eher ein Schmunzeln ab. Die billigende Wertung des Sprechers („das sind so Gegensachen, / die darf man ab und zu schon machen") enthalten ein Zugeständnis des Harmlosen, aber auch einen indirekten Hinweis darauf, daß „Gegensachen" auch Dimensionen einnehmen können, die eine augenzwinkernde Rechtfertigung nicht zulassen. Der Wiener Arzt und Literat Arthur Schnitzler deckt beispielsweise in seiner Erzählung *Leutnant Gustl* auf, wie Ideen, die teilweise in grotesker Weise divergieren, ins Bewußtsein seiner Hauptfigur strömen, ohne daß sie sich ihrer erwehren kann. Als Beispiel sollen Gedanken Leutnant Gustls angeführt werden, der infolge eines erlittenen Ehrverlustes durch Selbstmordphantasien bedrängt wird:

Im Zimmer schieß' ich mich tot, und dann is basta! Montag ist die Leich' ... Einen kenn' ich, der wird eine Freud' haben: das ist der Doktor ... Duell kann nicht stattfinden wegen Selbstmord des einen Kombattanten ... Was sie bei Mannheimers sagen werden? – Na, er wird sich nicht viel draus machen ... aber die Frau, die hübsche, blonde ... mit der war was zu machen ... O ja, mir scheint, bei der hätt' ich Chance gehabt ... (8)

Die beinahe simultan einströmenden (diesen Eindruck vermitteln der innere Monolog und die Unterbrechungen) Gedanken haben einen selbstquälerischen Charakter, der durch divergierende Haltungen hervorgerufen wird; letztere sind vor allem durch den Vorsatz, sich zu töten, und die Zuneigung zu der attraktiven Frau, welches doch auf ein Festhalten am Leben und sogar auf eine Zukunftsoption („Chance") verweist, gekennzeichnet. Eine solche paradoxe Eros-Thanatos-Konstellation ermöglicht allerdings eine Auflösung auf höherer Ebene (wie alles Paradoxe): Tod und Liebe sind grenzüberschreitend. Der Schnitzler-Text ist wohl nicht in den Klassen 5–7 verwertbar (wohl aber in anderen Klassen und Kursen der Sekundarstufen I und II). Er wird hier angeführt, da ein Vergleich der bezüglich ihrer Problematik verwandten Texte den Sinn des Gedichtes „Gegensachen" zusätzlich erhellt. Sowohl Schnitzler als auch Reding betrachten das Gegensätzliche in den Gedanken als etwas dem Menschen Eigentümliches und nicht als krankhafte Ausnahmeerscheinung.

Reding stellt die „Gegensachen" so dar, daß jeder Schüler in der Lage ist, ihre Harmlosigkeit selbst einzusehen. Dies setzt allerdings ein vorheriges Sich-selbst-Prüfen in bezug auf das eigene Wertesystem voraus, was ein Anliegen des Textes zu sein scheint. Ferner läßt der Text erkennen, daß sich die normierte Idee von den Dingen häufig als störend erweist und Gegengedanken herausfordert. So wird das „Beten" problematisch, wenn es in einseitiger ideeller Normiertheit nur als andachtsvoller Gestus aufgefaßt wird und mit einem „Lachen" nicht vereinbar ist. Auch der „Geburtstag" erfährt eine unsinnige Festlegung, wenn er nicht jedes innere Erlebnis, also auch das Weinen, zuläßt.

Zur ‚Botschaft' dieses Gedichtes gehört somit der Rat, „Gegensachen" nicht von vornherein zu verurteilen, vielmehr anzuerkennen, daß sie oft die Funktion haben, allzu starre Normierungen aufzubrechen, und darauf zu hoffen, daß die Auseinandersetzung mit dem Paradoxen dazu führt, den Sinn der Dinge besser zu erkennen.

Auch Robert Gernhardts (geb. 1937) Gedicht „Alarm! Hier spricht die Polizei" handelt von „Gegensachen". Robert Gernhardt greift in humoristischer Form die Thematik des Kriminellen auf.

> Alarm! Hier spricht die Polizei:
> Bertolt Biber, der ist frei!
> Ist aus seinem Zoo entwichen,
> hat sich in die Stadt geschlichen,
> 5 wo er seitdem klaut und frißt,
> daß es nicht zu glauben ist.
> Hundertzwanzig Streuselkuchen

sind verschwunden, und wir suchen
außerdem ein ganzes Faß
10 Honig, siebzig Ananas,
tausend Tafeln Schokolade,
neunzig Eier, und gerade
hören wir, es fehlt noch mehr:
Ob Negerkuß, ob Gummibär,
15 ob Marzipan, ob Früchtebrot,
ob Speiseeis, ob Obstkompott,
ob groß, ob klein, ob heiß, ob kalt –
Bertolt macht vor gar nichts halt.
Drum laßt ihn nicht in eure Wohnung!
20 Hunderttausend Mark Belohnung
winken dem, der ihn ergreift
und zur nächsten Wache schleift.
Seid so gut, schafft ihn herbei!
Schönen Dank! Die Polizei

Das Gedicht erhält seinen Reiz durch eine sukzessive Anhäufung von ‚Sensationen'. Daher beinhaltet ein möglicher methodischer Zugang das Mitverfolgen und sinnantizipierende Weiterentwickeln dieser Unerhörtheiten. Die erste Zeile beginnt mit einem Ausruf, der in einer spannenden, zugespitzten Situation seinen Platz hat: „Alarm!" Dieser knappe Ein-Wort-Satz wirkt infolge seiner phonetischen Struktur (Wiederholung des Vokals a) wie ein Signal und fordert Konzentration. Der formelhafte Satz „Hier spricht die Polizei" erinnert an einschlägige Szenen aus Abenteuer- und Kriminalgeschichten und flößt in seiner apodiktischen Tendenz Respekt ein, zumal die „Polizei" – aus der Perspektive des Kindes bzw. Jugendlichen – als mächtiges Über-Ich für die Durchsetzung derjenigen Normen sorgt, die für die eigene Welt und für diejenige der Erwachsenen verbindlich sind. Der die Zeile abschließende Doppelpunkt leitet zu der nun folgenden Mitteilung über. Ein Vergleich des nächsten Satzes mit den Erwartungen der Schüler, die in Form einer eigenen Gedichtzeile ihren Ausdruck finden können, müßte folgende Eigentümlichkeiten der zweiten Zeile erkennbar machen: der Satz „der ist frei" läßt im Zusammenhang mit dem ausgelösten „Alarm" vermuten, daß ein Verbrecher sein Unwesen treibt, vor dem die Öffentlichkeit gewarnt werden muß; dagegen sorgt der Name „Bertolt Biber" dafür, daß das Bedrohliche merklich an Gewalt verliert, denn infolge der Alliteration und des Umstandes, daß wir es hier mit einem ansonsten eher friedlichen Tier zu tun haben, erhält der Text unvermittelt einen heiteren Ton. Dies ist eine der überraschenden ‚Sensationen', von denen noch einige weitere angeführt werden sollen. Die Untaten des polizeilich Gesuchten bewegen sich zunächst im Feld des Erwartbaren („aus seinem Zoo entwichen"), zeichnen sich dann aber dadurch aus, daß dieser seinen Wirkungskreis allmählich erweitert („in die Stadt geschlichen") und sich seinen Ambitionen rückhaltlos hingibt. Letzteres wird mit drastischen Ausdrücken („klaut und frißt") geschildert, denen eine durchaus beabsichtigte Komik innewohnt: verfolgt der Leser den offensichtlich ausgehungerten „Bertolt", der nichts anderes zu tun hat, als sich der Völlerei hinzugeben, angesichts des polizeilich erlassenen „Alarms" doch eher mit einem Schmunzeln. Wer würde nicht gerne zum Verbrecher werden, um der im folgenden aufgezählten Leckerbissen habhaft zu werden, deren Vielfalt und Menge an den Topos des Schlaraffenlandes erinnern.

Thomas Mann stellt in seinem Roman *Bekenntnisse des Hochstaplers Felix Krull* eine ähnliche Szenerie dar: Felix Krull gerät in einen mit allen erdenkbaren Köstlichkeiten gefüllten Delikatessenladen, dessen Schaufenster er vordem häufig bewundert hatte; zufälligerweise erweist sich der Laden als unbeaufsichtigt, so daß Felix nicht umhin kann, seine Taschen mit Süßigkeiten zu füllen.[9] Auch Robert Gernhardt thematisiert in seinem Gedicht die von Thomas Mann aufgezeigte Problematik: um das „gemeine Leben"[10] zu verlassen und eines höheren, märchenhaften Zustandes teilhaftig zu werden, in dem die Sinne auf das glücklichste angesprochen werden, muß man kriminell werden und die Grenzen des Wirkungsraumes, der einem jeden zugewiesen ist, überschreiten. Eine solche Grenzüberschreitung fasziniert wohl jeden Rezipienten (insbesondere Kinder und Jugendliche empfinden einen Reiz, die ihnen von den Erwachsenen gesteckten Grenzen zu erproben), und jeder dürfte in der Lage sein, sie zu imaginieren, nachdem ihm einmal der Weg dazu aufgezeigt ist. Denn der Topos des Schlaraffenlandes verweist schließlich auf eine Welt des Inneren, die jedem eigen ist, nämlich auf die Gegenstände von Wunsch und Sehnsucht. Infolgedessen könnte eine sinnantizipierende Aufgabenstellung lauten: Vervollständige (möglichst in Versform) folgende Aufzählung: „Hundertzwanzig Streuselkuchen / sind verschwunden und wir suchen / außerdem ..."! Sofern Merkmale einer zusammenfassenden Zeile bereits erarbeitet wurden, ließe sich auch die Zeile 17 antizipierend erstellen. Die nächste Zeile deutet – wieder in der Form der Steigerung und mit einer Mitteilung des Unerhörten – auf die wirkliche Gefahr eines derartigen ‚verbrecherischen' Vorgehens: „Bertolt macht vor gar nichts halt", d.h. er mißachtet gesellschaftliche Normen nun vollends. Hieraus ergibt sich ein schwerwiegendes Problem: Wer soll eigentlich helfen, wenn einer „vor gar nichts halt [macht]" und sich infolge der schrankenlosen Favorisierung seiner Wünsche und seiner Genußsucht innerhalb der äußeren Welt anarchisch verhält? Kein Wunder, daß sogar die „Polizei" kapituliert und den Leser in die Pflicht nimmt, was erneut mittels einer Steigerung dargestellt wird: „Hunderttausend Mark Belohnung / winken dem, der ihn ergreift". Die eigentlich ‚sensationelle' Spitze dieses Gedichtes ist also das Eingeständnis der Ohnmacht der „Polizei", die ja doch in Zeile 1 noch dem traditionellen Bild einer mächtigen Ordnungsinstanz entspricht. Nimmt man jedoch die als Rahmen verwendeten Doppelverse des Beginnes und des Schlusses zusammen, ergibt sich ein verblüffendes und geradezu grotesk wirkendes Bild einer Demontage: „Alarm! Hier spricht die Polizei: / Bertolt Biber, der ist frei / Seid so gut, schafft ihn herbei! / Vielen Dank! Die Polizei". Somit müßte ein Ergebnis der Auseinandersetzung mit diesem Gedicht lauten: einer solchen zugleich komischen als auch dämonischen Grenzüberschreitung läßt sich auch durch ‚polizeiliche' Maßnahmen nicht so leicht steuern, es bedarf dazu der Mithilfe eines jeden.

Zu den im heiteren Ton verfaßten Gedichten gehören zweifellos diejenigen Erich Kästners (1899–1974), dessen „Weltreise durchs Zimmer" ebenfalls Grenzüberschreitungen zum Thema hat.

Weltreise durchs Zimmer

Erich Kästner

Ihr bindet einen Schleier vors Gesicht
Und sagt: ihr müßtet unbedingt verreisen
Nach Madagaskar, Schottland oder Meißen.
5   Wohin, ist Wurst. Nur bleiben dürft ihr nicht.
In eine Tüte stopft ihr dann den Paß,
Den Kragenschoner und die Kleiderbürste,
Ein Bügeleisen und zwei Leberwürste,
Und in die Zwischenräume irgendwas.
10 Dann seid ihr reisefertig, und ihr müßt
Den Tisch behutsam auf den Rücken legen.
Und ihr besteigt das Schiff der Abfahrt wegen,
Wobei ihr Herta, die nicht mitfährt, küßt.
Dann schifft ihr fort. Das Tischtuch weht im Wind.
15 Der Teppich schlägt mit Hertas Hilfe Wellen.
Ihr stoßt auf Rom und kreuzt die Dardanellen,
Wo wilde Völkerstämme üblich sind.
Das Seekrankwerden laßt ihr besser sein.
Es ist nicht leicht und ruiniert die Sachen.
20 Ihr braucht die Reise nicht so echt zu machen
Und lauft dann schnell in Madagaskar ein.
Das Sofa stellt den Felsenrücken dar.
Dort könnt ihr (wenn die Eltern fort sind) stranden,
Sonst ist es klüger, ungestört zu landen.
25 Am Ufer schreit ihr laut: Wie wunderbar!
Wenn ihr dann eine Zeitlang fröhlich wart,
Vom Vertiko herab auf Löwen zieltet

Und Mutters Zopf für eine Schlange hieltet,
Geht ihr zum Tisch, auf dem ihr heimwärts fahrt.
30 Zu Haus erzählt ihr, wie es euch gefiel:
Erzählt von Sonnenstich und Menschenfressern,
Von Nasenringen, Gift und krummen Messern—
Doch das ist eigentlich ein neues Spiel!

Erich Kästners Gedicht ist eine Spielanweisung, die sich mit einigen Akteuren und wenigen Requisiten umsetzen läßt. Dazu müßte ein Sprecher den Text lesen, während die agierenden Personen die „Weltreise im Zimmer" zur Aufführung bringen. Dabei lassen sich mit etwas Phantasie die erforderlichen Requisiten zusammenstellen: der „Schleier" mitsamt der anderen Reiseutensilien, die, falls nicht vorhanden, nach dem Motto „und in die Zwischenräume irgendwas" (welches der Erfindungsgabe keine Grenzen setzt) durch andere ersetzt werden können, Mobiliar, das geeignet ist, eine Wohnungseinrichtung vorzustellen, und vielleicht im Hintergrund eine von den Schülern angefertigte Weltkarte, auf der Stationen der Reise markiert sind. Das szenische Spiel ließe sich erweitern, etwa durch den Einbezug selbstverfaßter Reiseberichte, die die Schüler zu ausgewählten Versen anfertigen (z.B. zu den Zeilen 15–16: „Ihr ... kreuzt die Dardanellen, / Wo wilde Völkerstämme üblich sind."). Nach einer vorherigen Analyse der lyrischen Bauelemente könnte ein solcher Bericht komischer, merkwürdiger oder abenteuerlicher Begebenheiten in – möglichst originalnaher – Versform verfaßt werden. Eine vorlaufende Besprechung des Textes vermag denn auch derartige ‚imaginäre Exkursionen' zu rechtfertigen: so lädt der Sprecher am Schluß des Gedichtes gerade dazu ein, von den unvermeidlichen Besonderheiten („von Sonnenstich und Menschenfressern, / Von Nasenringen, Gift und krummen Messern–") einer „Weltreise durchs Zimmer" zu berichten.

Um der dem Gedicht innewohnenden Komik auf die Spur zu kommen, sollte zunächst der Titel Gegenstand des Überlegens sein. Dieser stellt ein Paradoxon dar: eine „Weltreise" innerhalb der begrenzten Wände eines „Zimmers" ist schlechterdings unmöglich. Der Widersinn, der in den sich ausschließenden Raumdimensionen begründet ist, läßt sich aber auf einer anderen – weniger äußeren – Verstehensebene auflösen, und zwar in dem Moment, da der Begriff „Weltreise" als imaginärer, innerer Vorgang aufgefaßt wird. Mittels einer Zuordnung von Lexemen zu den entsprechenden semantischen Feldern („Zimmer" – das im begrenzten Raum Verfügbare; „Weltreise" – die beabsichtigte Ausschweifung in die Ferne) kann bestätigt werden, daß das Mißverhältnis von gegebener Begrenzung in der heimischen Alltagswelt und intendierter Reise in die Abenteuer verheißende Ferne ursächlich für die komische Wirkung des Textes ist.

Hierbei wird etwa folgendes offenkundig: Nachdem der Sprecher auf eine betont indifferente Weise, die das Bewußtsein der Unrealisierbarkeit des äußeren Vorhabens „Weltreise" verrät, die Reiseziele genannt hat („Nach Madagaskar, Schottland oder Meißen. / Wohin, ist Wurst"), nimmt er die Reisevorbereitung ins Visier. Diese erscheint angesichts der geplanten „Weltreise" unverhältnismäßig, denn zufällig greifbare und kurios zusammengestellte („Ein Bügeleisen und zwei Leberwürste") Gegenstände genügen seinen Ansprüchen. Im Bewußtsein dessen, der sich auf das Spiel einläßt, haben die begrenzten Dinge allerdings eine verblüffende Wandlungsfähigkeit: erstaunlich schnell – es bedarf dazu nur eines Griffes – wird der „Tisch" zum „Schiff", außerdem das „Tischtuch" zur Flagge, der „Teppich" zu „Wellen", das „Sofa" zum „Felsenrücken", das „Vertiko" zur Anhöhe und „Mutters Zopf" zu einer „Schlange". Immer wieder ist die begrenzte alltägliche heimische Welt, die sich durch rasche Verfügbarkeit und Vertrautheit auszeichnet, Ausgangspunkt für die von Kästner erwünschte innere Reise, sie stellt Anlässe bereit für Phantasien und Erlebnisse, die innere und äußere Begrenzungen schließlich überwinden. Eine solche Reise kann – dies belegt etwa der unvermittelte Beginn des Gedichtes: „Ihr bindet einen Schleier vors Gesicht / Und sagt: ihr müßtet unbedingt verreisen" – jederzeit und ohne langwierige Vorbereitungen verwirklicht werden. Die Voraussetzung dazu besteht lediglich darin, daß der ‚Reisewillige' die Freiheit des Spiels akzeptiert, dessen Regeln Kästner hier entwirft.

Nicht nur das „Zimmer", sondern auch der Lebensraum ‚Stadt' bringt für viele Menschen das Problem der Begrenzung mit sich. Abschließend sollen zwei Stadt-Gedichte vorgestellt werden, die in bezug auf Problemlösungsstrategie und Strukturierung unterschiedlich sind. Das erste stammt vom Autor des bereits besprochenen Gedichtes „Gegensachen", Josef Reding.

Meine Stadt

Meine Stadt ist oft
schmutzig;
aber mein kleiner Bruder
ist es auch
5   und ich mag ihn.

Meine Stadt ist oft
laut;
aber meine große Schwester
ist es auch
10   und ich mag sie.

Meine Stadt ist dunkel
wie die Stimme meines Vaters
und hell
wie die Augen meiner Mutter.
15 Meine Stadt und ich:
wir sind Freunde,
die sich kennen.
Nicht flüchtig kennen
wie die von fernher,
20 die der Bürgermeister
manchmal über die
Hauptstraße führt.
Er zeigt ihnen nicht
die Schutthalden.
25 Warum sollte er?
Zuhause führen wir auch
unseren Besuch in das
Wohnzimmer und lassen ihn
mit unserem Mülleimer in Ruhe.
30 Aber manchmal, bevor ich
zur Schule gehe,
klopfe ich dem braven grauen
Müllkasten auf den Deckel,
daß er fröhlich klappert.
35 Und am Schuttfeld
werfe ich grüßend einen
Stein auf die
blitzende Konservendose
dahinten, daß sie klappert.

Wie so häufig enthält der Textbeginn Ansatzpunkte für die unterrichtliche Besprechung. Von daher sollen zunächst die ersten beiden Strophen beschrieben werden, welche dasselbe Bauprinzip aufweisen. Die erste Zeile nimmt jeweils den Titel wieder auf („Meine Stadt"); dabei besetzt das Possessivpronomen der ersten Person Singular die erste Position. Hier wird bereits deutlich, daß die Identifizierung mit dem Lebensraum ‚Stadt' einen zentralen Aspekt des Textes darstellt. Die semantische Rekurrenz der weiteren Ich-Nennungen (Z. 3: „mein", Z. 5: „ich", Z. 8: „meine", Z. 10: „ich") affirmiert dies. Im weiteren leisten Adjektive, die in plakativer Weise eine gesamte Zeile beanspruchen, Zustandsbeschreibungen („schmutzig", „laut"). Diese erfahren allerdings eine Relativierung durch das Zeitadverb „oft". Auch die Tatsache, daß die Zustandsbeschreibungen jeweils mit einem Semikolon abgeschlossen werden, kann als Hinweis darauf gewertet werden, daß der Sprecher sie nicht ohne Einschränkung stehen lassen will. In der Tat leitet die nun folgende entgegensetzende Konjunktion „aber" Einräumungen ein, welche die „Stadt" mit einem Familienmitglied („Bruder", „Schwester") gleichsetzen. Tertium comparationis sind hierbei die Eigenschaften „schmutzig" und „laut". Die vierte und neunte Zeile heben den Zustand des So-Seins eigens hervor. Diese nachdrückliche Bestätigung des Unschönen erfährt in der fünften und zehnten Zeile eine überraschende Wertung: „und ich mag ihn" bzw. „und ich mag sie". Dieser Zusatz wirkt weniger als Widerspruch, sondern vielmehr als bereichernde Affirmierung, was einerseits durch die additive Konjunktion „und" erreicht wird, andererseits dadurch, daß das lyrische Ich den Mut aufbringt, seine Zuneigung zum „Bruder", zur „Schwester" und zur „Stadt" zu bekennen, die doch augenscheinlich nicht frei von Mängeln sind. Was die „Stadt" angeht, leistet die Gleichsetzung mit dem „Bruder" und der „Schwester" jedenfalls eine Aufwertung: sie erlangt eine personale Qualität.

Wendet der Leser seine Aufmerksamkeit den kompositorischen Gestaltungsmitteln zu, wird er bemerken, daß Josef Reding auf traditionelle Bauformen weitgehend verzichtet hat. Abgesehen von einigen identischen Reimen (z.B.: Z. 1 und 6: „oft") finden sich keine konventionellen Reimstrukturen. Außerdem fehlen metrische Bindungen. Dennoch – und dies zeigt die vergleichende Betrachtung der ersten beiden Strophen – weist der Text Baugesetze auf, die identifiziert und auch selbsttätig erprobt werden können. Letzteres bietet sich an, weil die Schüler ausgehend von dem Muster des Anfangs Aussagen über ihren Lebensraum und somit ihre eigene Existenz treffen können. Zudem erfahren sie, daß die poetische Gattung Gedicht sich nicht ausschließlich durch Reim und Vers auszeichnet, sondern sich auch anderer Bauformen bedienen kann. Eine solche Erkenntnis könnte sogar zu Reflexionen über das Wesen der Gattung und zu Definitionsversuchen führen. Jedenfalls kann der Schüler beim eigenständigen Weiterführen des Anfanges auf folgende Strukturelemente zurückgreifen: Stropheneinleitung mit Hilfe des Ausdrucks „Meine Stadt", Abschluß der ersten Zeile durch das Zeitadverb „oft", plakative Setzung eines Adjektives in eine gesonderte Zeile bei der anschließenden Zustandsbeschreibung, Abschluß der bis hierhin getroffenen Aussage mit einem Semikolon, exponierte Position – Zeilenanfang oder Ende – der Wörter „aber", „ist", „auch", „und" sowie der Verwandtschaftsbezeichnungen („Bruder", „Schwester") mitsamt der zugehörigen Pronomen („ihn", „sie") bei der dialektischen Weiterentwicklung des Gedankens, Rekurrenz der Ich-Aussagen, fünfzeiliger Strophenaufbau. Erweist sich die Fülle der Baugesetze als Schreibhindernis, können je nach Bedarf einzelne Bauformen weggelassen werden; ihre vorlaufende Erarbeitung und der Versuch ihrer Anwendung beim Schreiben läßt immerhin die Dichte der Sinnkonstitution evident werden.

Schließlich liegt es nahe, den Gedichtanfang und die selbst verfaßten Zusatzstrophen mit der dritten Strophe zu vergleichen. Die ersten vier Zeilen des langen strophischen Schlußabschnittes weisen unverkennbar strukturelle Parallelen zum Anfang auf. Die Adjektive „dunkel" und „hell" nehmen allerdings keine vollständige Zeile ein, was der Zustandsbeschreibung einen versöhnlichen Charakter verleiht. Unterstrichen wird dies durch die komplementäre Beziehung dieser polaren Eigenschaften und durch die Anführung der engen Bezugspersonen „Vater" und „Mutter". Es folgt, einer Synthese gleichkommend, der Gedanke: „Meine Stadt und ich: / wir sind Freunde / die sich kennen." Hier könnte das Gedicht eigentlich enden, es erfährt aber eine Fortsetzung dadurch, daß das lyrische Ich die Intensität des Vertrautseins mit der Stadt gegen den flüchtigen Aufenthalt abgrenzt. Schließlich spiegelt sich in der sinnbildhaften Gestalt des Schülers, der in vertrauter Weise mit „dem braven grauen / Müllkasten" und der „blitzende[n] Konservendose" umgeht, eine Zärtlichkeit gegenüber den alltäglichen Dingen, die zum Lebensraum ‚Stadt' gehören.

Dies alles erfolgt in einer auffälligen Weise: In der letzten Strophe werden die Gedanken des lyrischen Ich in beinahe epischer Ausführlichkeit expliziert (allerdings bei Bewahrung bestimmter Strukturmuster, z.B.: exponierte Setzung von wichtigen Begriffen an den Zeilenanfang oder an das Ende, was etwa zutrifft auf die Substantive „Bürgermeister", „Hauptstraße", „Schutthalden"). Das so entstandene Sprachgebilde wirkt in seinen Ausmaßen unproportional, beinhaltet aber in der sukzessiven Hinführung auf die sinnsummierenden Schlußbilder, die mittels identischer Reime („klappert" in Z. 34 und 39) verbunden sind, einen steigernden Sinnaufbau. Infolge der Abänderung des fünfzeiligen Eingangsschemas wirkt die Sprache zum Schluß immer prosanäher, was der Alltagsproblematik des Textes entspricht, allerdings durch die Bildhaftigkeit ein Gegengewicht erhält. In bezug auf die intendierte Sinnannäherung, die mit Hilfe einer selbsttätigen Textproduktion erfolgen soll, wird somit deutlich: Josef Reding legt weniger Wert darauf, kompositorische Symmetrie durchzuhalten. Dies entspräche der Auseinandersetzung mit der gegebenen Wirklichkeit wohl nicht. Vielmehr scheint es ihm wichtig zu sein, den in den Eingangsworten „meine Stadt" bereits enthaltenen Vorsatz, nämlich die innere Aneignung des Vorfindbaren, zu Ende zu denken, was in der Findung der Sinnbilder gelingt. Die Textstruktur bildet diese Intention ab: der Aufwand an Worten und Erklärungen (in der dritten Strophe) den Weg zu einer sinnbildhaften Essenz. Reproduzieren ließe sich dieses Verfahren durchaus: es böte dann die Anwendung und das Durchbrechen eines vorgegebenen Sprachmusters, das Explizieren eines gefaßten Gedankens oder Vorsatzes, das in ein summierendes und dadurch erhöhtes Schlußbild münden soll.

Von Aussage und sprachlicher Gestaltung her völlig anders zeigt sich der folgende Text des Autors Hans Manz (geb. 1931).

Hans Manz

Die Straßen sind lebensgefährlich geworden
Die Höfe sind abgesperrt,
Was bleibt noch
DICH?
wie
für jemand
am Ende
die Treppenhäuser Ruheorte
Die Plätze sind von Autos verstellt
In den Anlagen stehen Wächter
das Zimmer klein.
Die Wohnung ist eng,
Die Wiesen sind von Zäunen umgeben

In seinem Gedicht „Die Straßen sind lebensgefährlich geworden" konstatiert Hans Manz die Enge und Ausweglosigkeit des Lebensraumes ‚Stadt'. Dies erfolgt in lapidaren, immer kürzer werdenden Sätzen, die in der Frage „Was bleibt noch / am Ende / für jemand / wie / Dich?" gipfeln. Die semantische Struktur der von Manz verwendeten Hauptsätze ist denkbar einfach. Am Anfang der ersten acht Kola steht jeweils ein Substantiv, das einen Bestandteil des städtischen Lebensraumes anführt. Dabei ist auffällig, daß das Substantiv jeweils mit einem bestimmten Artikel verbunden ist, was der Nennung den Charakter der Begrenzung und – damit verbunden – des Definitiven verleiht. Letzteres bewirkt beim Leseprozeß einen Überraschungseffekt, denn „die Straßen" sind wie auch die anderen genannten Räume von ihrer Bestimmung nicht dazu vorgesehen, Hindernisse vorzustellen. Der angesprochene Aspekt der Begrenzung wird allerdings auch in der Reihenfolge der Nennung ersichtlich. Während die ersten Lexeme („Straßen", „Plätze", „Wiesen", „Anlagen") das semantische Merkmal Offenheit aufweisen, findet sich bei den folgenden zunehmend das Merkmal der Einengung („Höfe", „Treppenhäuser", „Wohnung", „Zimmer"). Dieser Sinnprogression entspricht die Tatsache, daß die Satzlänge stetig abnimmt, wozu etwa die Auslassung von Verben beiträgt („die Treppenhäuser Ruheorte", „das Zimmer klein"). Im Unterschied dazu enthalten die Aussagen über die verschiedenen ‚Lebensräume' kein prozessuales Moment. In einsinniger Weise prägen die semantischen Merkmale ‚Hindernis', ‚Unzugänglichkeit' und ‚Enge' die Prädikate. Dabei wird das Statische des Zustandes mehrfach durch Formen der Kopula ‚sein' hervorgehoben. Eine Änderung der rhythmischen Monotonie – der parallele Satzbau mit seinen asyndetischen Verbindungen tut ein übriges, um den Eindruck der Monotonie und Lebensfeindlichkeit hervorzurufen – erfolgt mit der Schlußfrage. Es ist jedoch trügerisch, daß deren Ende gleichsam als Pointe auf die Person des Stadtbewohners ausgerichtet ist. Zwar gerät dieser, der zuvor keine direkte Nennung erfuhr, hier zunehmend in den Blick, und zwar zunächst auf eine unpersönliche („jemand"), dann auf eine persönliche („Dich") Weise, wobei das Pronomen der zweiten Person Singular als semantisches Merkmal sogar die Kategorie der Ich-Du-Beziehung enthält. Dennoch hebt die Art der Fragestellung die angedeutete Möglichkeit des persönlichen Kontaktes auf, macht sie sogar zunichte. Diese ist nämlich resignativ; ihre rhetorische Tendenz unterstellt von vornherein Hoffnungslosigkeit als einzig mögliches Daseinsprinzip. Zudem signalisieren die Wendungen „am Ende" und „für jemand / wie / Dich" Endzeitstimmung und Anonymität.

Die Wirkung des Textes wird aber vor allem von seiner besonderen ‚Schreibweise' erreicht. So ordnet Hans Manz die Aussagen in einem labyrinthartigen Gefüge von Quadraten und Rechtecken an, dessen Inneres die Schlußfrage „Was bleibt noch / am Ende / für jemand / wie / Dich?" darstellt. Folgt der Rezipient der Leseanweisung „Worte kann man drehen" – so der Titel des „Sprach-Buch[es] für Kinder", dem das Gedicht entstammt –, erfährt er das Erlebnis der Einengung, das Schwindel und Verlust eines sicheren Standortes mit sich bringt. Hierin ist Manz dem Programm der konkreten Poesie verpflichtet, das der konventionellen Sprache Skepsis entgegenbringt, ihre Abgenutztheit kritisiert, ihr den Erlebnischarakter abspricht und ihr das experimentelle Spiel mit Worten gegenübersetzt, das häufig piktogrammhafte Sprachgebilde entstehen läßt. Die Vertreter dieser poetischen Anschauung rekurrieren auf das bildhafte Vorstellungsvermögen, das ihrer Meinung nach in einem ganzheitlichen, originären Sinne sprachformend ist und der normierten, entästhetisierten Gegenwartssprache nicht mehr eignet.

Eben das experimentelle Spiel ist es, was in der Auseinandersetzung mit dem Gedicht gewinnbringend eingesetzt werden kann. So könnten im Unterricht alternative bildhafte ‚Schreibweisen' entwickelt werden, die dann hinsichtlich ihrer Aussage mit der labyrinthartigen Form zu vergleichen wären. Hierfür sollen vier Beispiele angegeben werden.

Beispiel A Die Straßen sind lebensgefährlich geworden
Die Plätze sind von Autos verstellt
Die Wiesen sind von Zäunen umgeben
In den Anlagen stehen Wächter
Die Höfe sind abgesperrt,
die Treppenhäuser Ruheorte
Die Wohnung ist eng,
das Zimmer klein.
Was bleibt noch
am Ende
für jemand
wie
Dich?

Beispiel B Die Straßen sind lebensgefährlich geworden
Die Plätze sind von Autos verstellt
Die Wiesen sind von Zäunen umgeben
In den Anlagen stehen Wächter
Die Höfe sind abgesperrt,
die Treppenhäuser Ruheorte
Die Wohnung ist eng,
das Zimmer klein.
Was bleibt noch
am Ende
für jemand
wie
Dich?

Beispiel C

Die Straßen sind lebensgefährlich geworden
Die Plätze sind von Autos verstellt
Die Wiesen sind von Zäunen umgeben
In den Anlagen stehen Wächter
Die Höfe sind abgesperrt,
die Treppenhäuser Ruheorte
Die Wohnung ist eng,
das Zimmer klein.

Was bleibt
noch am Ende
für jemand
wie Dich?

Beispiel D

Nach der selbsttätigen Gestaltung solcher oder ähnlicher ‚Texte' schließt sich sinnvollerweise eine Beobachtungs- und Beschreibungsphase an. Dabei läßt sich folgendes feststellen: Das Beispiel A kann als Vorstufe zu der von Manz gewählten Form angesehen werden, denn die Sätze bzw. Satzbestandteile, die im ‚Labyrinth' jeweils rechtwinklig voneinander abgesetzt sind, erscheinen hier in einer konventionellen Zeilenanordnung untereinandergesetzt. Dabei wird der thematische Aspekt ‚Einengung, Begrenzung' dadurch graphisch deutlich, daß die Zeilenlänge sukzessiv abnimmt (mit geringen Ausnahmen, die in bezug auf die Sinnkonstitution unbedeutend sind): die vorletzte und letzte Zeile weisen jeweils nur noch ein Wort auf. Beispiel B weicht von A insofern ab, als eine um die Mittelachse zentrierte Schreibweise vorliegt. Schon wegen der Aufgabe des linksbündigen Schreibbeginns tendiert dieser ‚Text' stärker zu einer graphischen Kunstform hin, die an Signalsymbole erinnert. Die hier erfolgte Loslösung von der ‚normalen' Schriftsprache setzt das Beispiel C konsequent fort: die mittels eines Absatzes erwirkte Abtrennung der Schlußfrage ermöglicht den Eindruck eines Ausrufezeichens. In diesem Fall lassen sich außerdem Überlegungen darüber anstellen, ob beim experimentellen graphischen Spiel die Länge der Kola, wie sie in der Labyrinthform vorgegeben ist, verändert werden darf (vgl. die Gestaltung des zum Ausrufezeichen gehörenden Punktes): Diese können zu folgendem Ergebnis führen: eine Abänderung ist von daher zu rechtfertigen, wie auch in der Ausgangsform die Art des Piktogrammes entscheidend ist für die Zusammensetzung und Länge der einzelnen Kola. Beispiel D ist eine Analogbildung zu C: die Entsprechung besteht in der Thematisierung des Appellativen.

Den Textdeskriptionen kann nun der Versuch der Deutung folgen, der wohl insbesondere die Unterschiedlichkeit der Intentionen zum Gegenstand haben wird. So suggeriert die Ausgangsform eine ausgeprägt pessimistische Sicht: im Zentrum des ‚Labyrinthes' angelangt, hat der Stadtbewohner keine Hoffnung, dort wieder herauszufinden. Die ‚Vorform' A veranschaulicht den thematischen Aspekt Einengung eher ausschließlich als das Resultat eines stetigen Prozesses, wobei die pessimistische Note gewahrt bleibt. Gleiches gilt – allerdings bei stärkerer graphischer Pointierung – für das Beispiel B. Hingegen läßt sich die Form C als dringende Mahnung verstehen; dies setzt die Hoffnung auf eine Veränderbarkeit der Verhältnisse voraus und ist somit von einer pessimistischen Haltung stärker entfernt. In der Gestalt des Fragezeichens liegt eine Tendenz zur Indifferenz, dem einzelnen steht es demnach frei, einen solchen ‚Text' als resignativ oder vielmehr als zum Nachdenken oder zur Aktion anregend auszulegen. Zusammenfassend dürfte jedenfalls herausgestellt werden, daß die Gestalt des Piktogrammes in besonderer Weise sinnlenkend ist: die durch die sonstigen Bedeutungsträger erreichte Aussage ordnet sich der Intention des bildhaften Zeichens unter.

Die Auseinandersetzung mit dem Gedicht „Die Straßen sind lebensgefährlich geworden" kann den Schüler als Textgestalter folglich motivieren, nach Ausdrucksmustern zu suchen, die den Rahmen des Konventionellen sprengen, und vermag ihn zudem dazu befähigen, bei der Auswahl solcher Muster differenziert und kritisch vorzugehen.

Anmerkungen

[1] Gadamer, Hans-Georg: *Wahrheit und Methode.* 4. Aufl. Tübingen 1975. S. 246.
[2] Menzel, Wolfgang: *Werkstatt Lyrik – Lyrik-Werkstatt.* In: Praxis Deutsch. Sonderheft 1981: Arbeitsbuch Lyrik. S. 39–59.
[3] Pielow, Winfried: *Das Gedicht im Unterricht.* 5. Aufl. Baltmannsweiler 1985. S. 130–143.
[4] Ebd. S. 132.
[5] Menzel, Wolfgang: *Werkstatt Lyrik – Lyrik-Werkstatt.* S. 39
[6] Schopenhauer, Arthur: *Auszug aus „Ueber Sprache und Worte".* In: Störing, Hans Joachim (Hg.): Das Problem des Übersetzens. 2. Aufl. Darmstadt (Wege der Forschung Bd. VIII) 1973. S. 101.
[7] Menzel, Wolfgang: *Werkstatt Lyrik – Lyrik-Werkstatt.* S. 46.
[8] Schnitzler, Arthur: *Gesammelte Werke in zwei Abteilungen.* Erzählende Schriften. Erster Band. Siebentes bis neuntes Tausend. Berlin 1913. S. 282–283.
[9] Mann, Thomas: *Bekenntnisse des Hochstaplers Felix Krull.* 633.–649. Tausend. Frankfurt am Main. S. 47ff.
[10] Ebd. S. 49.

Angaben zu den besprochenen Gedichten

1. Britting, Georg: *Der irdische Tag.* Gedichte. München 1935. S. 51.
2. Gernhardt, Robert: *Mit dir sind wir vier.* 1. Aufl. Frankfurt am Main 1983. o.S.
3. Hoffmann von Fallersleben, August Heinrich: *Das Ährenfeld.* In: Krüss, James (Hg.): So viele Tage, wie das Jahr hat. 365 Gedichte für Kinder und Kenner. o.O. o.J. S. 16–17
4. Kästner, Erich: *Weltreise durchs Zimmer.* In: Krüss, James (Hg.): So viele Tage, wie das Jahr hat. 365 Gedichte für Kinder und Kenner. o.O. o.J. S. 91.
5. Krüss, James: *Das Feuer.* In: Krüss, James, Der fliegende Teppich. Hamburg 1976. S. 166.
6. Manz, Hans: *Worte kann man drehen.* Sprach-Buch für Kinder –Zeit-Wörter und anderes. Weinheim und Basel 1974. S. 108.
7. Reding, Josef: *Gegensachen.* In: Menzel, Wolfgang: Werkstatt Lyrik – Lyrik-Werkstatt. S. 40.
8. Reding, Josef: *Meine Stadt.* In: Ulshöfer, Robert (Hg.): Arbeit mit Texten. 5./6. Schuljahr. Hannover 1991. S. 160.

Hubert Rüter

„Brav, alter Maulwurf"

Das Motiv des Maulwurfs in Gedichten der Gegenwartsliteratur

Dieses rätselhafte Tier, dessen unterirdische Wanderungen man zwar gelegentlich an den aufgeworfenen Erdhügeln verfolgen kann, das selbst aber so gut wie nie sichtbar wird, hat seit eh und je heftige Vernichtungswünsche der Feld-, Wiesen- und Gartenbesitzer provoziert. Mancherorts muß es sich früher kräftig vermehrt haben und in der Tat zu einer rechten Plage geworden sein, wenn man den zahlreichen Schriften über die Lebensweise des Maulwurfs und, darauf fußend, vor allem über die Praktiken zu seiner Vernichtung glauben darf. Dazu schien umso mehr Berechtigung, als sich im Volk hartnäckig die Überzeugung hielt, er sei ein pflanzenfressender Schädling, also ein Nahrungskonkurrent des Menschen, obwohl doch alle Autopsien ihn eindeutig als Raubtier auswiesen. Zu solchen und ähnlichen Fehlurteilen haben sicher in hohem Maße die Ängste und Phantasien beigetragen, die – ebenfalls seit undenklichen Zeiten – sich mit dem Maulwurf verknüpften, denn da er sich in seinem dunklen Lebensraum jeder direkten Beobachtung entzieht, richtet er umgekehrt die Bilder und Vorstellungen, die sich mit diesem Bezirk verbinden, auf sich aus. Der unterirdische Raum – das ist die Welt der Finsternis und des Todes, die Welt der chthonischen Mächte und des Teufels. So gilt der Maulwurf seit Urzeiten wenn nicht als ein böser Dämon oder der Teufel selbst, so doch als dessen willfähriger Diener. Die Bibel zählt ihn zu den unreinen Tieren, die mit dem Teufel im Bunde stehen. Zu alledem scheint er auch noch blind zu sein, also gerade jenes Organ zu entbehren, das selbst niederen Tieren wie den Insekten oder Spinnen eine Orientierung auf der Oberwelt ermöglicht. Aufgrund dieser tatsächlichen oder vermuteten Eigenschaften geriet der Maulwurf in der christlichen Tiersymbolik zum Sinnbild des im Irdischen befangenen heilsblinden Menschen.

Die Ambivalenz des magisch-mythischen Denkens schreibt dem Maulwurf andererseits gerade wegen seiner Nähe zu den dämonischen Mächten der Erde große Kräfte und manche auch positive Eigenschaft zu. Bei magischen Praktiken wird er daher oft als Utensil ge- oder besser mißbraucht. Vor allem aber glaubt die Volksmedizin an die starke Heilkraft seines Körpers oder einzelner Körperteile gegen zahllose Krankheiten und Gebrechen. Darüber hinaus gilt er schon in der Antike als sehr weise und z.T. mit prophetischen Gaben ausgestattet, und in einer Art Kompensation für seine Blindheit schreibt man ihm ein überaus feines Gehör zu, mit dem er sogar die menschliche Sprache verstehe.[1]

*

Seit jeher also hat der Maulwurf eine reiche, aber uneinheitliche imaginäre Existenz in den Köpfen der Menschen geführt. Manche dieser Vorstellungen mögen heute noch lebendig sein, die meisten aber, insbesondere die ‚Weisheiten' des Volksaberglaubens, dürften inzwischen abgesunken sein, nicht zuletzt deshalb, weil das Tier nur noch selten anzutreffen ist, ja auszusterben droht. Was Jahrtausende alte Verfolgung mit Fallen, Wasser und Spaten nicht geschafft hat, das haben moderne Chemikalien und Anbaumethoden innerhalb weniger Jahre fast vollständig erreicht: die Vertilgung des Maulwurfs.[2]

In die Kultur- und Literaturgeschichte ist der Maulwurf unter hauptsächlich vier Bildern eingegangen: als das blinde Tier, als der unsichtbare (Unter-)Wühler, als das Totentier, oder man identifiziert ihn mit seiner allein sichtbaren oberirdischen Spur, dem kleinen Erdhügel. Im einzelnen kann das Merkmal der Blindheit allerdings noch eine recht unterschiedliche und weit gefächerte Bewertung erfahren, die von bornierter Unwissenheit über temporäre Verblendung zu dunkler Wissenssehnsucht reicht. Nicht minder vielfältig ist die Metapher vom wühlenden Tier ausdifferenziert. Viele Tätigkeiten, die die Öffentlichkeit sorgsam scheuen (müssen), gelten als Wühlarbeit, und so sind Spione, Revolutionäre, Saboteure, Intriganten usw. allesamt Maulwürfe. Ob diese Tätigkeit positiv oder negativ bewertet wird, hängt von der Perspektive des Betrachters ab. Wenn Hamlet dem Geist, der ihm von unten aus der Erde zu Hilfe gekommen ist, dankend zuruft:

> Brav, alter Maulwurf! Wühlst so hurtig fort?
> O trefflicher Minierer![3],

so haben wir den wohltätigen Maulwurf vor uns, und unter Hinweis auf diese Hamlet-Worte beschreibt Hegel gar die geheimen Lockerungs- und Lüftungsaktivitäten des Weltgeistes als Maulwurfsarbeit.[4] Marx greift zu demselben Bild, um die dem Fortschritt dienende Untergrundtätigkeit des Revolutionärs zu charakterisieren.[5] Die Brüder Grimm dagegen sehen in ‚Maulwurfsarbeit' nur eine „heimliche arbeit (...) des gegenseitigen verhetzens".[6] Ganz ohne solche soziale Kodierung verwendet Kafka hingegen das Bild vom unterirdischen Wühlen für den schmerzhaften Prozeß der Selbsterkenntnis:

Wir durchwühlen uns wie ein Maulwurf und kommen ganz geschwärzt und sammethaarig aus unsern verschütteten Sandgewölben, unsere armen roten Füßchen für zartes Mitleid emporgestreckt.[7]

Auch als Totentier begegnet uns der Maulwurf häufig, u.a. beim späten Heine, der aus seiner ‚Matratzengruft' heraus die Bilder einer heiteren und unbeschwerten Vergangenheit mit Todesahnungen konfrontiert:

> Wie glücklich war ich wenn ich sah
> Den Tanz der Ratten der Opera –
> Jetzt hör ich schon das fatale Geschlürfe
> Der Kirchhofratten und Grabmaulwürfe.[8]

Bleibt am Ende noch der Maulwurfshügel. Der Dichter Wilhelm Lehmann findet die Maulwurfserde einmal „hügelreich, / Brüsten der Diana gleich"[9], aber eine solche überraschende erotische Konnotierung ist doch ganz singulär geblieben. In der Regel nämlich werden unter dem Bild des Maulwurfshaufens Kleingeisterei und vor allem angemaßte Größe verspottet, so etwa in Oskar Loerkes „Leitspruch" aus dem November 1940:

> Jedwedes blutgefügte Reich
> Sinkt ein, dem Maulwurfshügel gleich.
> Jedwedes lichtgeborne Wort
> Wirkt durch das Dunkel fort und fort.[10]

Vor dem Hintergrund dieser tradierten Bedeutungen der Maulwurfsmetapher möchten wir uns nun einigen modernen Texten zuwenden und an ihnen die weitere Entwicklung des Motivs verfolgen. Daß gerade die Lyrik jüngeren Datums verhältnismäßig häufig das Bild des Maulwurfs angreift, hängt möglicherweise auch damit zusammen, daß Günter Eich mit seiner rätselhaften späten Kurzprosa *Maulwürfe* (1968) auf dieses Tier nachdrücklich aufmerksam gemacht und ihm eine kleine literarische Renaissance verschafft hat.

*

In einem Gedicht Rose Ausländers steht der Maulwurf zwar nicht thematisch im Mittelpunkt des Textes, er wird auch nur einmal erwähnt, dennoch erfüllt er eine wichtige Funktion:

Unterirdisch

> Mit dem Maulwurf hab ich mich verbrüdert
> Furchtlos tret ich durch das dunkle Tor,
> grüß die Nacht die meinen Gruß erwidert
> Fette Erde setzt dem Gast sie vor.
>
> 5 Urlebendig ist es in der Scholle
> Aus den Wurzeln quillt das schwarze Licht
> Lehm mein Lager Wasser meine Wolle
> Würmer lieben mich verzichten nicht.
>
> Ich empfange meine weißen Brüder
> 10 wie es sich gebührt in diesem Land
> Unterirdisch finden wir uns wieder
> als Vertraute mit dem Geist aus Sand[11]

Auch wenn er mit keinem Wort direkt erwähnt wird, ist doch unschwer zu erkennen, daß dieses Gedicht über den Tod spricht. Umschreibungen wie der Schritt „durch das dunkle Tor" oder der Eintritt in die „Nacht" sind zwar verbreitete Todesmetaphern, in diesem Kontext aber erst durch die verstreuten Hinweise auf die Grabeswelt („Unterirdisch", „Lager", „Würmer") eindeutig als solche zu entziffern. Eine derartige Hinwendung zum Grabinneren mutet freilich recht sonderbar an. Normalerweise nämlich wendet sich angesichts der endgültigen Trennung von Körper und Seele alles Interesse jenem geistigen Teil des Menschen zu, von dem allein man ein Weiterleben sich erhoffen und überhaupt nur vorstellen kann. Mit diesem verbreiteten Denken bricht Rose Ausländer, indem sie auf eine recht irritierende Weise sich jener vergänglichen Körperlichkeit annimmt, die sonst gerade nicht beachtet wird. Sie geht dabei von der Fiktion aus, daß der Tod kein körperliches Ende ist, sondern Beginn eines neuen Lebens mit neuen Erfahrungen. Das eben symbolisiert die Verbrüderung des sprechenden Ich mit dem Maulwurf. Er ist das Totentier, aber er *lebt* eben in jener unterirdischen Welt des Todes, und als ‚Bruder' des Maulwurfs ist das Ich nicht tot, sondern es ist in der Lage, aus den unterirdischen Bezirken Auskunft zu geben. Man könnte auch sagen: der Tod bewirkt hier keine Trennung von Körper und Seele, sondern die Seele verbleibt im Leib und kann nun aus dessen Perspektive sprechen. Das führt zu ganz erstaunlichen Umwertungen. Zunächst einmal kann das Ich ganz „furchtlos" den Tod erleiden, denn es hat keine Trennungsängste und Untergangsvorstellungen. Auch die ritualisierten Aktionen einer Beerdigung erscheinen nun in einem neuen Licht. Das Herabsenken des Sarges wird zu einer aktiven Handlung: „Furchtlos tret ich durch das dunkle Tor", und die Auffüllung des Grabes mit Erde beschreibt das Ich als feierliche Begrüßung eines Neuankömmlings durch die unten herrschende „Nacht". Gruß, Gegengruß und Gastgeschenk bezeugen ein freundschaftlich-vertrautes Verhältnis. Die zur Begrüßung gereichte „fette Erde" läßt an eine nahrhafte Speise denken, was den Gedanken eines fortdauernden Lebens unterstreicht.

Nach dem Eintritt in die unterirdische Region, den die erste Strophe schildert, stellt die zweite den Aufenthalt dort unten konkretisierend vor. Signalhaft deutet das erste Wort bereits an, was die folgenden Zeilen als Hauptmerkmal der Unterwelt feiern wollen: das Leben. Doch die forcierte Neubildung „urlebendig" hat auch etwas Beschwörendes, indem sie im Grunde mehr behauptet, als die nachfolgende Beschreibung einlösen kann und wird. Zum unterirdischen Reich gehören also „Scholle", „Wurzeln", „Lehm", „Wasser" und „Würmer" – eine Art Lebensgemeinschaft von Erde, Pflanze und Tier. Aber auch das, was der Mensch braucht, findet sich hier unten: „Licht", „Lager", „Wolle" (d.h. Kleidung) und schließlich sogar ‚Liebe'. Licht „quillt" aus den Wurzeln, als ob die Pflanzen Öffnungsschächte zur Oberwelt darstellten. Aber es ist eben doch ein „schwarzes Licht", das wie Wasser aus den Wurzeln quillt, ein Widerspruch in sich, der prägnant die Schwierigkeit der Verwandlung des Unvertrauten ins Vertraute zeigt. Wie Finsternis in Licht umgewertet wird, so Lehm in Lager, Wasser in Kleidung und der Fraß der Würmer in einen Akt der Liebe. Das Ich muß ganz erhebliche Anstrengungen unternehmen, um den Ausgangsgedanken durchzuhalten und die unterirdische Welt wohnlich und bequem einzurichten.

In der gesamten zweiten Strophe tritt das Ich nie aktiv in Erscheinung, es bleibt passiv in der Rolle eines Beobachters der Umstände oder eines Liebesobjekts der Würmer. Das Leben geht nicht vom Ich aus, sondern über es hinweg. Darin drückt sich der endgültige Übergang des Ich in die unterirdische naturale Welt aus, so daß es nicht mehr nur Gast ist, sondern wahrhaft Teil und Einwohner. Und als solcher tritt es in der dritten Strophe auch wieder aktiv auf: „Ich empfange meine weißen Brüder / wie es sich gebührt in diesem Land". Es hat also ein Rollentausch stattgefunden. So wie das Ich in der ersten Strophe von der unterirdischen Nacht empfangen wurde, so begrüßt es jetzt die Neuankömmlinge; es ist ein Repräsentant der Unterwelt geworden und beherrscht deren tradierte Zeremonien. Die eintretenden ‚Gäste' bezeichnet es als seine „weißen Brüder", denn sie sind ja, als Tote, dem Ich nah verwandt. Das unterscheidet sie auch von dem Maulwurf, mit dem das Ich sich nur „verbrüdert" hat, um den Tod gewissermaßen zu überleben und aus der Totenwelt heraus Kunde geben zu können. Die Begrüßung unter der Erde leitet auch keinen befristeten Kontakt ein, sondern ist ein endgültiges ‚Wiederfinden', eine Vereinigung mit jenen, denen das Ich nur ‚vorausgegangen' ist. Nun geht es auf in der Gemeinschaft des „wir", eine Gemeinschaft der „Vertraute(n) mit dem Geist aus Sand". Hinter der rätselhaften Wendung „Geist aus Sand" verbirgt sich wohl das Wort, das im gesamten Gedicht nicht genannt wurde, nicht genannt werden durfte: Tod. (Diese Deutung ergibt sich zudem aus der Assoziationskette Sand – Sanduhr – ablaufende Zeit – Tod.) Aber die beiden Schlußzeilen können auch so verstanden werden, daß das Ich nicht nur die Gemeinschaft mit den „weißen Brüdern" meint, sondern mit dem „wir" sich gleichsam aus dem Gedicht heraus an die Leser wendet und sie mit einem futurischen „finden wir uns wieder" in die künftige Gemeinschaft einlädt und einbezieht. Tröstlich verspricht es eine Unsterblichkeit als Übertritt in die ewigen naturalen Lebensprozesse der Erde, eine Unsterblichkeit ohne Auferstehung, und um diesen Gedanken gestalten zu können, bedient die Dichterin sich des Maulwurfs, des unterirdisch lebenden Totentiers.

*

Wie eine desillusionierende Replik auf Rose Ausländers tröstliche Todesmystik wirkt streckenweise Bruno Hillebrands Gedicht, das denselben Titel trägt wie das der jüdischen Dichterin und das mit der unterirdischen Welt ebenfalls den Maulwurf herbeizitiert:

Unterirdisch

Leben wie im Krieg
mit eingezogenem Kopf
die Waffen fortgeworfen
das Hemd auf der Leine
5 das Schweigen nimmt zu
Maulwürfe melden sich
tief verbunkert
die Kartoffeln
die Tränen

10 trostloses Vergrabensein
nichts findet sich wieder

deportiert
ins Wohnzimmer
das Schweigen aushalten
15 gar nicht erst hinhören
wenn das Telephon schrillt
nur nicht aufgeben
sagten die Leute
früher
20 bevor sie aufgaben
das waren noch Zeiten[12]

Anders als Rose Ausländer sieht Hillebrand nur Trostlosigkeit, und wo die Dichterin von Wiederfinden spricht, konstatiert der jüngere Dichter apodiktisch: „nichts findet sich wieder". Aber sehen wir genauer hin. In dem dreistrophigen Gedicht legen sich um eine knappe, zweizeilige Mittelstrophe zwei umfangreichere, ungefähr gleichlange Strophen, die teils durch gegensätzliche, teils durch verwandte Motive und Aussagen deutlich aufeinander bezogen sind und so die mittlere Strophe gleichsam einrahmen. Während die erste Strophe auf Zeit und Umstände des Krieges anspielt, spricht die dritte vom zivilen Leben im Frieden. Aber neben diesen umrißhaft entworfenen gegensätzlichen Lebensformen gibt es auch deutliche Beziehungen zwischen den beiden Strophen. Auf den Satz „das Schweigen nimmt zu" der ersten Strophe antwortet die dritte mit der Aufforderung „das Schweigen aushalten", und auf „Maulwürfe melden sich" bezieht sich „wenn das Telephon schrillt", denn auch in diesem Fall ‚meldet' sich jemand. Der zunächst klare Gegensatz von Krieg und Frieden wird auf diese Weise wieder relativiert, und diese Tendenz unterstützt das idyllische Bild eines „Hemd(es) auf der Leine", das in den Kriegsalltag integriert ist, während man andererseits ins Wohnzimmer „deportiert" ist, also durch einen Gewaltakt dorthin verbracht wurde.

Nun ist der Krieg aber gar nicht unmittelbar thematisiert, sondern er wird nur vergleichsweise herangezogen zur Charakterisierung des Lebens oder eines bestimmten Lebensgefühls: „Leben wie im Krieg". Wer so redet, lebt nicht (mehr) in Kriegszeiten, aber er kann sich die Lebensumstände aus Erfahrung oder in der Vorstellung konkretisierend vergegenwärtigen:

> mit eingezogenem Kopf
> die Waffen fortgeworfen
> das Hemd auf der Leine

Die Zeilen beschreiben nicht den Kampf, den man wohl am ehesten unter dem Begriff Krieg erwarten würde, sondern in knappen Umrissen die Ruhepause im Schützengraben. Es herrscht keine unmittelbare Gefahr, doch ist man immer in Deckung und auf der Hut, auch wenn die Waffen gerade nicht gebraucht werden und das trocknende Hemd auf der Leine friedliche Normalität vorspiegelt. Allerdings ist auch kein Ende der Ruheperiode in Sicht. Der anschließende Satz „das Schweigen nimmt zu" umschreibt ja auf paradoxe und zugleich drohende Weise den Umstand, daß eben ‚die Waffen schweigen' und daß trotz angestrengten Lauschens keine Gefahrenmomente vernehmbar werden. Statt dessen melden sich die Maulwürfe, die Bewohner der unterirdischen Welt, die als Totentiere auch in einem übertragenen Sinne die unmittelbaren Nachbarn der Leute im Schützengraben sind. Und in der andauernden Lauerstellung bleibt alles nur wie bisher „tief verbunkert", d.h. gehortet und eingegraben, sowohl die Nahrung, die man zum Überleben braucht, als auch die Empfindungen, die man in sich verschließt.

Ursprünglich nur zu Vergleichszwecken herangezogen, hat die Vergegenwärtigung des Lebens im Schützengraben sich verselbständigt – einzelne Aussagen werden im Präsens vorgetragen – und eine Lebensform vorgestellt, die weitgehend von außen bestimmt ist und sich auf Bedrohungen einstellt, die zwar nicht eintreten, allerdings beständig zu gewärtigen sind, denn es herrscht Krieg. Die mittlere Strophe resümiert diese angstbestimmte Daseinsform dann als „trostloses Vergrabensein", also als eine ebenso erbärmliche wie ausweglose Reduzierung des Lebens. Dabei geht die Vorstellung des „Vergrabenseins" noch über die des ‚Eingegrabenseins' im Schützengraben hinaus, denn was ‚vergraben' ist, das ist auch gänzlich mit Erde bedeckt. Die Endgültigkeit dieses todähnlichen Zustandes bestätigt die nächste Zeile: „nichts findet sich wieder".

Die letzte Strophe nennt ihn dann ohne Umschreibung und direkt: es ist der Zustand alltäglicher Normalität. Da eigentlich ‚vergraben', empfindet man das Leben im Wohnzimmer als eine erzwungene Deportation in die Oberwelt. Man ist nicht heimisch, die Wohnung ist kein Zu-Hause. Das Gefühl, sich abschotten zu müssen, ist längst habituell geworden und hat sich zu einem Bedürfnis nach Isolation entwickelt. Es gilt also, „das Schweigen auszuhalten" und die Kommunikationsangebote von draußen zu verweigern, so daß nur noch das Selbstgespräch übrigbleibt. Die Aufforderungen „aushalten" und „gar nicht erst hinhören" sind nurmehr monologische Mahnungen und Durchhalteparolen. – Bleibt noch die letzte und umfassendste Anweisung „nur nicht aufgeben". Was denn nicht aufgeben? Etwa die Kampfstellung? Oder ganz allgemein die Anstrengungen? Es ist wohl beides gemeint, wie ja auch der Satz ebenso für den bzw. die im Wohnzimmer Lebenden gilt als auch für die „Leute", von denen das Gedicht anschließend spricht:

> nur nicht aufgeben
> sagten die Leute
> früher
> bevor sie aufgaben
> das waren noch Zeiten

Der Wechsel ins Präteritum, die Isolierung des Zeitadverbs „früher" und der halb ironische, halb neidische Kommentar am Schluß unterstreichen, daß hier von einer längst vergangenen Zeit die Rede ist. Charakteristisch für diese Zeit ist das widersprüchliche Verhalten der „Leute", daß sie nämlich trotz gegenteiliger Beteuerung am Ende doch aufgeben – was im übrigen stark an die Situation in den Jahren 1944/45 erinnert. Demnach waren die Leute „früher", also sogar im Krieg, doch noch in der Lage, ihre Isolation aufzugeben, die Schützengräben zu verlassen und das „Vergrabensein" zu überwinden. Der anonyme Sprecher des Gedichts dagegen, der nicht einmal ‚ich' sagen kann oder will, kennt nur noch ein „trostloses Vergrabensein". Man lebt isoliert und vereinsamt, zwar im „Wohnzimmer", aber eigentlich doch in einer letztlich selbstverantworteten Grabeswelt.

Während Rose Ausländer also das Leben im Tode vorstellt, beschreibt Bruno Hillebrand ein todähnliches, von Angst und Einsamkeit dominiertes Dasein, das sehnsüchtig vergangene Zeiten betrauert. Der Gruppe der „Leute" in „früher"er Zeit steht in der Gegenwart der isolierte Einzelne gegenüber. Nur im Sinne einer solchen Vereinzelung sind ja die Singularformen „Kopf" und „das Hemd" zu verstehen. Doch dieser einzelne kann oder will schon gar nicht mehr als Individuum auftreten, auch wenn er individuelle Befindlichkeiten artikuliert, denn er formuliert ganz bewußt unpersönlich. Nur dann nämlich finden wir finite Verben vor, wenn entweder Sachverhalte wie „Maulwürfe melden sich" mitgeteilt oder wenn wertende Feststellungen getroffen werden wie „das waren noch Zeiten". Ansonsten aber verwendet der Sprecher elliptische Sätze ohne Verb wie „Leben wie im Krieg / mit eingezogenem Kopf" oder Partizipialkonstruktionen wie „die Waffen fortgeworfen" und schließlich Infinitive mit Aufforderungscharakter wie „gar nicht erst hinhören". Weil bei solchem Sprachverhalten durchweg die Subjektstelle unbesetzt bzw. ausgespart bleiben kann, umgeht der

Sprecher die Notwendigkeit, ‚ich' oder ‚wir' sagen, d.h. als bestimmbares Subjekt auftreten zu müssen. Er verschwindet – wie der Maulwurf – in der Anonymität.

*

In den beiden bisher vorgestellten Gedichten tritt der Maulwurf in der Rolle des Totentieres bzw. des Todesboten auf; die folgenden Verse von Angela Sommer greifen dagegen das früher verbreitete Motiv der Maulwurfsblindheit auf:

Der Maulwurf

Ich habe lange Jahre
Gänge gegraben
immer ferner vom Licht

bis mir ein Pelz wuchs
vom Kopf bis zu den Zehen
die Finger sich krümmten
zu Krallen

jetzt aber
während ich
langsam erblinde

fühle ich Sehnsucht
nach Licht[13]

Hier zieht jemand die Bilanz eines ganzen Lebens. Die „lange(n) Jahre" der Vergangenheit werden resümiert und dem gegenwärtigen „jetzt"-Zustand kontrastiert, ja es scheint, daß den Sprecher überhaupt erst eine neue, unmittelbare Erfahrung dazu bringt, auf Distanz zu seinem ehemaligen Dasein zu gehen und sich darüber Rechenschaft zu geben, was früher war, um das Jetzt zu begreifen.

Über Jahre hin also hat er „Gänge gegraben", und zwar „immer ferner vom Licht", d.h. immer tiefer in die Erde hinein. Ein Grund für dieses Abstandnehmen vom Licht wird nicht ausdrücklich genannt, indirekt aber doch angedeutet, daß das Graben in immer tiefere Schichten gerade in der Absicht geschehen ist, sich vom Licht zu entfernen. Welches Motiv den Maulwurf dazu treibt, bleibt ungesagt. Ist es Haß auf das Licht? Oder verträgt er das Licht nicht? Vielleicht ist dem grabenden Maulwurf nie klargeworden, warum er immer weiter ins Dunkle vordringt. Jedenfalls baut er sich dort unten aus „Gänge(n)" eine eigene Welt, die freilich eine sehr eingeschränkte und subjektive Welt ist, da sie um den Preis der Tiefe einen entscheidenden Bereich der objektiven Wirklichkeit, das Licht, einfach ‚ausblendet' und ‚draußen' läßt.

Eingeschlossen in diese unterirdische Welt der selbstgebauten dunklen Höhlen und Gänge, erlebt er nun eine seltsame Mutation, die eigentliche Verwandlung zum Maulwurf. Sie besteht in einer optimalen Anpassung des Körpers an die Arbeitsbedingungen in der Erde: ein „Pelz" wächst „vom Kopf zu den Zehen", und die „Finger" krümmen sich zu „Krallen". An dieser Stelle müssen wir allerdings präzisieren: offensichtlich war das grabende Wesen nicht schon immer ein Maulwurf, sondern ist erst im Laufe der Zeit einer geworden. In weit zurückliegender Vergangenheit, könnte man sagen, ähnelt es nur aufgrund seiner Tätigkeit einem Maulwurf, und es gräbt so lange, „bis" auch die äußere Maulwurfsgestalt sich einstellt. Die Konjunktion „bis" benennt in erster Hinsicht ein rein zeitliches Verhältnis zwischen den Vorgängen des Grabens und der Verwandlung, versteckt jedoch auch eine teleologische Beziehung, denn dem sprechenden Wesen scheint die Veränderung nicht unlieb gewesen zu sein. Genau besehen ist sie freilich ein Prozeß langsamer Vertierung. Ursprünglich hat das Wesen ja wie ein Mensch „Kopf", „Zehen" und „Finger". Diese körperliche Differenzierung wird nun zurückgedrängt, und der Funktionsreichtum einzelner Glieder wie der Finger wird aufgegeben zugunsten spezialisierter und auf den engen Lebensraum zugeschnittener Organe.

Aber der Prozeß der Veränderung und Anpassung ist damit noch nicht beendet, denn „jetzt", in der Gegenwart des Sprechens, setzt eine weitere Umwandlung ein, die, wie gesagt, auch wohl als Auslöser der vorgetragenen Selbstvergewisserung zu betrachten ist. Anders als beim ersten Stadium der Verwandlung wird nun nicht allein das Ergebnis mitgeteilt. Der Maulwurf erlebt den Prozeß als einen schleichenden Vorgang („langsam"), und vor allen Dingen empfindet er die Veränderung als Verlust. Während der Pelz noch „wuchs" und die Finger „sich krümmten", die Anpassung also als Lebensvorgang, als Zuwachs und Bereicherung erschien, konstatiert das sprechende Ich jetzt, daß es „erblinde", also eine Einbuße erfahre. Und mit diesem Eingeständnis, das erstmals die körperliche Metamorphose in ein negatives Licht rückt, erwachen Gefühle und Empfindungen in dem Wesen, dessen Leben bis dahin nur von äußerer Tätigkeit bestimmt war.

Die Sehnsucht nach dem „Licht" erwacht in dem Moment, als es für immer zu verschwinden droht. Wie ist das zu verstehen? War denn nicht der Zweck allen Grabens die Entfernung vom Licht? Und diente nicht zudem die Metamorphose des Körpers allein dem besseren Graben? Alles das stimmt, nur setzt eben mit der zweiten Veränderung, der Erblindung, ein qualitativ neuer Prozeß ein. Er dient nicht mehr nur der Perfektionierung der Grabtätigkeit, sondern beschreibt den Verlust der Wahrnehmungsfähigkeit. Welchen Sinn aber hätte das Graben „immer ferner vom Licht" nun noch, wenn das Licht selbst nicht mehr erkannt werden kann? Ja, in welche Richtung soll man graben, wenn das Licht nicht mehr erscheint und den Weg – von ihm weg – weist? Der Maulwurf ahnt, daß das Licht, auch wenn und gerade indem er es flieht, seinen Lebensinhalt und -zweck ausmacht, daß er ohne Licht nicht leben kann. Im Prozeß des Verlustes wird ihm das deutlich. Und deshalb muß das Licht, wenn er es schon äußerlich verliert, doch innerlich als Sehnsuchtsziel erhalten bleiben. Geradezu sinnbildhaft führt der Maulwurf also den Zusammenhang von Arbeit und Lebenssinn, die Dialektik von Gewinn und Verlust, insbesondere die von Spezialisierung bzw. Perfektion und Sinnverlust vor Augen – zentrale Probleme der modernen Arbeitswelt. Die zum Maulwurf hinführende Entwicklung zeigt am Ende ein Wesen, das einzig auf seinen engen Wirkkreis ausgerichtet und damit von der Umgebung auch abhängig ist. Ein Verlust der Sehfähigkeit wäre, rein arbeitsökonomisch betrachtet, nur eine weitere Station auf dem Wege fortschreitender Perfektionierung, verbunden mit zunehmender Einschränkung. Auch auf solche Zusammenhänge weist der Maulwurf dieses Gedichts hin. Das Motiv der Maulwurfsblindheit, das die literarische Tradition fast nur als Bild für geistige Beschränktheit und mangelnde Einsicht kennt, verändert die Autorin dahingehend, daß die äußere Erblindung hier gerade die innere Einsicht befördert.

*

In einem Gedicht Günter Kunerts treten die Maulwürfe zwar erst ganz am Schluß auf, aber dennoch – oder gerade deshalb – markieren sie einen rettenden Ausweg in den Aktionen und Reflexionen eines tief deprimierten und verstörten Ichs:

Nach dem Schneefall

    hülle ich mich in eine alte Wolljacke
    und ruhe in einer dämmrigen Ecke
    aus. Wieder ist die Sonne
    zu schnell gesunken. Wieder
5   die starren Erinnerungen
    zerstückelte Filmstreifen
    aus einem aufgegebenen Archiv
    wieder dieselben Wendungen und
    Bewegungen: Nur Tiere und Maschinen
10 kommen damit aus.
    Und die Worte?
    Schwarz geworden auf weiß
    gebunden und eingereiht.
    Ich wünschte ich wäre so einmalig
15 wie früher
    als es mich noch nicht gab.
    Nur wenn die Wege leer sind
    scheint mein Leben weiterzugehen.

Vor allem aber habe ich mich
20 den grasbewachsenen Flächen zugewandt
den Maulwürfen dort
und versuche
ihre undeutlichen Stimmen zu verstehen
ihre Gespräche über die Erde
25 die sie besser kennen
als jeder andere Blinde.[14]

Der Titel des Gedichtes scheint ein Winterbild zu versprechen, doch diese Erwartung wird nicht einmal ansatzweise erfüllt, ja der Hinweis auf die „grasbewachsenen Flächen" am Schluß des Gedichts deutet an, daß der Schnee bereits wieder verschwunden ist oder gar nicht mehr wahrgenommen wird. Es geht in diesen Versen also wohl nur indirekt um Schnee, Kälte und Winter. Weiterhin ist der Titel zugleich Anfang des Gedichts: er teilt Beginn und Anlaß einiger Aktivitäten des lyrischen Ichs mit. Da aber nur Fakten mitgeteilt werden, muß man die Zusammenhänge und Motive spekulativ erschließen. Wenn das sprechende Ich ruhebedürftig ist, muß es zuvor tätig gewesen sein; und wenn es sich zu dem Zweck bequeme, wärmende Kleidung anzieht, so möchte man annehmen, daß es sich gar nach draußen begibt, um dort „in einer dämmrigen Ecke" zu ruhen. Aber warum das alles erst „nach dem Schneefall"? Möglicherweise verrät die Wortwahl etwas von den Absichten des Sprechers. Einen so alltäglichen Vorgang wie das Anziehen einer Jacke gibt er mit der feierlichen Vokabel ‚sich einhüllen' wieder, und so scheint dieses Einhüllen willentlich jenen Prozeß nachzuahmen oder zu verdoppeln, den die Witterung vorgemacht hat: wie der Schnee die winterliche Erde eingehüllt hat, so hüllt das Ich sich ein und ruht dann, wie auch die Lebensfunktionen der vom Schnee bedeckten Erde ruhen. Das „nach" des Titels wäre damit gar nicht so sehr als zeitliche Folge, sondern im Sinne einer Entsprechung zu lesen. Das Ich zieht sich zurück in einen Zustand der Passivität, um sich zu regenerieren („ruhe (. . .) aus"). Aber dieser Wunsch erfüllt sich nicht, denn sofort erheben sich schwarze, ruhestörende Gedanken. Diesen Vorgang unterstreicht der Dichter damit, daß er den Verbzusatz „aus" von der Aussage trennt und isoliert an den Beginn der dritten Zeile rückt, so daß das Wörtchen nun gleichsam für sich allein steht und Assoziationen an ‚Ende' und ‚Tod' weckt. Ähnliche Assoziationen an Tod und Grab stellen sich aber auch ein, wenn man die zweite Zeile – „und ruhe in einer dämmrigen Ecke" – für sich liest. Der Regenerations- und Erholungswille wird eingeholt bzw. überlagert von einem aus der Tiefe der Person empordrängenden Gefühl, innerlich längst tot und erstarrt zu sein.

Eine solche Assoziationskette bleibt natürlich hochspekulativ und überzeugt letztlich nur dann, wenn die so erschlossene Todesthematik durch den übrigen Text bestätigt wird. – Die Verse 3–10 knüpfen unmittelbar an die Eingangsverse an, da sie Gedankensplitter und Reflexionen des (aus)ruhenden Ichs wiedergeben. Sie bilden schon insofern eine Einheit, als das dreimalige „wieder" verschiedene Jetzt-Erfahrungen schmerzhaft als identisch mit früheren Erfahrungen identifiziert, so daß im Grunde keine Entwicklung und Veränderung in Sicht ist, sondern nur noch Wiederkehr des Gleichen und Erlebnisstillstand herrschen. Das oben erwähnte isoliert stehende Wort „aus" erfährt durch die Aufzählung von Wiederholungszuständen und -vorgängen eine inhaltliche Erläuterung und Bestätigung.

Doch zu den Wiederholungsformen im einzelnen. Zunächst beklagt das Ich ein scheinbar kosmisches Phänomen: „wieder ist die Sonne zu schnell gesunken". Natürlich gibt die Aussage keinen objektiven Befund wieder, vielmehr das subjektive Empfinden, daß die Zeit wie immer zu schnell vergeht und so ereignis- wie erlebnislos verrinnt. Diesem Lähmungsgefühl korrespondiert der desolate psychische Zustand des Ichs, das sich nur noch als Gefäß verjährter und unzusammenhängender Vergangenheitsrepetitionen erfährt. Wenn die auftauchenden Erinnerungsbilder aus einem „aufgegebenen Archiv" stammen, dann heißt das ja, daß die einmal als aufbewahrenswert eingestuften Erlebnisse und Erfahrungen längst als wertlos aussortiert sind, sich aber dennoch gespenstisch erhalten. Wenn zudem Erinnerungen wie „zerstückelte Filmstreifen" ablaufen, dann ist die eigene Vergangenheit fremd und zusammenhanglos geworden. Schließlich erkennt das Ich sich auch in seinem Verhalten zur Außenwelt als tot und abgestorben: „dieselben Wendungen und / Bewegungen", also ein Verhalten, das immer wieder die gleichen und deshalb entleerten Floskeln und eingefahrenen Verhaltensweisen reproduziert.

Indem das Ich nun diese Wiederholungsformen reflektierend als ‚Todesarten' oder als unterschiedliche Aspekte einer einzigen großen Lähmungserfahrung diagnostiziert, überwindet es zugleich den passiven Zustand des reinen Erleidens und kann sich selbst aus der Distanz beurteilen; dabei kommt es zu einem vernichtenden Spruch: „Nur Tiere und Maschinen / kommen damit aus". Es wertet also seine zu einem entwicklunglosen Wiederholungszwang herabgekommenen Lebensäußerungen als menschenunwürdig ab, als Rückschritt zu einem Tier- oder seelenlosen Maschinendasein.

Auf die Frage, was denn nun den Menschen vom Tier (und erst recht von der Maschine) unterscheide, verweist die alte, auf Aristoteles zurückgehende Antwort auf die Sprache als das entscheidende Merkmal. Hieran erinnert sich offensichtlich auch das Ich, wenn es nun fragend einwirft: „Und die Worte?" Es spielt damit zugleich auf vergangene oder gegenwärtige Wort-Leistungen an, wahrscheinlich literarische Arbeiten, die das gerade gefällte Negativ-Urteil ausgleichen und relativieren sollen. Doch das Ich muß sich eingestehen, daß es damit nicht weit her ist:

> Schwarz geworden auf weiß
> gebunden und eingereiht.

Gedruckt, zu Büchern gebunden und in die Bibliotheken und Archive begraben, haben die Worte ihre lebendige Kraft eingebüßt und sind zu einem toten Inventar geworden. Drastisch veranschaulicht das Ich diesen ‚Tod' der Worte dadurch, daß es die Aussage selbst radikal auf die wichtigsten Informationen reduziert und zudem die beschreibenden Wörter so wählt, daß sie eine Assoziation an Tod, Leblosigkeit und Anonymität („Schwarz geworden", „gebunden", „eingereiht") ermöglichen.

Angesichts dieser Erkenntnis völliger Sinn- und Hoffnungslosigkeit versinkt das Ich sehnsüchtig in Erinnerungen an frühere Zeiten, die es vergeblich zurückwünscht:

> Ich wünschte ich wäre so einmalig
> wie früher
> als es mich noch nicht gab.

Dieser Wunsch scheint freilich in sich widersprüchlich zu sein, denn wie kann jemand sich an ein „früher" erinnern, als es ihn „noch nicht gab"? Was bedeutet dieses „früher"? Ein embryonaler oder überhaupt pränataler Zustand kann nicht gemeint sein, denn da „gab" es den Sprechenden ja sehr wohl schon, und das keineswegs in „so einmalig"er Weise, wie er nun erinnert. Eher scheint es sich bei den Worten um die Sehnsucht eines älteren Menschen, etwa eines Dichters zu handeln, der sich an die Zeit erinnert, da es ihn als namhaften und bekannten Autor noch nicht „gab", dafür aber noch jenen jugendlichen Menschen im Hochgefühl seiner Besonderheit und Einmaligkeit. Dieser Wunsch nach einer Rückkehr der Vergangenheit zeigt zwar die ganze Schwere des gegenwärtigen Problemdrucks, hilft aber direkt nicht zur Problembewältigung. Dennoch muß dem Ich durch die Rückbesinnung auf die Jugend eine Lösungsmöglichkeit in den Sinn gekommen sein, denn gleich anschließend formuliert der Sprecher in sentenzenhaft zugespitzter Form:

> Nur wenn die Wege leer sind
> scheint mein Leben weiterzugehen.

Die gewonnene Einsicht ist demnach allerdings noch unsicher und problematisch. Rätselhaft wirkt auch die genannte Bedingung für das ‚Weitergehen' des Lebens. Ein Weg führt (zumeist) zu einem bestimmten Ziel; er kann ‚frei' sein von Hindernissen, „leer" dagegen nur von Benutzern, von (anderen) Verkehrsteilnehmern. Die Aussage, daß „die Wege leer" sein müssen, ist also wohl so zu verstehen, daß sie nicht auch von anderen begangen werden. Und wenn wir zugleich „Wege" im Sinne von ‚Methoden', ‚Vorgehensweisen' lesen, so verstehen wir den Sprecher so, daß er nicht nur nachvollziehen will, was andere vorgedacht oder vorgelebt haben, sondern daß er sich eben „einmalig" sehen will: selbständig Neues erkunden will. Wenn das gelingt, wäre die in Stagnation endende Zirkelbewegung in eine zielgerichtete Tätigkeit umgebogen.

Von einem solchen neuen Weg berichtet der Schluß des Gedichtes (19-26). Das „aber" am Beginn dieser Passage drückt einen nur scheinbaren Gegensatz zwischen den gerade geforderten „Wegen" und den „grasbewachsenen Flächen" aus, denen das Ich sich „vor allem" bereits zugewandt hat. Der Weg führt eben nicht horizontal in die Ferne, sondern vertikal in die Tiefe. Dabei ist der Ausdruck „vor allem" recht doppeldeutig. Er meint einmal eine nachdrückliche Betonung im Sinne von ‚besonders', ist aber auch wörtlich zu verstehen als ‚vor all dem hier Gesagten'. Denn die Hinwendung zu den Maulwürfen liegt ja schon, wie die Vergangenheitsform „habe ich mich (. . .) zugewandt" zeigt, längere Zeit zurück, wird aber erst jetzt als Weg aus der Stagnation heraus erkannt, ein Ausweg, der zugleich den frustrierenden Zustand der Selbstanalyse und des Selbstzweifels überwindet. Sicher ist die Hinwendung zu den Maulwürfen nicht einfach als Beschäftigung mit der Natur zu verstehen. Die Tiere repräsentieren gerade die unter der Oberfläche der „grasbewachsenen" kultivierten Natur verborgene ‚Tiefe'. Da sie sprachbegabt sind, gehören sie ganz offensichtlich zu jenen weisen und prophetischen Maulwürfen, von denen Plinius berichtet. In dem Sinne interpretiert der Lauscher die „undeutlichen Stimmen" der Tiere als „Gespräche über die Erde", wobei das Wort „Erde" hier sicher mehr meint als lediglich so etwas wie Scholle. Er vermutet vielmehr bei den Maulwürfen ein geheimes Wissen über die Natur der Dinge und hofft, daß ihm dies Wissen im hinhörenden Umgang, durch Einschaltung in die Kommunikationsgemeinschaft der Unterirdischen verständlich wird.

Damit hat das Ich seine anfängliche Verzweiflung und Todesnähe aus eigener Kraft überwunden. Die schonungslose Selbstanalyse hat sowohl die fast tödliche innere Erstarrung aufgezeigt als auch Wege zu einem neuen Weltverhalten gewiesen. Die Winterkälte, äußeres Zeichen dieser Erstarrung, ist am Schluß des Gedichtes gar nicht mehr bewußt, statt dessen finden wir dort die Maulwürfe, die hier gerade nicht den Tod repräsentieren, sondern jene verborgenen Geheimnisse der Welt, die das Ich nun erkunden möchte.

Das Gedicht endet mit der Bemerkung, daß Maulwürfe die Erde besser kennen „als jeder andere Blinde". Mit diesem Blinden meint das lyrische Ich zunächst sicher sich selbst, wahrscheinlich aber auch – und dafür spricht der implizite Plural in „jeder andere" – die Menschen überhaupt. Da das Motiv der Blindheit im vorherigen Text aber nicht vorbereitet ist, wirkt das plötzliche Auftreten des Wortes ‚blind' recht verwirrend. Es scheint als eine Art Pointe gedacht, die überraschend neue Aspekte erschließt, macht aber doch eher ratlos. Auch stört es ein wenig, wenn im ersten Teil des Textes die Daseinsform des Tieres allgemein stark abgewertet wird, am Schluß aber der Maulwurf als kennt-

nisreicher Gesprächspartner des Menschen dasteht. Solche Brüche und
Inkohärenzen, die hiermit nur angedeutet werden sollen, finden sich
auch an anderen Stellen des Gedichts; ihnen versucht nicht zuletzt das
streckenweise stark assoziative und spekulative Vorgehen der Interpretation beizukommen.

*

Auch Michael Krüger thematisiert in einem Gedicht die stille Kommunikation zwischen Mensch und Maulwurf:

Der Maulwurf

1

Zuerst hatte ein beharrlicher Regen die Wiese
schlammig zerfurcht, dann ein Wind
das feuchte Gras zu steifen Büscheln hochgekämmt,
dann trat endlich Stille ein und der Wolken
5 krustige Architektur verschwand im Dämmer.
Es roch nach Moder, mürber Erde.
Die Steine sahn wie tausend weiße Augen aus.
Der Hang, in seiner tonigen Schattierung,
nahm die Farbe an von Elefanten.
10 Verzagtes Dulden, düstres Hoffen, so etwa
ließe sich das Bild beschreiben,
das die Natur im Rahmen meines Fensters zeigte.

2

Ich schloß das Fenster, ging nach draußen,
um im letzten Flimmer dieses windverwehten Abends
15 meiner Unrast Herr zu werden. Ohne Gliederung,
war mir die Zeit zerfallen, jede Ausdruckslaune
war zerstoben angesichts der raschen Wetterfolge,
die des langen Tages ganzer Inhalt war.
Reiner Schauzwang, keine Analyse, alles Denken
20 wie versargt. Und ein müdes Weltverhalten
ließ den ungestillten Rest an Hoffnung schwinden,
diesem blöden Starren zu entkommen, das mich hielt.

3

Vor der Tür fand ich den toten Maulwurf,
in den nachtgewohnten Krallen seiner hellen Füße
25 welke Gräser, wolliges Gemenge, Gastgeschenke,
die dieser Freund des Ungebahnten treulich

        an der Schwelle abgelegt. Dies tagesscheue Tier
        gab mir seit Tagen Zeichen, wenn es, auf Reisen
        durch das dunkle Erdreich, melden wollte, daß es
    30 noch andre Dämmerungen gab als meine.
        Der weiche Wühler, dem das falsche Wissen
        nichts bedeutete, lag nun mit zugeklebten Äuglein
        mir zu Füßen: ein Denkbild der Erschöpfung,
        Bild des Jammers. Die hügelige Zeichensprache
    35 dieser Unterstimme, die stets von andern Welten
        Zeugnis gab, war längst vom Regen abgetragen.[15]

Im Unterschied zu allen bisher vorgelegten Texten haben wir hier ein erzählendes Gedicht vor uns, im Präteritum geschrieben, eine vergegenwärtigende Rückbesinnung auf verflossene Ereignisse am Ende eines „langen Tages". Die drei Strophen berichten von Tätigkeiten, Wahrnehmungen und Reflexionen eines Ich, dessen krisenhaft sich zuspitzende innere Spannung angesichts eines toten Maulwurfs sich in einem Reflexionsprozeß löst. Dabei beschränken sich die erwähnten Tätigkeiten auf kleinste, häufig in den ersten Versen der Strophen resümierte Aktionen: das Ich betrachtet die Natur durch das Fenster (1. Strophe), es schließt das Fenster und geht nach draußen (2. Strophe), und vor der Tür findet es das tote Tier (3. Strophe). Die Bewegung führt aus dem Innenraum des Hauses, der nur den Fensterblick nach draußen gestattet, in die Außenwelt, die ihrerseits einen geheimnisvollen Boten gesandt hat. An der Schwelle, der Grenze zwischen drinnen und draußen, hat das Tier den Tod gefunden, aber das Ich versteht sehr wohl die Botschaft, die es übermitteln will, und weiß sie auf sich zu beziehen.

In der ersten Strophe stellt das Ich sich als aufmerksamen Beobachter der Natur vor. Es versucht, die Besonderheiten der Landschaft mit charakterisierenden und anschaulichen Wendungen möglichst plastisch wiederzugeben. Dabei läßt sich innerhalb dieser Naturbeschreibung noch eine zeitliche und räumliche Differenzierung aufzeigen. Zunächst beschreibt das Ich gewissermaßen die Großwetterlage – hier wird die Abfolge von „Regen", „Wind" und Verschwinden der „Wolken" protokolliert wie auch die mit „Stille" und „Dämmer" erreichte Beruhigung des Wetters am Abend. Bis es jedoch dazu kommt, ist die Welt in Bewegung und Aufruhr: der Regen „zerfurcht" die Wiese, der Wind „kämmt" das Gras hoch, und „krustige" Wolkengebilde ziehen durch den Himmel. All das liegt freilich zeitlich weit zurück, wird im Plusquamperfekt und in einem zusammenfassenden Satz erzählt.

Nachdem nun „Stille" eingetreten und das Wetter zur Ruhe gekommen ist, können die Elemente der Nah-Natur sich wieder unmittelbar zeigen und in ihrer sinnlichen Präsenz dem Betrachter aufdrängen. Er teilt die einzelnen Wahrnehmungen nacheinander, in einzelnen kurzen Sätzen mit. Dabei überwiegen die optischen Eindrücke, die vor allem die Grautöne der Umgebung betonen. In dieser Mischfarbe verschwinden alle Unterschiede. Einzig die Steine heben sich hervor und werden gar als „weiße Augen" empfunden, als wenn sie dem beobachtenden Blick des Betrachters antworteten.

Indem das Ich nun die Natur genau betrachtet, gerinnt sie ihm zu einem „Bild" im „Rahmen" des Fensters, sie verwandelt sich unter der Hand in ein Werk der Kunst. Und als Kunstwerk ist sie nun auch Bedeutungsträger und wird Ausdruck für etwas anderes. Das Bild ließe sich, so interpretiert der Betrachter, als Ausdruck für „verzagtes Dulden, düstres Hoffen" beschreiben, d.h. es veranschaulicht einen psychischen Zustand, bei dem sich unterschiedliche, z.T. einander widersprechende Empfindungen mischen. Dies entspricht einerseits den konstatierten Grautönen draußen. Ganz präzise aber greifen darüber hinaus die seelischen Zustände „Dulden" und „Hoffen" eine bislang nicht eigens beachtete Bewertung des Wettergeschehens durch den Beobachter auf. Wenn er nämlich den „beharrliche(n) Regen" beklagt oder erleichtert feststellt, daß „endlich" Stille eingetreten sei, so stoßen wir auf den Ursprung jener Gefühle, die das Ich nun im Landschaftsbild vereinigt widergespiegelt sieht. In der Entäußerung und Objektivierung seines seelischen Zustandes, den die Natur ihm im Bild zeigt, erkennt der Betrachter wenigstens umrißhaft seine bis dahin unbegriffen – verworrene innere Befindlichkeit.

Auf diese erste, aber noch undeutliche Erkenntnis antwortet das Ich mit einiger Heftigkeit. Das Fenster, traditioneller Ort des Sehens und Schauens, wird demonstrativ geschlossen; die rein betrachtende Haltung des Ich ist also beendet. Die bis dahin verborgene Anspannung steigert sich zu einer „Unrast", zu innerer Unruhe also, die sich auch in körperliche Bewegung entlädt. Dieser Unrast will der Sprecher „im letzten Flimmer dieses windverwehten Abends" Herr werden. Das soll gerade nicht heißen, daß er die Natur aufsucht, weil er von ihr Trost und Balsam für seine Probleme erhofft, denn „Herr (...) werden" meint ja ausdrücklich ‚beherrschen', ‚in den Griff bekommen', und das kann nur durch Reflexion und Gedankenarbeit über die Ursachen der Unrast gelingen. Der „Flimmer" des Abends fungiert also höchstens als symbolischer Rahmen für den Prozeß der Selbstaufklärung.

Beim Nachdenken über die Ursachen seines Zustandes findet das Ich vor allem zwei besondere Umstände heraus: die Zeit war „ohne Gliederung (...) zerfallen" und „jede Ausdruckslaune / war zerstoben". Das Plusquamperfekt signalisiert, daß wieder von jener eingangs beschriebenen, nun aber beendeten Regen- und Wind-Zeit die Rede ist bzw. von deren Einfluß auf die Befindlichkeit des Ich. Der Zeitablauf war damals, so verstehen wir die Aussage, der eigenen Verfügungsgewalt und Gestaltungsmöglichkeit entglitten, und damit verband sich eine Produktivitätsunlust bzw. ein Produktivitätsstau. Als Grund für diesen Aktivitätsschwund erkennt das Ich nun überraschend gerade die

„rasche Wetterfolge, / die des langen Tages ganzer Inhalt war", denn von diesem Wettergeschehen geht eine Suggestion aus, der das Ich sich nicht entziehen kann. Die Überwältigung durch die Fülle der wechselnden Eindrücke, durch die von außen heranströmende Bilderflut läßt alle anderen Tätigkeiten, zumal die des analytischen Denkens, verkümmern. Der „Inhalt" des Tagesablaufs ist fremdbestimmt. Doch der Zwang, dem das Ich erliegt, kommt nicht von außen, sondern letztlich von innen; die Außenwelt weckt und reizt höchstens diesen „Schauzwang". Hat er aber einmal vom Ich Besitz ergriffen, breitet sich „müdes Weltverhalten" aus, Passivität, Lethargie oder eben Er-„dulden". Gleichzeitig droht die freilich nie ganz abgestorbene Hoffnung auf eine Änderung dieses Gefangenseins nun ganz zu schwinden. Der Zwang läßt erst nach, als – die erste Strophe berichtet davon – „endlich" die erhoffte Beruhigung der Außenwelt eintritt und die Reflexion wieder ihre Rechte geltend machen kann.

Damit ist der Prozeß der Selbsterkundung an ein Ende gekommen. Der trübe Seelenzustand des Ich, der in der ersten Strophe nur benannt werden konnte, ist nun analysiert und in seinen Zusammenhängen erkannt. Man merkt dem Sprecher seinen Zorn über den jetzt ausgestandenen „Schauzwang" deutlich an, redet er doch von einem „blöden Starren", womit er bewußt ein Wort einer niederen Sprachebene wählt, um sich für seinen Sündenfall am sonst gepflegten Niveau zu züchtigen. Zudem besteht noch immer die Gefahr von Rückfällen, da das Ich, wie sich gezeigt hat, in hohem Maße von äußeren Reizen manipulierbar ist. Das Problem, wie rasch die Selbstbestimmung durch Hingabe an den „Zwang" verloren gehen kann, ist also noch nicht gelöst; das Gedicht noch nicht zu Ende.

An dieser Stelle passiert etwas Überraschendes. Der angekündigte Gang ins Freie unterbleibt, denn das Ich berichtet lakonisch: „Vor der Tür fand ich den toten Maulwurf" und wendet sich nun ganz dem Tier zu. Mit keinem Wort war es vorher erwähnt worden, und doch gebraucht der Sprecher den bestimmten Artikel, so daß der Maulwurf als ein dem Ich bekanntes Wesen vorausgesetzt werden muß. Außerdem sagt er nicht, daß er den Maulwurf plötzlich ‚sah' oder ‚entdeckte', sondern er „fand" ihn, was eine wie immer geartete Suche voraussetzt. Dies Sprachverhalten bezeugt ein enges Verhältnis zwischen dem Ich und dem Maulwurf, und diese freundschaftliche Beziehung unterstreicht das Ich ausdrücklich, wenn es die Gräser in den Krallen als „Gastgeschenke" bezeichnet, die das Tier „treulich / auf der Schwelle abgelegt" hat. Es empfindet die Begegnung an dieser Stelle offensichtlich nicht als Zufall, sondern als Zusammentreffen von ‚Suche' und ‚Besuch', was eine innere Zusammengehörigkeit der beiden offenbart.

Die enge Beziehung äußert sich zunächst einmal darin, daß das Ich dem „tagesscheue(n) Tier", das es eben deshalb zuvor ja nie zu Gesicht bekommen hat, eine Reihe von positiven Eigenschaften zuspricht: es ist dauernd „auf Reisen / durch das dunkle Erdreich", und das offensichtlich auf reinen Forschungsreisen, da ihm das „falsche Wissen / nichts bedeutete". Darüber hinaus bezeichnet das Ich den „weiche(n) Wühler" – auch ‚wühlen' kann als Metapher für beharrliches Erkenntnisstreben gelesen werden – noch als „Freund des Ungebahnten", also als jemanden, der das Neue erkunden will und die gängigen Wege verachtet.

Weisen Personifizierungen dieser Art den Maulwurf schon als Intellektuellen oder gar als Philosophen aus, so unterstreichen die Hinweise auf seine kommunikative Kompetenz diese Charakterisierung ganz entschieden. „Seit Tagen" etwa hat er dem Sprecher „Zeichen" bzw. „Zeugnis" gegeben, oder aber er wollte in seiner „hügelige(n) Zeichensprache" bestimmte Dinge „melden". Er kann also mit Zeichen operieren, deren Semantik ein williger Beobachter auch mühelos zu entziffern vermag. Dabei tritt er selber jedoch gar nicht in Erscheinung, nur seine ‚Texte', die er mit dem Erdboden schreibt, sind wahrnehmbar. Dennoch zählt er ganz zur Welt des – eben unsichtbaren – Geistes, die sich ja im wesentlichen durch Zeichen konstituiert.

Was der Maulwurf mitteilt, das sind freilich keine präzisen Informationen, sondern eher allgemeine Hinweise auf die „andren Welten" dort unten bzw. die „andren Dämmerungen". Nur daß es überhaupt etwas ‚anderes' gibt, kann und will der Maulwurf in erster Hinsicht mitteilen, wobei das (ganz) andere im Gegensatz steht zu der Welt der sichtbaren Dinge. In den unterirdischen „Dämmerungen" hilft das Sehorgan nicht weiter, und erst recht gibt es hier keinen „Schauzwang". Doch wenn das Ich aus diesen Meldungen entnimmt, daß es „noch andre Dämmerungen (. . .) als meine" gebe, so sieht es sich geradezu in derselben Situation wie den Maulwurf: in „Dämmerungen" nach „Wissen" suchend. Wenn aber diese Parallele zutrifft, dann müssen auch die anderen Attribute des Maulwurfs auf den Sprecher – den Dichter – übertragbar sein, also „Freund des Ungebahnten", „Wühler" usw. Der grübelnde, nachdenkende Mensch, der Freund der „Analyse" und des „Denken(s)", sieht sich im unterirdisch tätigen Maulwurf gespiegelt bzw. objektiviert.

Freilich beruht eine solche Betrachtungsweise auf einer Projektion, denn weder sind die Erdhügel in kommunikativer Absicht aufgeworfen worden, noch kommen dem Maulwurf als einem Naturwesen jene oben genannten Attribute des Geistigen zu. Zur ‚Verbrüderung' mit dem Ich kommt es vielmehr aus freier, spielerischer Entfaltung der Phantasie, die jedoch nicht willkürlich verfährt und rein zufällig auf den Maulwurf verfällt. Ausgehend von den kleinen Hügeln und deren geheimnisvollem Produzenten, entwirft die Phantasie außer sich eine Form der geistigen Welterkundung, die dem „Schauzwang", der Überwältigung und Fesselung aller geistigen Aktivitäten durch dramatische Vorführungen, diametral gegenübersteht. Und die zunächst einmal der Verführung der Bilderflut hoffnungslos unterlegen scheint. Denn all das, was der Sprecher über seine enge Beziehung zum Maulwurf und über dessen Tun schreibt, ist ja längst nicht mehr lebendige, sondern nur erinnerte Wirklichkeit, die sich beim Sprecher erst beim Anblick des toten Maulwurfs vor der Tür wieder meldet. Dazwischen liegt die Epoche des „Schauzwang(s)", während der die Erdhügel, äußeres Zeichen sowohl der Existenz des Maulwurfs als auch seiner ‚Kommunikation' mit dem Ich, mit keinem Wort erwähnt wurden, also faktisch vergessen waren. Das Ich ist in dem Maße dem Schauen verfallen, daß es sogar die Steine am Hügel als Augen empfindet, und übt sich in möglichst genauen, aber letztlich hilflos metaphorischen Formulierungen des Geschauten. Um es wieder zur Erinnerung jener anderen, denkenden Weltbetrachtungen zu verhelfen, mußte der Maulwurf seinen unterirdischen Lebensraum verlassen und das Ich ‚aufsuchen'; das Ich, seinerseits auf der Suche nach einem Ausweg aus dem „Schauzwang", findet den – toten – Maulwurf vor der Tür und damit zugleich die Erinnerung an ein anderes Weltverhalten.

Deshalb kann der eigentlich geplante Schritt in die zum „Bild" seiner selbst geronnenen Natur unterbleiben. Statt dessen wird der ihm gleichsam demütig „zu Füßen" liegende Maulwurf zum Bild, genauer: zum „Denkbild der Erschöpfung / Bild des Jammers". In dieser Dopplung vereinigen sich subjektive und objektive Sehweisen des Todes und der Todesursachen. Als ein Lebewesen, das seinen unterirdischen Lebensraum nur selten und kurzfristig verläßt, kann der Maulwurf „vor der Tür" nur vom Tod überrascht worden sein, weil er nicht mehr die Kraft zum Rückzug hatte: er opfert sich auf, um dem Ich seine Botschaft zu überbringen. Damit wird das tote Tier zu einem „Denkbild", einem emblematischen Bild des Denkens, das sich dem Betrachter auf ewig eingräbt. Zugleich erregt der jämmerliche Tod des Maulwurfs auch das grenzenlose Mitleid des Sprechers.

Mit einer solchen Würdigung trägt das lyrische Ich schließlich auch seinen Dank an das Tier ab, das ihm den Wert der Zeichen-Welt so nachdrücklich bewußt gemacht hat. In Wirklichkeit, um das noch nachzutragen, hat natürlich der Dauerregen das Tier in den Tod getrieben, indem er dessen unterirdisches Revier überflutet hat. In der letzten Zeile des Gedichts heißt es, daß die Erdhügel „längst vom Regen abgetragen" waren, und auf denselben Zustand spielt auch schon die zweite Zeile an, die die Wiese als „schlammig zerfurcht" bezeichnet. Der „beharrliche Regen" hat die Spuren des Maulwurfs getilgt, die Zeichen zerstört und damit den „Schauzwang" begünstigt. Wo die Denkhinweise und Phantasieanreize fehlen, erliegt man leicht den Verführungen der nur schwer kontrollierbaren und das Denken lähmenden Bilderflut.

*

Noch einmal meldet sich der Maulwurf selbst zu Wort in einem längeren Gedicht von Hans Sahl:

Der Maulwurf

Hügel aufwerfend,
nicht wissend, was draußen vorgeht,
wo das Unbeständige beginnt,
das Verdorren und Verdursten,
das Verblühen –
Aber hier, im Reich der Regenwürmer,
in das ich mich zurückziehen mußte,
ist alles noch Keim, Hoffnung, Ahnung,
Urzustand der Dinge, darauf wartend,
Gestalt anzunehmen, sich selbst
zu formulieren –
Da liegen die Larven und träumen von dem Gesicht,
das sie annehmen werden,
die Körper von den Gliedern, die sie
fortbewegen sollen, die Wurzeln
von den Baumstämmen, die sie
festhalten müssen –
Hier unten werden die wunderbaren Blumen
entworfen, die Säfte für die
Äpfel und Birnen und Pflaumen vorgeschmeckt.
Hier gibt es nur Anfänge,
und wehe mir, wenn ich sie nicht
erkenne, wehe mir, wenn der Hügel,
den ich mir errichtet habe,
zusammenstürzt –
Wenn ich von den Launen und Einfällen, die mir
zur Verfügung stehen, keinen Gebrauch
machen kann,
das Schlummernde nicht aufwecken,
dem Schweigen nicht einmal das Zirpen
einer Grille entlocken kann
oder der Einöde den blauen
Rausch der Fliederbäume –
Wehe, wenn ich das mir selbst auferlegte,
unterirdische Tun nicht mehr zu ertragen
vermag, wenn ich des Treibens unter Tage
müde werde und die Gesellschaft der Menschen,
der ich entlief,
zu entbehren beginne,
wenn ich aus dem Reich des Werdens
in das Gewordene,
aus dem noch Ratenden
in das Ungeratene
desertiere,

45 entschlossen, nicht mehr zurückzukehren,
es nicht noch einmal zu versuchen,
mit dem Kopf unter der Erde,
Hügel aufwerfend,
kratzend, grabend, wühlend,
50 blind in der blendenden
Helligkeit des
Nochnicht.[16]

Nur an zwei Stellen wird der Redefluß dieses Maulwurfs im Schriftbild durch einen Punkt angehalten: nach Zeile 20 und ganz am Schluß. Sonst wird häufig ein Bindestrich gesetzt, der wohl fast wie ein Punkt wirken soll, da das Wort danach wie beim Beginn eines neuen Satzes groß geschrieben ist, und an deren Abfolge die Feinstruktur des Textes abzulesen ist. Der erste Punkt dagegen teilt das Gedicht deutlich in zwei Abschnitte. Bis zu dieser Zeile hat der Maulwurf im wesentlichen den Charakter der unterirdischen Welt vor uns entfaltet; anschließend beginnt sein „wehe"-Ruf, der in dramatischer Steigerung (fast) bis zum Schluß des Gedichts anhält.

Von seiner unterirdischen Tätigkeit spricht der Maulwurf am Anfang und am Schluß des Gedichts: „Hügel aufwerfend" bzw. „Hügel aufwerfend / kratzend, grabend, wühlend". Allerdings ist diese Redeweise doch recht ungewöhnlich für ein Tier, das unterirdisch lebt, denn von Hügeln kann man eigentlich nur aus der Perspektive der Oberwelt reden. Dieser Maulwurf weiß offensichtlich, welchen Effekt er erreicht, wenn er die Erde hochdrückt. Davon zeugt auch die dritte Erwähnung des Erdhaufens ungefähr in der Mitte des Textes: „der Hügel / den ich mir errichtet habe". Wenn man etwas errichtet (und nicht einfach nur ,baut'), hat man Denkmal-Würdiges im Sinn, und einen solchen Signalwert mißt der Maulwurf dem Hügel wohl zu: er will damit auf sich und sein Tun aufmerksam machen.

Das wiederum setzt voraus, daß er die Oberwelt gut kennt, auch wenn er im Augenblick in der unterirdischen Welt lebt und aus diesem Bereich heraus spricht. Wenn er nämlich „hier" sagt, dann meint er immer die Welt „hier unten", „unter Tage" bzw. „unter der Erde". Die Oberwelt dagegen nennt er „draußen" und gibt vor, nicht zu wissen, was dort geschieht. Tatsächlich aber weiß er eine ganze Menge aus diesem Reich, denn er muß doch wohl die Blumen, Bäume und Früchte kennen, von denen er spricht. Es zeigt sich schließlich auch, daß er momentan zwar unterirdisch im „Reich der Regenwürmer" lebt, aber doch nur, weil er sich dorthin „zurückziehen mußte". Das Modalverb „mußte" läßt an Zwang, Flucht oder Vertreibung denken, doch die etwas spätere Mitteilung, daß er der menschlichen Gesellschaft „entlief", klingt mehr nach einer freiwilligen Trennung. Für diese zweite Annahme spricht auch der Umstand, daß der Maulwurf sein „unterirdische(s) Tun" sich „selbst auferlegte", so daß er der Oberwelt doch wohl in vollem Bewußtsein der Konsequenzen der Tat den Rücken gekehrt hat. Aber die hier sofort sich einstellende Frage, warum er nicht allein die Oberwelt, sondern auch „die Gesellschaft der Menschen" verlassen hat bzw. verlassen mußte, bleibt unbeantwortet, zumindest bekommen wir keine direkte Antwort. Das Problem kompliziert sich noch dadurch, daß der Maulwurf sich offensichtlich nicht für immer nach unten zurückgezogen hat, denn am Schluß des Gedichts spricht er davon, daß er zur Oberwelt „desertiere(n)" möchte, und das sogar für immer.

Dieser Maulwurf scheint also ein Wanderer zwischen beiden Welten. Im ersten Teil des Gedichts kontrastiert er sie, freilich in unterschiedlicher Intensität. Zwar gibt er an, nicht im einzelnen zu wissen, was „draußen vorgeht", doch weiß er wohl, daß dort „das Unbeständige beginnt". Da er dieses Unbeständige mit „Verdorren, Verdursten, Verblühen", also mit Vorgängen des Absterbens oder Vergehens erläutert, kann er nur meinen, daß das Leben oberhalb des Erdbodens keinen Bestand hat, da es dem Tod und der Vergänglichkeit ausgesetzt ist. Ganz anders nun die unterirdische Gegenwelt. Sie wird nicht einfach im Kontrast zur Welt oben als Reich des Lebens gefeiert, sondern es heißt differenzierter, daß hier „alles noch Keim" ist oder „Urzustand der Dinge". In der Unterwelt ruhen demnach das noch nicht Entwickelte, die Möglichkeiten und Potenzen. Der Sprecher verdeutlicht das Gemeinte mit Ausdrücken wie „Hoffnung", „Ahnung", „wartend" oder auch „träumen", die ja alle eine Ausrichtung auf die Zukunft andeuten, d.h. eine Kraft und Bereitschaft ausdrücken, eine „Gestalt anzunehmen", aber eben diese Gestalt noch nicht verwirklicht zu haben. Eine Verwirklichung nämlich, die Gestaltwerdung, kann nur „draußen" in der Oberwelt stattfinden, nur dort können die „Gesichter", „Körper", „Baumstämme", „Blumen" und Früchte sich entfalten und bewegen. Bemerkenswert ist in dem Zusammenhang freilich, daß neben „Larven", „Wurzeln" und „Säfte(n)", die man sämtlich zwanglos mit der unterirdischen Sphäre in Verbindung bringen kann, dort unten, nach Aussage des Maulwurfs, auch „die Körper von den Gliedern, die sie / fortbewegen sollen, (träumen)". Damit werden auch Lebensformen, die in Wirklichkeit ausschließlich auf der Oberwelt beheimatet sind, ihrem Ursprung nach der Unterwelt zugeschlagen. Aufgrund dieser Unstimmigkeit möchte man annehmen, daß die Rede von unten vs. oben nicht unbedingt wörtlich gemeint ist, sondern eher metaphorisch im Sinne von ‚Ursprung des Lebens' und ‚Gestaltung bzw. Verwirklichung des Lebens' zu verstehen ist.

Dies ganze unterirdische Reich der Keime und Urzustände ist natürlich nicht auf den Maulwurf angewiesen oder ausgerichtet, es funktioniert aus eigener Kraft, und der Maulwurf ist folglich reiner Beobachter bzw. Berichterstatter. Wenn er etwa sagt:

Da liegen die Larven und träumen von dem Gesicht,
das sie annehmen werden,

so ist völlig klar, daß die Larven sich irgendwann nach den Gesetzen ihrer Art verwandeln werden; der Maulwurf hat keinen Einfluß darauf. (Wir nehmen aber, nebenbei, an dieser Stelle etwas erheitert zur Kenntnis, daß der Maulwurf bei Gelegenheit mit Worten spielt: Larve ist ja auch eine etwas altmodische Bezeichnung für Maske.) Und wenn er von den Blumen und Früchten mitteilt, daß sie unten „entworfen" bzw. „vorgeschmeckt" „werden", so verwendet er das Passiv sicher nicht, weil er seine eigene Mitwirkung dabei verschweigen will, sondern wahrscheinlich deshalb, weil er die wahren unterirdischen Planer und Designer gar nicht kennt.

Was also treibt der Maulwurf eigentlich dort unten? Warum „mußte" er sich dorthin „zurückziehen"? Eine – vorläufige und indirekte – Antwort auf diese Frage gibt er durch die Art und Weise seines Redens: er ist ganz offensichtlich von dem Leben und den „Keim(en)" aufs höchste fasziniert. Denn während er die Vergänglichkeit der Oberwelt mit drei ihrer Wortbildung nach gleichartigen und ihrer Bedeutung nach ähnlichen Verben umschreibt, weiß er die Welt der Ahnungen und Urzustände abwechslungsreich zu veranschaulichen, indem er ganz verschiedene Lebensformen vorführt und am Schluß das Bild eines geheimnisvollen Laboratoriums entwirft, in dem Farbmuster für Blumen und Geschmacksrichtungen für Früchte entwickelt werden. Diese Art des Vergleichens könnte man aber auch so verstehen, daß er das Geschehen bereits mit dem neidischen Auge des Chemikers beobachtet.

Die heitere, die Lebensprozesse feiernde Stimmung des ersten Teils wird im zweiten Teil des Gedichts plötzlich von Selbstzweifeln und Mutlosigkeit abgelöst. Zunächst jedoch resümiert der Maulwurf den bis dahin entfalteten Charakter der Welt unter Tage mit dem knappen Satz: „Hier gibt es nur Anfänge". Dann aber beginnt er unvermittelt, mit dem Bindewort „und" im Satz fortfahrend, von sich selbst zu sprechen, was er im ersten Teil des Gedichts fast ganz unterlassen hat. Und zwar redet er von einem nicht näher erläuterten Unglück oder Unheil („wehe mir", „wehe"), das ihn beim Eintritt von bestimmten, im folgenden genau aufgelisteten Umständen ereilt. Insgesamt nennt er sechs verschiedene, aber miteinander zusammenhängende und z.T. noch in mehrere Varianten ausdifferenzierte Ereignisse, deren Eintreffen er befürchtet, immer einhämmernd mit der Konjunktion „wenn" eingeleitet. Unausgesprochen entwirft er damit ein umfassendes Szenario des Scheiterns seiner Mission unter Tage, deren eigentliche Ziele er auch nur indirekt und erst dadurch enthüllt, daß er sich ihre mögliche Verfehlung ausmalt. Interessanterweise liegen die Ursachen des befürchteten Scheiterns nicht in der Umgebung, sondern in ihm selbst, so daß die Struktur seiner Klage im wesentlichen die Form hat: „wehe mir, wenn ich nicht . . ." Im einzelnen befürchtet er das Unheil, also ein Scheitern seiner Bemühungen,

- wenn seine Erkenntniskraft nicht ausreicht (22-23)
- wenn sein Erdhügel einfällt (23-25)
- wenn seine Kräfte und Fähigkeiten zu gering sind (26-33)
- wenn seine gesamte Motivation nachläßt (34-39)
- wenn er in die Oberwelt desertiert (40 ff.).

Während das erste, dritte und vierte Glied dieser Serie eindeutig Mangelerscheinungen des Maulwurfs selbst ansprechen, deuten das zweite und fünfte etwas anderes, freilich damit Verwandtes an. Der Erdhügel, so haben wir oben festgestellt, ist für den Maulwurf sichtbares Zeichen seiner Tätigkeit, und wenn er sich nun vorstellt, daß der „zusammenstürzt", also gerade nicht durch Fremdeinwirken zerstört wird, so kann das nur als eine öffentlich sichtbare Dokumentation seines Scheiterns verstanden werden. Das fünfte Glied der Serie dagegen benennt im Grunde weniger eine weitere Voraussetzung des Unglücks, sondern zeigt vielmehr eine Konsequenz aus den vorher erwähnten Mangelformen auf. Dennoch faßt der Maulwurf auch das Verlassen der Welt „unter Tage" in seine „wehe mir, wenn"-Klage auf, so daß seine ausweglose Situation überaus deutlich wird: schlimm ist es, wenn er „hier unten" versagt; aber schlimm für ihn ist es auch, wenn er daraufhin zur Oberwelt „desertiere(n)" sollte.

Um das zu verstehen, muß man sich zunächst einmal klarmachen, welche Versagensängste im einzelnen den Maulwurf plagen. Zu Beginn des zweiten Teils heißt es:

Hier gibt es nur Anfänge,
und wehe mir, wenn ich sie nicht
erkenne (. . .)

Zwischen der konstatierenden Wahrnehmung der „Anfänge" und deren Erkenntnis muß demnach ein fundamentaler Unterschied bestehen, sonst wäre der Satz sinnlos. Sehen ist nicht schon erkennen, und nicht zuletzt deshalb dürfte das entscheidende Wort „erkenne(n)" vom Satzzusammenhang getrennt und isoliert-betont an den Anfang einer neuen Zeile gestellt worden sein. Der Maulwurf strebt also eine Erkenntnis des Lebens an, ein Durchschauen der Gesetzmäßigkeiten, und er zweifelt doch zugleich am Erfolg dieser Bemühungen. Es leuchtet allerdings ein, daß er sich zur Lösung dieses Problems gerade zu den „Anfänge(n)" des Lebens „zurückziehen" muß, zu den „Keim(en)", „Larven" und „Wurzeln", gewissermaßen den Elementarformen des Lebens.

Auf der anderen Seite hebt er aber auch seine praktischen Fähigkeiten hervor, er spricht von seinen „Launen und Einfällen", etwas Lebendiges zu erzeugen – nichts anderes als ein solchen Hervorrufen meint ja sein Verlangen, „das Schlummernde (. . .) auf(zu)wecken", dem „Schweigen" wenigstens winzige Töne zu „entlocken" oder der „Einöde" pflanzliches Leben abzugewinnen. Doch auch in dieser Hinsicht fürchtet der Maulwurf den völligen Mißerfolg. Und wieder durchbricht er hier die Perspektive der Welt „unter Tage", wenn er „Grille" und

„Fliederbäume", die beide keine Repräsentanten der Unterwelt sind, als Illustration oder Beispiel möglicher von ihm erweckter Lebensformen wählt. Auch eine „Einöde" kann man sich nur schwer als unterirdischen Bezirk vorstellen. Er denkt eben doch weitgehend in den Kategorien der Oberwelt.

Weder theoretisch noch praktisch, so fürchtet der Maulwurf, kann er den „Anfängen" auf die Schliche kommen. Das ist sicher Grund genug, „wehe" zu rufen, scheinen somit doch alle Anstrengungen, alles Forschen und Probieren, vergeblich zu sein. Angesichts dieser Situation muß er seine gesamte „selbstauferlegte Tätigkeit" nur noch als Last, sein „Treiben" als nichtig empfinden und sich schließlich zur Gesellschaft zurückwünschen, von der er sich forschend und experimentierend notwendigerweise separieren mußte. Diese Rückkehr zieht einerseits die Konsequenz aus dem Scheitern „unter Tage" und ist andererseits doch auch Verrat an all seinen Absichten und Bemühungen. Ja, der Maulwurf spricht sogar von einem Verrat an dem ganzen „Reich des Werdens", zu dem er doch nie mehr als die Position eines Zaungastes einnehmen konnte; dies „Reich der Regenwürmer" ist nie sein Reich geworden. Dennoch empfindet er es klar als höherwertig im Vergleich zur Welt „draußen", in der das „Gewordene" und „Ungeratene" sich breitmachen, womit er die frühere Charakterisierung der Oberwelt als Reich des Todes ein wenig abmildert.

Genau besehen hat der Maulwurf allerdings gar nicht zugegeben, daß er gescheitert sei; er stellt nur in einem weitausholenden Gedankenexperiment sich sein mögliches Scheitern vor. Er sagt nämlich nicht: ‚wehe mir, *weil* ich nicht . . .', sondern: „wehe mir, *wenn* ich nicht . . .", wodurch ja nichts ausgesagt wird über die Faktizität der Ereignisse. Doch dieser feine logische, der Stabilisierung des Selbstbewußtseins dienende Unterschied ist letztlich unerheblich und wird auch am Schluß des Gedichtes unterhöhlt bzw. außer Kraft gesetzt:

> entschlossen, nicht mehr zurückzukehren,
> es nicht noch einmal zu versuchen,
> mit dem Kopf unter der Erde,
> Hügel aufwerfend,
> kratzend, grabend, wühlend,
> blind in der blendenden
> Helligkeit des
> Nochnicht.

Das Adjektiv „entschlossen" kann notfalls noch als Fortführung, d.h. als Spezifizierung der letzten „wenn"-Fügung („wenn ich (. . .) desertiere") verstanden werden, doch gerät man in dem Fall in äußerst verwickelte und kaum auflösbare grammatisch-gedankliche Abhängigkeitsverhältnisse. Deshalb ist die Annahme einleuchtender, daß das Wort den reflektierenden wenn-dann-Zusammenhang mit einer faktischen Setzung im Sinne von ‚ich bin entschlossen' sprengt.

Mit dieser Wende können dann frühere Bemerkungen wieder aufgegriffen und auch zurechtgerückt werden. Der Entschluß „nicht mehr zurückzukehren" revidiert die frühere Aussage „in das ich mich zurückziehen mußte". Der andere Entschluß dagegen, „es nicht noch einmal zu versuchen", gibt indirekt das Scheitern zu und distanziert sich zugleich von all den Bemühungen, indem er sie mit dem unbestimmten Pronomen „es" umschreibt und so jede inhaltliche Präzisierung verweigert.

Während der Maulwurf am Anfang des Gedichts seine Arbeit nur mit „Hügel aufwerfend" kennzeichnet, konkretisiert er die Tätigkeit nun mit drei Verben, die gerade die Last dieser Mühen vor Augen führen, so daß eine Beendigung wünschenswert vorkommen muß. Daß der Kopf bei dieser Arbeit sich „unter der Erde" befindet, ist eigentlich selbstverständlich, wird nun aber deshalb besonders hervorgehoben, weil diese Haltung – metaphorisch – das „nicht wissend, was draußen vorgeht" wieder aufgreift und als Verlogenheit und Selbsttäuschung entlarvt, denn der „Kopf unter der Erde" spielt ja deutlich an auf den Kopf, den man sprichwörtlich in den Sand steckt, und so besehen drückt die zweite Zeile des Gedichts ein bewußtes Abschotten von der Außenwelt aus, der man im Gegenzug blind negative Eigenschaften zuspricht, um sie herabzusetzen. Wenn der Maulwurf sich nun am Schluß des Gedichts anschickt, die unterirdische Welt endgültig zu verlassen, fühlt er sich „blind in der blendenden / Helligkeit" der Außenwelt. Es kann sich bei dieser Blindheit nur um das temporäre Geblendetsein angesichts einer plötzlichen Lichtfülle handeln, denn ein wirklich Blinder könnte die Helligkeit gar nicht wahrnehmen; insofern ist an dieser Stelle nicht behauptend, höchstens spielerisch die traditionelle Metapher der Maulwurfsblindheit zitiert. Gerade indem der Sprecher seinen Maulwurfsstatus aufgibt, wird er kurzfristig zum blinden Maulwurf. Doch was er selbst dabei verschweigt, das spricht die Licht-Metaphorik deutlich aus: daß er nämlich mit diesem Schritt nach „draußen" in die eigentliche Wirklichkeit zurückgekehrt ist.

Das Gedicht endet mit dem Rätselwort von der „Helligkeit des / Nochnicht". Dieses „Nochnicht" erinnert an das vom Maulwurf gepriesene Reich der Urzustände, dessen Charakteristikum gerade die Potentialität, das Noch-nicht-Gestalt-geworden-Sein ausmachte. Wenn aber diese Gleichsetzung zutrifft, und alles spricht für einen solchen Zusammenhang, dann heißt das nichts anderes, als daß die eigentliche Lebenswelt gerade in der (oberirdischen) Wirklichkeit anzutreffen ist und nicht (erst) dort, wo der Maulwurf sie suchte.

Damit haben sich die früheren Wertsetzungen des Maulwurfs unausgesprochen in ihr Gegenteil verkehrt: der Rückzug in die Welt unter Tage war ein Umweg, die Welt „draußen" ist die Welt im Lichte. Daß der Maulwurf gerade dieses Wort „draußen" als einzige konkrete Bezeichnung für seine Gegenwelt verwendet, ist überaus merkwürdig. Der Gegensatz von „unten" lautet ‚oben', der von „draußen" eigentlich ‚drinnen'. Wir verstehen den Maulwurf nun so, daß er mit „unten" eben ein ‚innen' oder ‚drinnen' meint, anders gesagt – und unsere Formulierungen deuteten es längst an –, daß „unten" als Metapher für den weltabgewandten Arbeitsraum des Forschers zu lesen ist, für das Laboratorium, das sich von der alltäglich-wirklichen Lebenswelt abkapseln muß, und zwar nicht nur in einem äußerlich-räumlichen Sinne, sondern darüber hinaus im Sinne der forschungsimmanenten Künstlichkeit der Laborbedingungen. Diese Deutung der Welt „unter Tage" stützt sich nicht zuletzt auch auf jene oben problematisierten Hinweise, wonach der Maulwurf (nach seinen eigenen Worten) zur Gesellschaft der Menschen zählt und viel von der Oberwelt weiß – Bemerkungen, die die Bildebene strenggenommen verlassen und wohl als bewußt eingefügte Fingerzeige zur Deutung des Bildes zu verstehen sind. Entsprechend verbirgt sich hinter dem Maulwurf der nach Erkenntnis strebende und seine Ergebnisse anwendende Wissenschaftler.

Im Gedicht scheitert der Wissenschaftler bei seinem Versuch, die Geheimnisse des Lebens zu erkunden; enttäuscht gibt er sein Forschen auf und kehrt schweren Herzens in die alltägliche Lebenswelt und die menschliche Gesellschaft zurück. Dieser Handlungsverlauf vermittelt sicher kein realistisches Bild von der Praxis und der Konsequenz der Wissenschaft. Ein Forscher, der zu keinem Ergebnis kommt, wird nicht gleich aufgeben, sondern seine Versuchsanordnungen umbauen und es „noch einmal" und „noch einmal" versuchen. Deshalb will unser „Maulwurf" auch gar nicht bekannte Verhaltensmuster abbilden, sondern im Gegenteil ein Exempel vorführen. Dies Exempel ist ein versteckter Appell: Aufhören! Umkehren! Es ist nicht nötig, die letzten Geheimnisse der Natur auszukundschaften, und schon gar nicht ist es sinnvoll, daß der Mensch ‚schöpferisch' in die Natur eingreift, indem er selbst Lebensprozesse organisiert. Daß Hans Sahl mit solchen Aussagen auf häufig diskutierte Probleme der Gegenwart und auf verbreitete Ängste von Zeitgenossen antwortet, braucht nicht näher erläutert zu werden.

*

Nachdem wir soviel Ernstes und Nachdenkliches über den Maulwurf gelesen (und geschrieben) haben, möchten wir den Wühler mit ein paar leichten (und vielleicht etwas seichten) Versen in seine unterirdische Wohnung verabschieden. Heinz Erhardt, der bekannte und beliebte Verfasser heiterer Reime, hat fast das ganze Tierreich bedichtet und so auch unserem Freund einige Zeilen gewidmet:

Der Maulwurf

Auf Gottes bunter Erdenkruste
bewegt sich Löwe, Hund und Kalb,
der Maulwurf aber, der bewußte,
bewegt sich weiter unterhalb.

5 Er kümmert sich nicht um Gerüchte,
bohrt sich sein Loch und denkt nicht viel,
auch sehnt er sich nicht nach dem Lichte.
Was über ihm ist, läßt ihn kühl!"[17]

Bücher mit Gedichten dieser Art werden in Buchhandlungen und Stadtbibliotheken in der Sektion Humor angeboten. Da solche Texte in der Absicht verfaßt werden, ein Lächeln zu erzeugen und Heiterkeit zu verbreiten, folgen sie bestimmten Strategien, denen wir im folgenden einmal nachspüren wollen.

Eine humoristische Wirkung erzielt der Dichter in erster Linie durch einen spielerischen Umgang mit den Besonderheiten und Eigenheiten der Sprache sowie den eingeschliffenen Formen unseres Sprachgebrauchs. Das beginnt etwa mit dem Austausch eines geläufigen Ausdrucks gegen einen in diesem Zusammenhang ungebräuchlichen, z.B. „Erdenkruste" statt ‚Erdkreis' oder „läßt ihn kühl" statt ‚läßt ihn kalt'. In diesen Fällen entspricht der Autor nicht der Erwartungshaltung des Lesers, doch das bewußt Spielerische seines Vorgehens wird durch die phonetische und z.T. auch semantische Nähe der ausgetauschten Wörter unterstrichen. – Eine versteckte Anspielung liegt in der Wendung „bohrt sich sein Loch" vor; die verbreitete menschliche Eingrenzungstätigkeit ‚baut sich sein Haus' überträgt der Dichter auf die Gegebenheiten unter Tage. – Weiterhin wirkt die Aufzählung „Löwe, Hund und Kalb" belustigend, da das Kalb als sprichwörtlich dummes Tier nicht in der Nachbarschaft von Löwe und Hund erwartet wird. Zudem ist das junge Kalb für seinen ungelenken Gang bekannt, der wenig mit den geschmeidigen Bewegungen der beiden anderen Tiere harmoniert. – Wenn der Dichter sagt „bewegt sich Löwe, Hund und Kalb", so ist das strenggenommen ein Verstoß gegen die Kongruenz im Satz; es müßte eigentlich lauten ‚bewegen sich...' Die Verwendung der dritten Person Singular „bewegt sich" macht nun tendenziell „Löwe, Hund und Kalb" zu einem einzigen, freilich lächerlichen und monströsen Wesen. Es ist nicht nötig, daß der Leser diese Abweichung bewußt realisiert, es genügt, daß er die Normverletzung fühlt oder ahnt, denn das reicht aus für die beabsichtigte Heiterkeitswirkung. – Unkorrekt ist auch die Verwendung der Präposition „unterhalb" als Adverb. Korrekt müßte es lauten: ‚bewegt sich weiter unterhalb der Erdkruste', doch das wäre in der Tat so grausam pedantisch, daß die unkorrekte Form geradezu befreiend gegen derlei sprachliche Trockenheit protestiert. Die eigentlich unzulässige Fügung „weiter unterhalb" wird wohl nur deshalb vom Leser akzeptiert, weil sie die normale ‚weiter unten' gewissermaßen bloß um des seltenen Reims zu „Kalb" willen ein wenig verändert. – Recht überraschend baut der Verfasser auf einmal eine Opposition von oben vs. unten auf. In der ersten Zeile mißt man der Präposition „auf" nicht unbedingt auch eine räumliche Bedeutung im Sinne von ‚über/oben' zu – man denkt etwa an Wendungen wie ‚auf der ganzen Welt' –, aber genau mit dem letzten Wort der vierten Zeile muß man den Gegensatz von oben / unten mitdenken. Andererseits wird diese Opposition zugleich auch wieder relativiert, da das doppelt genannte Verb „bewegt sich" beiden Regionen ähnliche oder gleiche Lebensäußerungen zuspricht.

Zur Wirkung solcher Gedichte trägt natürlich auch der Reim nicht unwesentlich bei. Er muß hundertprozentig ‚klappen', doch er darf andererseits auch nicht allzu abgedroschen sein, sondern muß wenigstens ab und zu mit Ungewöhnlichem aufwarten. Ein Beispiel dafür bietet hier der Reim „Erdenkruste" / „der bewußte", der geradezu Rilke abgeschaut sein könnte. Doch ist das Wort „der bewußte" an dieser Stelle reiner Verlegenheitsreim und nur, um der Reimpflicht zu genügen, eingefügt worden; es könnte ohne Sinnverlust für das Gedicht ganz fehlen. Dennoch steht das Wort nun da, und da es keinen einsichtigen Sinn ergibt, wird mancher Leser einen Hinter- oder Fein-Sinn vermuten und deshalb wissend lächeln.

Den sachlichen Inhalt der ersten Strophe, mit der wir uns bis jetzt fast ausschließlich beschäftigt haben, könnte man in den knappen Satz fassen: Anders als die meisten Tiere lebt der Maulwurf im Erdboden. Das ist natürlich eine rechte Trivialität. Doch die Kunst des Dichters besteht gerade darin, dieses Nichts an Inhalt mit vielen wohlgesetzten Worten auszudrücken. Heinz Erhardt erfüllt somit in hohem Maße den ästhetizistischen Grundsatz, daß in der Poesie Sprache und Form alles, der Inhalt aber nebensächlich und unerheblich sei. Gleichzeitig parodiert er dies Prinzip freilich auch durch die Wahl seines Sujets, und dies parodistische Element verstärkt wiederum die humoristische Wirkung.

Bis jetzt haben wir uns, wie gesagt, eigentlich nur mit dem ersten Teil des Gedichts abgegeben, der den Platz des Maulwurfs in der Welt grob umreißt. Hier konzentrieren sich die oben zusammengestellten sprachlichen Scherze des Dichters. Der zweite Teil dagegen ist um einen größeren Ernst bemüht, denn nun geht es um das Wesen des Maulwurfs, um seine besonderen Eigenschaften – und damit auch um die eigentliche Botschaft des Gedichtes.

Bevor wir aber darauf näher eingehen, möchten wir noch auf eine sprachliche Merkwürdigkeit aufmerksam machen. Es fällt nämlich sogleich auf, daß der Maulwurf hier in der Hauptsache negativ charakterisiert wird, d.h. in der Weise vorgestellt wird, daß ihm bestimmte Eigenschaften abgesprochen werden. Solche negativen Bestimmungen sind natürlich nicht falsch, aber letztlich nur dann wirklich aussagekräftig, wenn sie die unendliche Fülle der Merkmale, die dem Subjektbegriff *nicht* zukommen, zusammengetragen haben – was praktisch unmöglich ist. Diese Offenheit für negative Merkmale bringt es auch mit sich, daß man das Gedicht unermüdlich fortsetzen könnte mit einer Auflistung dessen, was der Maulwurf alles nicht ist. Etwa so:

> Er schert sich wenig um das Wetter,
> sieht niemals fern, weil er nichts sieht;
> lädt weder Base ein noch Vetter,
> lebt überall: Kosmopolit.

Der geneigte Leser ist herzlich eingeladen, diese Zeilen nach Lust und Laune zu verbessern oder aber dreist selbst zur Feder zu greifen und eigene Strophen zu Papier zu bringen.

Unser Versuch einer Nach- oder Weiterdichtung ist dem Original freilich darin weit unterlegen, daß er recht beliebige Eigenschaften willkürlich aneinanderreiht, was bei Heinz Erhardt gerade nicht der Fall ist. Vielmehr stellt er den Maulwurf so vor, daß er – ein wenig modifiziert – die Botschaft der drei Affen bekräftigt: nichts hören, nichts sagen (denken), nichts sehn. Damit aber diese drei verneinenden Verhaltensmaximen, die letztlich zu einer krankmachenden Selbstisolierung führen müssen, dennoch positiv gesehen werden können, müssen sie spezifiziert werden. Der Maulwurf will nichts hören – aber er will eben vor allem die schlimmen Gerüchte nicht hören, die ja doch zumeist nur Unrichtiges verbreiten. Er denkt wohl, aber nicht viel; wichtiger ist ihm das „Loch", in das er sich zurückziehen kann. Dem vielen Denken scheint etwas Negatives anzuhaften, es könnte eventuell die Ruhe des in seinem „Loch" Hockenden stören. Zum dritten will er mit dem Licht nichts zu tun haben. Da die beiden vorhergenannten Verhaltensweisen den Maulwurf ganz eindeutig vermenschlicht haben, dürfte auch diese Lichtscheu nicht die (angebliche) Eigenschaft des Tieres meinen, sondern als Metapher für menschliches Verhalten zu verstehen sein. Am Schluß des *Dreigroschenfilms* singt der Moritatensänger:

> Denn die einen sind im Dunkeln
> Und die andern sind im Licht.
> Und man siehet die im Lichte
> Die im Dunkeln sieht man nicht.[18]

Licht meint hier: herausragende gesellschaftliche Stellung, hohe Position, Besitz usw. In ebenderselben Bedeutung der Lichtmetapher spricht Heinz Erhardt dem Maulwurf alles Streben nach höheren Positionen, alles Karrieredenken ab. Er begnügt sich mit dem, was er hat; und alles das, was gesellschaftlich ‚über' ihm ist, interessiert ihn weder als Sehnsuchtsziel noch als Neidobjekt.

Dieser Maulwurf verkörpert offensichtlich den kleinen Mann, der sich nicht viel um das Gerede der Welt kümmert, das Denken den anderen überläßt, sich in seine vier Wände zurückzieht, mit sich zufrieden ist und ‚die da oben' machen läßt. Das Gedicht singt das Hohelied des Spießbürgers. Die Scherze und Sprachspiele der ersten Strophe dienen, so möchte man fast meinen, vor allem dem Zweck, den Leser heiter zu stimmen und für die eigentliche Botschaft empfänglich zu machen. Keineswegs wollen sie nämlich die Aussagen des zweiten Teils relativieren oder gar die Frage stellen. Autor und – idealer – Leser sind sich vielmehr augenzwinkernd einig: so wie dieser Maulwurf, so sind und leben wir doch alle, und darum ist es auch gut. Der Humor des Gedichts verklärt diese triste Wahrheit.

*

Am Schluß bleibt noch die Aufgabe, kurz auf die Ausgangsfrage nach der Entwicklung der Maulwurfsmetapher in der jüngstvergangenen Literatur zurückzukommen und damit zugleich den Hinweis auf den möglichen didaktischen Schwerpunkt der Reihe zu geben. Die Antwort kann angesichts des geringen Umfangs des hier vorgestellten Materials freilich nur sehr vorsichtig und vorläufig formuliert werden. Zu beobachten wäre einmal, daß die tradierten Bedeutungen der Maulwurfsmetapher noch durchaus geläufig sind, sich aber recht unterschiedlicher Wertschätzung erfreuen. So ist die Vorstellung vom Maulwurf als einem Totentier noch stark verbreitet und findet recht verschiedene Ausgestaltungen. Die Gedichte von Rose Ausländer und Bruno Hillebrand zeigen exemplarisch das Weiterleben dieser Traditionslinie. Aber auch in den Gedichten von Günter Kunert und Michael Krüger ist der Tod indirekt thematisiert, nämlich Tod als Zustand bzw. Gefahr innerer Erstarrung, und hier knüpft sich eigenartigerweise gerade an den Maulwurf die Hoffnung auf eine Überwindung der Lähmungserscheinungen. Bei Michael Krüger scheint der Maulwurf sich sogar aufzuopfern, um dem Ich wieder den rechten Weg zu weisen. Man sieht daran, daß dies Bedeutungsfeld zu expandieren beginnt: dem Maulwurf werden wie ehemals im Volksaberglauben heilende und erlösende Fähigkeiten zugeschrieben. Bei Hans Sahl ist die unterirdische Maulwurfswelt zunächst ganz mit dem Begriff des Lebens assoziiert: erst im Verlauf des Gedichtes wird offenbar, daß die anfangs als Totenwelt denunzierte Außenwelt in Wahrheit doch den eigentlichen Lebensraum dieses „Maulwurfs" darstellt.

Daß mit dem Maulwurf gerade das blinde Tier immer wieder auftritt, kann nicht wunder nehmen, ist doch diese Maulwurfsblindheit sprichwörtlich wohl über die ganze Erde verbreitet. Auf dieses Merkmal spielen die Gedichte von Günter Kunert und Hans Sahl an. Doch nur in den Versen Angela Sommers steht das Bild der Blindheit im Vordergrund, genauer gesagt: das der Erblindung. Damit aber entfernt sich die Autorin ganz erheblich von dem traditionellen Bild des blinden Maulwurfs und seiner differenzierten Symbolik. Gerade weil dieses Bild in vergangenen Literaturepochen, vorzüglich zur Zeit der Aufklärung, so überaus beliebt und verbreitet war, wirkt es heute doch recht abgegriffen und wird von den Dichtern sozusagen als beim Leser bekannt vorausgesetzt, nurmehr zitiert und daher auch nicht mehr ins Zentrum eines Textes gerückt.

Als das (unter-)wühlende Tier hat der Maulwurf traditionell hauptsächlich in historischen, philosophischen oder publizistischen Texten eine Rolle gespielt und spielt sie heute noch, weniger dagegen in der Lyrik. Hier böte sich für Lerngruppen zusätzlich die Möglichkeit, etwa anhand von Presseerzeugnissen und einschlägigen Lexikonartikeln der spezifischen Verbreitung und Ausfächerung der Metapher auch außerhalb der Poesie nachzuforschen. In der tagespolitischen Berichterstattung der Presse etwa sind enttarnte Spione in reflexhafter Selbstverständlichkeit Maulwürfe.[19] Dagegen stirbt der fortschrittliche, der revolutionäre Maulwurf infolge des allmählichen Versiegens revolutionärer Energien in der Literatur wohl langsam aus. Für Wolf Biermann z.B., der ihn nur noch spottend zitiert, schrumpft er zum harmlos-lieben Kleingetier:

Es ist wahr, ich nannte die Literaturszene vom Prenzlberg einen Schrebergarten der Stasi. Das schließt nicht aus, daß es dort auch echt anarchistisches Unkraut und ein paar ehrliche Kaninchen und talentierte Maulwürfe gab. Aber die jetzt bekannt gewordenen Akten beweisen, daß meine Einschätzung richtig war.[20]

Heiner Müller dagegen versucht, trotz seiner pessimistischen Weltanschauung dialektisch noch etwas von der alten Maulwurfsidee zu retten:

Was bleibt: einsame Texte, die auf Geschichte warten. Und das löchrige Gedächtnis, die brüchige Weisheit der Massen, vom Vergessen gleich bedroht. Auf einem Gelände, in dem die LEHRE so tief vergraben und das außerdem vermint ist, muß man gelegentlich den Kopf in den Sand (Schlamm Stein) stecken, um weiterzusehn. Die Maulwürfe oder der konstruktive Defaitismus.[21]

Allerdings datiert diese Bemerkung noch aus dem Jahr 1977. – Hans Sahls Maulwurf stammt zwar noch erkennbar aus der Tradition des revolutionären Wühlers, aber er hat sich von seiner Herkunft gelöst und neue Bedeutungen übergestreift.

Auch der Maulwurfshügel als Bild für Eitelkeit und angemaßte – hohle – Größe taucht immer wieder auf; so bildet sich ja auch Hans Sahls Maulwurf auf seine kleinen Erdhaufen nicht gerade wenig ein. Mit solcherart Aufwürfen ist eben das gemeint, was Jean Paul einmal anläßlich der Praktiken eines Kammerjägers lächerlich macht:

Ich will die Gelehrten-Republik eben nicht bereden, daß dieser Maussschlächter so viele unterirdische Maulwürfe aus der Welt fortschickte, als jährlich schriftstellerische hineintreten, um sich auf die Hinterfüße zu setzen und dann mit den Vorderfüßen, die an beiden Maulwurfarten Menschenhänden gleichen, in den Buchläden und auf dem Leipziger Buchhändlermarkte ihre Erdhäufchen als kleine Musenberge aufzuwerfen (. . .).[22]

Natürlich schenkt der Maulwurf Hans Sahls der Welt keine von den Musen inspirierten Werke und Werkchen, sondern Forschungsergebnisse, Zwischenberichte, Artikel, abstracts usw., Schriften also, die ein Forscher heutzutage in nicht abreißender Folge produzieren muß, damit er nicht übersehen und vergessen wird: publish or perish.

Auffällig ist, daß der Maulwurf in Texten jüngeren Datums anders als in der Vergangenheit niemals als lächerliche oder abstoßende Figur gezeichnet wird, vielmehr erfährt das Tier eine z.T. ganz erstaunliche Hochschätzung. Bei Günter Kunert repräsentieren die Maulwürfe einen Geheimnisbereich, der nur im geduldigen Hinhorchen und nicht im experimentellen Verfügen entschlüsselt werden kann. Günter Eich sprach schon in einem 1949 publizierten Gedicht von der „Sprache des Maulwurfs"[23] und hat später mit seiner Kurzprosa *Maulwürfe* geradezu eine neue Gattung subversiver Texte geschaffen, die sich dem Zugriff immer wieder entziehen und ins Dunkel führen. Auch in Michael Krügers Gedicht, das im übrigen das Spektrum der traditionellen Bedeutungen noch einmal zitiert, wird der Maulwurf mit Sprache ausgestattet und auf diese Weise zu einem geheimen Gesprächspartner des Menschen erhoben. Zu einem solchen Medium der Welt- und Selbsterkenntnis eignet sich der Maulwurf für zeitgenössische Autoren wohl gerade deshalb, weil er Qualitäten wie ‚rätselhaft', ‚unsichtbar', ‚tief' usw. auf sich vereinigt, die unserer immer offener und geheimnisloser werdenden Welt als Desiderat entgegengehalten werden können.

Anmerkungen

[1] Vgl. dazu: Otto Keller, *Die antike Tierwelt,* Bd. 1, Leipzig 1909, S. 20–24; Alfred Opitz und Ernst-Ulrich Pinkert, *Der alte Maulwurf. Die Verdammten (unter) dieser Erde. Geschichte einer revolutionären Symbolfigur,* Berlin 1979; Johann Heinrich Zedler, *Grosses vollständiges Universal Lexicon Aller Wissenschaften und Künste* (...), Bd. 19, Halle und Leipzig 1739, Sp. 2181–2197; Hanns Bächtold-Stäubli (Hg.), *Handwörterbuch des deutschen Aberglaubens,* Bd. 6, Berlin und Leipzig 1934/35, Sp. 6 – 23; Konrad Ziegler und Walther Sontheimer (Hgg.), *Der kleine Pauly. Lexikon der Antike,* Bd. 3, Stuttgart 1969, Sp. 1091.

[2] Eine Konjunktur erfährt der Maulwurf dagegen gleichzeitig in zahlreichen Kinderbüchern, deren bekanntestes wohl *Der Maulwurf Grabowski* (1972) von Luis Murschetz geworden ist.

[3] Shakespeare, *Hamlet,* 1. Akt, 5. Szene (Übersetzung von August Wilhelm Schlegel).

[4] Vgl. Georg Wilh. Fr. Hegel, *Vorlesungen über die Geschichte der Philosophie III,* in: *Werke,* Hg. v. Eva Moldenhauer und Karl Markus Michel, Bd. 20, Frankfurt 1971, S. 456 und 462.

[5] Karl Marx, *Der achtzehnte Brumaire des Louis Bonaparte,* in: Karl Marx, Friedrich Engels, *Studienausgabe in 4 Bänden,* hg. v. Iring Fetscher, Bd. 4, Frankfurt 1966, S. 111.

[6] Jacob und Wilhelm Grimm, *Deutsches Wörterbuch,* Bd. 6, Leipzig 1885, Sp. 1812.

[7] Franz Kafka, *Briefe 1902–1924,* Frankfurt 1975, S. 29 (Fischer-Bücherei 1575).

[8] Heinrich Heine, *Historisch-kritische Gesamtausgabe der Werke,* hg. v. Manfred Windfuhr, Bd. 3/1, Hamburg 1992, S. 356.

[9] Wilhelm Lehmann, *Sämtliche Werke,* Bd. 3, o.O. 1962, S. 484.

[10] Oskar Loerke, *Die Gedichte,* Frankfurt 1983, S. 614 (suhrkamp taschenbuch 1049).

[11] Rose Ausländer, *Die Sichel mäht die Zeit zu Heu. Gedichte 1957–1965,* Frankfurt a.M. 1983, S. 285.
[12] Bruno Hillebrand, *Vom Wüstenrand. Gedichte,* Frankfurt a.M. 1985, S. 60.
[13] Angela Sommer, *Sarah bei den Wölfen,* Frankfurt a.M. 1979, S. 24.
[14] Günter Kunert, *Fremd daheim. Gedichte,* München 1990, S. 30.
[15] Michael Krüger, *Zoo. Gedichte,* Pfaffenweiler 1986, S. 26-28.
[16] Hans Sahl, *Wir sind die Letzten. Der Maulwurf. Gedichte,* Frankfurt a.M. 1991, S. 74 f.
[17] Heinz Erhardt, *Das Neueste von Heinz Erhardt,* Oldenburg 1976, S. 77.
[18] Bertolt Brecht, *Die Dreigroschenoper,* Frankfurt a.M. 1978, S. 109 (= edition suhrkamp 229).
[19] Vgl. die Berichte über die Verurteilung des Doppelagenten Klaus Kuron in der *Süddeutschen Zeitung* vom 8./9.2.1992 und in *Der Spiegel* Nr. 7/1992 (10.2.1992), S. 31.
[20] Wolf Biermann, Ein öffentliches Geschwür (= Offener Brief an Lew Kopelew), in: *Der Spiegel* 3/1992 (13.1.1992), S. 159.
[21] Heiner Müller, Verabschiedung des Lehrstücks (4.1.1977), in: Heiner Müller, *Mauser* (= Heiner Müller Text 6), Berlin, 11.-13.Tsd. 1988, S. 85.
[22] Jean Paul, *Die unsichtbare Loge,* in: *Werke* Bd. 1, München 1960, S. 76.
[23] Günter Eich, Fragment, in: *Gesammelte Werke* Bd. 1, Frankfurt a.M. 1973, S. 77.

Monika Lenkaitis

„Rom hat viel alte Bausubstanz"

Rom in deutschen Gedichten

> Roma caput rerum, lausige Hauptstadt
>
> Rom ist das Haupt der Welt / voll Witz wie ich befinde /
> Vol Weißheit / voll Verstand / doch auch voll Läuß und Grinde.
>
> Andreas Gryphius – 1646[1]
>
> „O wie ist mir diesmal der Abschied von Italien schwer geworden! Ich weiß es jetzt, daß ich außerhalb Roms nie mehr recht glücklich sein werde und daß mein ganzes Streben sich törichter Weise in dem Gedanken konzentrieren wird, wieder hinzukommen und wäre es auch als Lakai eines Engländers."
>
> Jakob Burckhardt –
> 12. September 1846, Basel[2]

ROM – das Ziel (fast) aller deutschen Reise- und Bildungssehnsucht seit den Tagen der mittelalterlichen Kaiser – hat gerade auf schöpferische Menschen immer wieder große Anziehungskraft ausgeübt und, waren sie erst dort, Maler und Bildhauer, Komponisten und Schriftsteller zu vielfältigen Kunstwerken angeregt. Ergebnis solcher produktiven Auseinandersetzung sind bei den Dichterinnen und Dichtern – quer durch die Jahrhunderte – sowohl begeisterte Hymnen auf die erhebende Wirkung dieses besonders geschichts- und kulturträchtigen Ortes, als auch Texte voller Ironie, Spott oder zorniger Verweigerung, die im Grad der Ablehnung ebenso vom Einfluß der römischen Eindrücke auf Kopf und Herz, Verstand und Gefühl der Besucher zeugen.

Die folgenden Texte können lediglich ein schmaler Ausschnitt aus der unüberschaubaren Fülle von Gedichten deutschsprachiger Autoren über Rom sein, die Auswahl folglich subjektiv. Sie legt ihren inhaltlichen Schwerpunkt vorwiegend auf solche Gedichte, die persönliche Erfahrungen mit der Stadt widerspiegeln, indem die Verfasser mit ihren Texten spontan oder reflektiert auf ihr Romerlebnis reagieren. Zugleich wird der Versuch gemacht, fast kanonisierte Rom-Gedichte mit unbekannteren Texten so zu kombinieren, daß daran die Bandbreite der oben angedeuteten Haltungen ablesbar wird. Historisch reicht der Bogen vom Barock bis zur Gegenwart; zeitgenössische Texte nehmen allerdings einen relativ breiten Raum ein, um zu zeigen, wie heutige Autoren mit traditionellen Rom-Themen und -Motiven umgehen.

Nun stellt der gemeinsame Bezug auf römisches Lebensgefühl nur eine recht lose Klammer für die neun hier angesprochenen Gedichte dar. Darum enthält die Art, wie die Gedichte angeordnet bzw. einander zugeordnet sind, implizit einen Vorschlag, wie eine unterrichtliche Verknüpfung aussehen könnte. Den Anfang machen zwei Texte von Gryphius und M.L. Kaschnitz, die sich als Laudatio auf Rom verstehen und zugleich – aus ihrem jeweiligen Entstehungskontext heraus – sehr unterschiedliche Arten lyrischen Sprechens repräsentieren. Danach folgen drei Liebesgedichte im römischen Ambiente, wobei mit Goethe und Bachmann arrivierte Rom-Dichter zu Wort kommen, während Dahl zu den unbekannteren Autoren zählen dürfte. Die Reihe schließt mit vier Texten von Zeitgenossen, die Rom sehr individuell und mit unterschiedlich ausgeprägter Skepsis betrachten (Eich, Brinkmann, Theobaldy, Gernhardt).

Alles in allem möchte diese kleine Sammlung römischer Gedichte – ohne Anspruch auf Systematik, die bei der Materialfülle im Rahmen dieser Reihe gar nicht einlösbar ist – vor allem eines: ein für viele Lehrer und Schüler sehnsuchtsbesetztes Thema in den Unterricht holen und zu weiteren Ergänzungen und Kombinationen aus eigenen Lesefrüchten anregen und ermuntern.

Der früheste Gewährsmann der hier präsentierten dichtenden deutschen Rom-Reisenden ist Andreas Gryphius. Entsprechend dem Erziehungsideal seiner Zeit, das den vielbelesenen Gelehrten und weltläufigen Kavalier forderte, unternahm er von Juni 1644 bis November 1647 eine große Bildungsreise durch Frankreich und Italien, die ihn – selbstverständlich – auch nach Rom führte.

Rom erlebte im Hochbarock, gefördert durch kunstsinnige Päpste, wie z.B. Urban VIII. (1623-44), eine neue Blüte, die die Verwüstungen endgültig vergessen ließ, die plündernde Landsknechte Kaiser Karls V. der Stadt 1527 beim sog. Sacco di Roma zugefügt hatten. Rom steht wieder da als „caput rerum ... das Haupt der Welt" (vgl. das eingangs zitierte Epigramm). Das Sonett „Als er auß Rom geschieden" nimmt Bezug auf diese wechselvolle Phase in der Geschichte der Stadt.

Andreas Gryphius

Als Er auß Rom geschieden

Ade' begriff der welt' Stadt der nichts gleich gewesen /
   Vnd nichts zu gleichen ist / In der man alles siht
Was zwischen Ost vnd West / vnd Nord vnd Suden blüht,

Was die Natur erdacht / was je ein Mensch gelesen.
5 Du / derer Aschen man / nur nicht vorhin mit Bäsen
Auff einen hauffen kährt / in der man sich bemüht
Zu suchen wo dein grauß / (fliht trüben Jahre ! fliht/)
Bist nach dem fall erhöht / nach langem Ach / genäsen.
Ihr Wunder der gemäld / jhr prächtigen Palläst /
10 Ob den die kunst erstarrt / du starck bewehrte Fest /
Du Herrlichs Vatican / dem man nichts gleich kan bawen;
Ihr Bücher / Gärten / grüfft'; ihr Bilder / Nadeln / Stein /
Ihr / die diß vnd noch mehr schliß't in die Sinnen eyn /
Ade ! Man kan euch nicht satt mit zwey Augen schawen.[3]

Gryphius folgt bei seiner Gestaltung der Gedanken eines Reisenden den traditionellen Formgesetzen des barocken Sonetts. Der erste Vers des ersten Quartetts gibt in der Inventio das zentrale Motiv vor: Abschied von einer Stadt, die einzigartig ist. „Ade' begriff der welt'" (Z. 1).

Dem Absolutheitsanspruch dieser Thesis entsprechend zieht der Dichter zu deren Auslegung Vergleichsgrößen von adäquater Dimension heran: „nichts" gleiche der Stadt in Vergangenheit und Gegenwart; „alles" sei zu sehen, was in allen vier Himmelsrichtungen je von Natur aus erwachsen oder von Menschen wahrgenommen worden sei. Uneingeschränkter als in diesem ersten Quartett kann man die Universalität Roms kaum auf den Begriff bringen.

Der zweite Vierzeiler bildet dazu scheinbar die Antithese, indem mehrfach in drastischen Metaphern auf die verheerenden Folgen des Sacco di Roma angespielt wird (vgl. Z. 5–7). Betrachtet man aber die Syntax des einen Satzes, der diese Strophe bildet, so fällt auf, daß die trüben Bilder nur in Relativsätzen stecken, während der Hauptsatz, der diese abhängigen Sätze einrahmt, die Überwindung der vergangenen Schrecken betont und damit seinerseits indirekt zur Veranschaulichung der Inventio beiträgt. „Du ... Bist nach dem fall erhöht / nach langem Ach / genäsen." (Z. 5, 8)

Nach dem Hinweis auf das bewältigte Grauen erscheint die Stadt um so strahlender und prächtiger. Zur Bestätigung der Inventio folgt nun in kunstvollem Arrangement eine mehrgliedrige, konkretisierende Aufzählung bewunderungswürdiger Objekte Roms: Das erste Terzett ist dabei insofern parallel gebaut, als sich an die Nennung von zwei Aspekten – jede Nennung umfaßt jeweils eine Halbzeile und wird von schmückenden Epitheta begleitet – je ein Relativsatz anschließt, der in unterschiedlichen Formulierungen seinerseits die Einzigartigkeit der Gemälde und Paläste, der Festungen und des Vatikans betont.

Der erste Vers des zweiten Terzetts führt die Aufzählung in neuer Variante fort. In parallel konstruierten Halbzeilen verweisen je drei Synekdochen auf die Reichtümer der Stadt: als pars pro toto stehen

„Bücher" für Bibliotheken, „Gärten" für Parks, „grüfft" für Friedhöfe; „Bilder" für Museen, „Nadeln" für Obeliske, „Stein" für Monumente der Baukunst. Diese Substantivhäufung bildet die vorletzte Stufe im konsequent auf die Conclusio ausgerichteten Bau der Terzette. Im letzten Schritt wird die Detailfülle, zu der keine Steigerung mehr möglich scheint, in die umfassende Formulierung aufgelöst: „Ihr / die diß vnd noch mehr schliß't in die Sinnen eyn / ..." (Z. 13).

Damit rundet sich der Gedankengang, denn diese Erweiterung korrespondiert mit den generalisierenden Zugriffen des ersten Quartetts. Die Conclusio schließt sich exakt an: „Ade! Man kan euch nicht satt mit zwey Augen schawen." (Z. 14). – Der einzelne ist dem „begriff der welt'" (Z.1) nicht gewachsen. Dies kann man wörtlich nehmen, aber auch als besonders raffinierten Modus des Rühmens, bei dem der Sprecher die betonte Demutsgebärde als letzte Steigerung seiner Verneigung vor der Größe der Stadt einsetzt.

In diesem Gedicht geht es (noch) nicht darum, die Erfahrung individueller Begeisterung und Überforderung des Betrachters angesichts des nicht zu bewältigenden kulturellen Reichtums der Stadt zu thematisieren. Die Formensprache im barocken Sonett läßt kein individualisiertes „Ich" zu. Wenn hier durch die direkten Anredepronomina „Du" (Stadt) und „Ihr" (Wunder etc.) Unmittelbarkeit in der Relation zwischen Sprecher und Rom als Adressatin fingiert wird, so bleibt dies ebenso formales Gestaltungselement wie die exponierte Stellung der Interjektion „Ade" als Frontwort der ersten und letzten Zeile, die den Ausdruck des Bedauerns über den Abschied von Rom betont. – Die gesamte artifizielle Konstruktion des Sonetts ist dem Formen- und Bilderkodex seiner Zeit verpflichtet. Und so preist die Conclusio die Universalität und Herrlichkeit Roms, die das Gedicht nach allen Regeln barocker Dichtkunst exemplifiziert.

In welchem Maß bei diesem Abschiedsgruß die Subjektivität des Dichters zurückgedrängt ist bzw. ob hier trotz aller formalen Anpassung auch persönliche Emotionen durch die konventionellen Gestaltungselemente hindurch zum Tragen kommen, läßt sich letztlich nicht entscheiden. Immerhin fällt auf, daß Gryphius die Bilder des Verfalls im zweiten Quartett einmal nicht mit dem in der Barocklyrik fast allgegenwärtigen vanitas-Motiv verknüpft. Außerdem beurteilt er in Epigramm und Sonett die Rolle Roms in übereinstimmender Weise.

Im Epigramm, in dem Gryphius als Subjekt sprechen darf und „ich" sagt, formuliert er scharf, bissig, mit unüberhörbarer Freude an der satirisch spitzen Hervorhebung der Kontraste zwischen römischem Glanz und Elend. Doch ist dieser Duktus seinerseits textsortenkonform und darf daher auch nur bedingt als persönlicher Ausdruck gewertet werden. Nimmt man Epigramm und Sonett zusammen, dann sind sie als Äußerungen eines deutschen Dichters zu lesen, der zu Rom durchaus seine eigene Meinung hatte. In seinen Texten hält er sich an die

Spielregeln seiner Zeit – sein Verhalten als Reisender spricht eine eigene Sprache: in Venedig und Straßburg hat er sich deutlich länger aufgehalten als in Rom.

Auch M. L. Kaschnitz huldigt Rom – als moderner Autorin stehen ihr ganz andere Ausdrucksmöglichkeiten offen.

Marie Luise Kaschnitz

Rom 1951

Es reden die Steine von Rom,
blühend im Neonlicht,
Im Scheine der Jupiterlampen,
eisenklirrendes Echo
5 Zu jedem das gleiche und immer das alte :
nimm auf Dich.
Nimm auf Dich die schmerzliche Schönheit
und die Last der Vergangenheit.
Und die Schwermut des Ackers von Rom,
10 die die Schwermut der Welt ist.
Nimm auf Dich das Alte,
das nicht ausgetilgt wird,
Und das Neue,
das nicht kommt wie ein Weihnachtstag.
15 Nimm auf Dich die Unrast,
den Lärm, die metallne Dürre
Und das Übermaß des Lichts,
auf das alles hinausläuft.
Nimm auf Dich das Leben.
20 Reden hörst Du des Nachts
die Steine von Rom und die Brunnen,
Die wieder fließen im Herbst,
wenn das Wasser von den Bergen kommt.
Das Lebenswasser, von dem die Hirsche trinken,
25 Nimm auf Dich die Liebe.[4]

Die Autorin lebte von 1926 – 32 in Rom; ihr Mann, der Österreicher Guido Kaschnitz von Weinberg, war dort als Archäologe tätig, sie selbst arbeitete als Buchhändlerin. Sie kannte Rom also aus der alltäglichen Praxis der Stadtbewohnerin. Anfang der fünfziger Jahre besuchte Kaschnitz Rom wieder. Das Gedicht darf wohl als Bestandsaufnahme ihrer römischen Impressionen im Vergleich des früheren mit dem jetzigen Aufenthalt gelesen werden.

Nach dem II. Weltkrieg ist Rom scheinbar verändert: „Neonlicht" illuminiert die moderner gewordene Großstadt, „Jupiterlampen" leuchten die Szenerie aus. Für den Sprecher im Gedicht jedoch dominiert das, was in Rom seit alters her den Ton angibt: „Es reden die Steine von Rom" – und alle Errungenschaften der Technik dienen nur dazu, die vielfältigen Zeugnisse vergangener Macht ins rechte Licht zu heben („die Steine ..., blühend im Neonlicht", Z. 1f.). Auch das metallene Klirren der Lampen erscheint nicht als Indiz des Fortschritts, sondern als Echo auf die altbekannte Forderung, die (das traditionelle) Rom an den Betrachter richtet: „Nimm auf Dich", setze dich dem Einfluß der Stadt aus! Mit diesem Appell endet die Einleitung.

Im gesamten Gedicht tritt das lyrische Ich nicht direkt auf. Doch ist seine Haltung zu Rom durchgängig spürbar im Gestus des fast andächtigen Horchens auf die Botschaft, die – pars pro toto – von den römischen Steinen ausgeht. Dies drängt auch den Leser in eine respektvoll rezeptive Position. Dabei spiegelt sich in der Direktheit, die aus der Fiktion der Anrede mit „Du" erwächst, die Unmittelbarkeit wider, mit der die römischen Monumente auf den Betrachter einwirken. Werner Bergengruen hat diese Erfahrung einmal so ausgedrückt: „..., so möchte ich meinen, wem ein römischer Aufenthalt beschieden war, dem müßte es unmöglich sein, ganz so weiterzuleben, als sei nichts geschehen, und in einer hergebrachten Gesinnung seine Geschäfte zu fördern."[5]

Der Mittelteil (Z. 7–19) benennt, was den solcherart disponierten Betrachter in Rom erwartet; für ihn stellt Rom in seiner Gegensätzlichkeit, seiner Intensität, seiner Unbescheidenheit eine Herausforderung dar, die dem, der sich darauf einläßt, zur Metapher für das Leben schlechthin werden kann. Nichts ist einfach in Rom: Schönheit ist so ausgeprägt, daß sie schmerzt; die Vergangenheit, obwohl doch aus ihr ein Großteil der Schönheit erwächst, ist für den Betrachter gleichzeitig eine Last – man kann sie nicht obenhin konsumieren (zumal wenn man mit einem Archäologen verheiratet ist); sie setzt Maßstäbe, sie verpflichtet zur Reflexion, gemahnt an die Vergänglichkeit, läßt die Gegenwart leichtgewichtig erscheinen. Rom erzeugt Illusionen von Macht und Pracht und desillusioniert zugleich. – Und dies im Weltmaßstab, denn Rom stand immer als Synonym für das ideelle Zentrum der Macht, selbst wenn es nicht Hauptstadt des Reiches war, oder die Regierenden über der großartigen Idee des römischen Reiches die reale Situation der Stadt fast vergaßen (z.B. nach dem Untergang des weströmischen Reiches 476, als Ravenna, Pavia und Mailand Regierungssitze waren).[6]

Wenn man in der Stadt lebt und sie ernst nimmt, muß man sich auch mit dem Neuen auseinandersetzen. Vielfach drohen „die Unrast, de(r) Lärm, die metallne Dürre" (Z. 15f.) unerträglich und übermächtig zu werden – das wird Anfang der fünfziger Jahre nicht anders gewesen sein als heute! Rom ist eben keine Stätte musealer Abgeschiedenheit, sondern eine ebenso animierende wie anstrengende Weltstadt.

Ein Eindruck allerdings beherrscht alles: „das Übermaß des Lichts" (Z.17) – es blendet den, der nördlich der Alpen aufgewachsen ist, es steht gleißend ohne Unterschied über Ruinen und tosendem Straßenverkehr und verschmilzt die Kontraste zwischen Alt und Neu zu einem mitreißenden Bild des Lebens.

Kaschnitz gliedert den Mittelteil durch die regelmäßige Wiederholung des Imperativs „Nimm auf Dich", und sie hebt durch Variation der damit verknüpften Objekte die zur Auseinandersetzung herausfordernden Eindrücke besonders hervor. „(D)ie schmerzliche Schönheit ... das Alte ... die Unrast". Sie werden am Ende aufgehoben in der übergreifenden Formel „Nimm auf Dich das Leben".

Der letzte Teil schließt sich durch Aufnahme der ersten Zeile wie ein Rahmen an den Anfang an – „Reden hörst du des Nachts die Steine ...". Kaschnitz ergänzt nun ein Requisit, das wie die Steine und das Licht zum römischen Inventar gehört: die – auch in den schon klassischen Gedichten Meyers und Rilkes besungenen (römischen) – Brunnen. Sie haben in der Stadt ganz praktische Bedeutung. Viele Brunnen dienten auch nach dem zweiten Weltkrieg noch als Wasserstellen im Wohnquartier. Die Römer stillen daran im Vorbeigehen ihren Durst oder kühlen sich ein wenig ab, strapazierte Touristen gewöhnen sich schnell an diese in gemäßigteren Breiten unübliche Sitte. Darum bedeutet es nicht nur ästhetische Beeinträchtigung, wenn die Brunnen im Hochsommer trockenliegen, weil der Zufluß aus den Albaner Bergen versiegt. Diese Erfahrung der belebenden und reinigenden Wirkung des Wassers überhöht Kaschnitz, wenn sie in mythischen Anklängen von dem „Lebenswasser" spricht, „von dem die Hirsche trinken". Damit sind offenbar die Hirsche der Diana gemeint, der jungfräulichen Göttin der Jagd, deren Wappentiere das Reine und Lichte symbolisieren. Weckt das Bild der Brunnen daneben – ganz irdisch – Erinnerungen an romantische Bilder von Liebespaaren und Liebesgeflüster? Gipfelt das Gedicht in der Zeile „Nimm auf Dich die Liebe", weil Leben ohne Liebe unvollkommen ist?

Dieses letzte Glied in der assoziativ verknüpften Kette der Appelle „Nimm auf Dich" zeigt jedenfalls die Größe des Anspruchs an Geist und Gefühl, an den ganzen Menschen, wenn er sich von der Stadt anrühren läßt. Dann wird sie zum Kompendium des Lebens, zum Spiegelbild der Welt. Damit zitiert Kaschnitz einen Gedanken, den Goethe an Ende der ersten Römischen Elegie emphatisch formuliert:

„Eine Welt zwar bist du, o Rom; doch ohne Liebe
  Wäre die Welt nicht die Welt, wäre denn Rom auch nicht Rom."[7]

Dies alles sagt Kaschnitz in einer Sprache, die auf den ersten Blick, auch durch den aufzählenden Duktus und die Reimlosigkeit der kurzen Zeilen, einfach wirkt, deren verhaltenes Pathos in der Würdigung Roms sich erst allmählich bemerkbar macht. Ähnlich verdeckt ist der kunstvolle Aufbau des einstrophigen Gedichts mit dem jeweils sechs

Zeilen umfassenden Anfangs- und Schlußteil, beide in sich gerahmt von dem Hinweis auf die Ausdruckskraft der „Steine von Rom" zu Beginn und der abschließenden Forderung: „Nimm auf Dich". Dabei beantwortet die letzte Gedichtzeile die Frage, die anfangs noch bedeutungsvoll offenbleibt, weil das transitive Verb in der 6. Zeile ohne Objekt steht.

So baut sich am Ende der Einleitung eine Spannung auf, die im Mittelteil in vier Zugriffen gelöst und zugleich erhalten wird, weil die in den Z. 7 / 11 / 15 bezeichneten Aspekte unterschiedliche und durchaus gleichwertige Perspektiven auf Rom eröffnen. Die Zeilenangaben zeigen, daß dieser Mittelteil in sich gleichmäßig strukturiert ist: auf die Nennung des Themas folgen je 3 Zeilen, die dessen Facetten andeuten. Sie münden in den Appell, der damit den Mittelteil umschließt: „Nimm auf Dich das Leben". Mit dieser Ausrichtung ist eine Steigerung und Zusammenfassung des bisher Gesagten erreicht. Dies korrespondiert wiederum mit der Schlußzeile des ersten und des letzten Teils, also auch des gesamten Gedichts „Nimm auf Dich ... das Leben ... Die Liebe". Daß Rom ihr diesen Reichtum eröffnet, macht für die Dichterin wohl die Faszination dieser Stadt aus. Ihr Gedicht läßt den Leser daran teilhaben.

Von Goethe wissen wir, daß er 1786 die heimatlichen Gefilde floh, um sich im Süden von als bedrängend empfundenen Bindungen zu befreien und sein Privatleben wie seine künstlerischen Perspektiven neu zu ordnen. – Rom ist das Ziel seiner hastigen Reise. Die Stadt erfüllt all seine Erwartungen über die Maßen, so daß er schon bald in seinem Tagebuch notiert: „Ich zähle einen zweiten Geburtstag, eine wahre Wiedergeburt, von dem Tag, da ich Rom betrat." (am 3. 12. 1786)[8]

Die „Römischen Elegien", die nach Goethes Rückkehr aus Italien zwischen Herbst 1788 und Frühling 1790 entstanden, werden oft als unmittelbarer Ausdruck seiner persönlichen Erlebnisse in Rom gedeutet – bereits 1795 nach der Erstveröffentlichung der Texte in Schillers „Horen" taten dies viele Zeitgenossen, um sich dann entrüstet abzuwenden, werden doch in vielen Gedichten aus diesem Zyklus unverhohlen erotische Erfahrungen dargestellt. Als Beleg gilt oft die berühmte V. Elegie:

Johann Wolfgang Goethe

Römische Elegie V

Froh empfind' ich mich nun auf klassischem Boden begeistert,
    Vor- und Mitwelt spricht lauter und reizender mir.
Hier befolg' ich den Rat, durchblättre die Werke der Alten
    Mit geschäftiger Hand, täglich mit neuem Genuß.

5 Aber die Nächte hindurch hält Amor mich anders beschäftigt;
   Werd' ich auch halb nur gelehrt, bin ich doch doppelt beglückt.
   Und belehr' ich mich nicht, indem ich des lieblichen Busens
   Formen spähe, die Hand leite die Hüften hinab?
   Dann versteh' ich den Marmor erst recht: ich denk' und vergleiche,
10 Sehe mit fühlendem Aug', fühle mit sehender Hand.
   Raubt die Liebste denn gleich mir einige Stunden des Tages,
   Gibt sie Stunden der Nacht mir zur Entschädigung hin.
   Wird doch nicht immer geküßt, es wird vernünftig gesprochen;
   Überfällt sie der Schlaf, lieg' ich und denke mir viel.
15 Oftmals hab' ich auch schon in ihren Armen gedichtet
   Und des Hexameters Maß leise mit fingernder Hand
   Ihr auf den Rücken gezählt. Sie atmet in lieblichem Schlummer,
   Und es durchglühet ihr Hauch mir bis ins Tiefste die Brust.
   Amor schüret die Lamp' indes und denket der Zeiten,
20 Da er den nämlichen Dienst seinen Triumvirn getan. (1795)[9]

Wie ein mathematisches Vorzeichen gibt die Anfangszeile die Stimmung vor, von der das gesamte Gedicht getragen ist: Heiterkeit und Begeisterung, „auf klassischem Boden" (Z. 1) zu stehen, erfüllen den ganzen Menschen mit einem Hochgefühl, das ihn empfänglich macht für alle Reize, die von der spezifisch römischen Verquickung von „Vor- und Mitwelt" (Z. 2) ausgehen. – Wenn Glück darin besteht, den Augenblick bewußt als erfüllt zu erleben, so ist das lyrische Ich hier glücklich zu nennen. Allerdings befindet der Sprecher sich in einem Zwiespalt. Einerseits möchte er die Umstände seines Glücks gern als eo ipso legitimiert ansehen, andererseits drängt es ihn offenbar, sein Verhalten zu rechtfertigen. In der Art, wie er seinen momentanen Lebensrhythmus schildert, wird deutlich, daß sein römischer Aufenthalt sich anders gestaltet, als es den (seinen?) Erwartungen an den Bildungsreisenden entspricht. (vgl. I. Elegie: „Noch betracht ich Kirch' und Palast, Ruinen und Säulen, / Wie ein bedächtiger Mann schicklich die Reise benutzt."[10]) Er ist in seinem Selbstverständnis irritiert. Angereist ist er als Kopfmensch, als Ästhet, der die Autonomie des Schönen sucht und sich zu diesem Zweck auf die Zeugnisse der römischen Vergangenheit, auf den Zugang zur Antike durch Bücherstudium vorbereiten wollte (vgl. Z. 3f.). Doch hier in Rom bleibt der Mythos nicht bloße Leseerfahrung, sondern die Gestalt des Gottes Amor gewinnt unerwartet direkten Einfluß auf das lyrische Ich: er hat sich verliebt, und „die Nächte hindurch hält Amor mich anders beschäftigt" (Z. 5) als mit der Vor- und Nachbereitung der Besichtigungen.

„Vergnügt" (so die Formulierung in der Fassung der Elegie für den Erstdruck in den Horen) und mit ein wenig Erstaunen über sich selbst beobachtet er, daß das sinnlich-erotische Erlebnis, die Formen der Geliebten mit eigener Hand zu erkunden, ihn nicht vom Sinn seines Aufenthalts entfernt, ihn vielmehr sensibilisiert und sein Verständnis für die römischen Kunstwerke intensiviert („Dann versteh' ich den Marmor erst recht", Z. 9). Denken, Fühlen, Sehen und Lieben ergänzen sich so wechselseitig bei gesteigerter Rezeptionsfähigkeit, was in der kunstvollen Verschränkung in Synästhesien unterstrichen wird: „ich denk' und vergleiche, / Sehe mit fühlendem Aug', fühle mit sehender Hand." (Z. 9f.)

Die letzten Worte markieren, welches Organ diese Ganzheitserfahrung zugänglich macht: es ist die Hand, die die Werke der Alten durchblättert, die weiblichen Hüften hinabgleitet, die Formen der Skulpturen erfaßt und Verse auf den Rücken der schlafenden Geliebten skandiert. Die Hand bindet das Ich und sein Denken (vgl. Z.7,9,14) an das gegenwärtige Objekt, sie ist Instrument dieser Präsenz[11]. Damit ist das entscheidende Kriterium seines Ausnahmezustandes bezeichnet: er lebt ganz in der Gegenwart – er genießt sie und sich in ihr. (Dem entspricht das Präsenz als Darstellungstempus dieses Gedichts.)

Gleichwohl ist im Duktus der Darstellung nicht zu überhören, daß der Sprecher bei allem Hochgefühl und allem Selbstbewußtsein des Liebenden meint erklären zu müssen, warum er es zuläßt, daß „die Liebste denn gleich mir einige Stunden des Tages .. raubt" (Z.11). Gegen das offenbar tiefverwurzelte Bild der Frau, die den Mann von sinnreichem Tun ablenkt und mit der kein vernünftiges Gespräch möglich ist, verteidigt er sich mit seinen eigenen Erfahrungen: nicht nur, daß die Geliebte seine Sinnlichkeit geweckt und ihm dadurch neue Wege der Welt- und Kunstrezeption erschlossen hat; in ihrer Gegenwart ist er kreativ und produktiv; oft schon hat er „des Hexameters Maß leise mit fingernder Hand / Ihr auf den Rücken gezählt." (Z. 16f.) – sie inspiriert ihn, als Mann wie als Dichter. In dieser Gewißheit begreift er am Ende, welchen „Dienst" (Z. 20) Amor ihm leistet: wie der Liebesgott die Liebe wachhält und ihm dazu hilft, sich mit Herz und Kopf als Liebenden zu erleben, so eröffnet er ihm durch diese Erfahrung neue Zugänge zu seiner Kunst. Das lyrische Ich sieht sich damit in einer Reihe mit Catull, Tibull und Properz, den berühmten altrömischen Verfassern von Liebesgedichten.

So schließen sich „Vor- und Mitwelt" für ihn zusammen, das erhoffte Bildungserlebnis als die Aneignung und Erneuerung der Antike in der eigenen Gegenwart hat sich auf eine unerwartet konkrete und damit um so beglückendere Weise vollzogen.

Hier soll nicht bestritten werden, daß dieses Gedicht wie der ganze Zyklus auch unter dem Eindruck von Goethes Rom-Enthusiasmus, besonders auch seiner Beziehung zu einer römischen Witwe und/oder – direkt nach seiner Rückkehr – zu Christiane Vulpius entstanden ist. Doch die Elegien aus diesem Blickwinkel zu lesen, rückt sie in ein falsches Licht. Als Beispiel dafür sei der Kommentar eines zeitgenössischen Rezensenten zitiert: „ Zu den merkwürdigsten Erscheinungen an unserm literarischen Himmel gehören Goethes ‚Elegien' im 6. Stück der ‚Horen'. Es brennt eine genialische Dichterglut darinnen, und sie stehn in unserer Literatur *einzig*. Aber alle ehrbaren Frauen sind empört über die bordellmäßige Nacktheit. Herder sagt sehr schön: er habe der Frechheit ein kaiserliches Insiegel aufgedrückt. Die ‚Horen' müßten nun mit dem u gedruckt werden. Die meisten Elegien sind bei seiner Rückkunft im ersten Rausche mit der Dame Vulpius geschrieben."[12]

Aufsehenerregend und progressiv waren die Texte allerdings aus anderen Gründen. Denn Goethe realisiert hier seine Vorstellung von Dichtung in der Weise, die sich durch die Begegnung mit Italien formte und die programmatischen Charakter für unser heutiges Bild der Weimarer Klassik bekam: So reiht Goethe sich erstmals in seinem lyrischen Werk bewußt in eine Tradition ein, die der antiken Elegie. Er greift dabei nicht den Charakter des Klagegedichts auf, sondern knüpft formal und inhaltlich an die augusteischen erotischen Elegien der „Triumvirn" an, auf die das Ende der V. Elegie anspielt. (Neben den o.g. Dichtern ist auch Ovid zu dieser Gruppe zu zählen. – Goethe kannte diese Gedichte u.a. aus einer Anthologie, die er 1788 geschenkt bekam.[13]) Formal übernimmt er die metrische Gliederung der Verse durch Hexameter und Pentameter. Inhaltlich wird die antike Elegie insofern zum Vorbild, als dort die Liebe als Genuß und Erfüllung gefeiert wird, die dem Leben Strahlkraft gibt. Diese Sicht ist nur schwer mit dem eher spirituellen Verständnis von Liebe als Seelenverwandtschaft zu vereinen, wie es im 18. Jh. z.B. von Richardson und Gellert formuliert und geprägt wurde. Die Betonung der Sinnlichkeit muß Goethes Zeitgenossen also zwangsläufig vor den Kopf stoßen. Noch ein weiteres Indiz deutet auf Goethes Anlehnung an die antiken Elegien: wie im vorliegenden Gedicht erscheint die Liebe dort als dominierende Macht im Leben eines dem Künstlerischen zugeneigten Menschentyps.

Wenn Goethe nun die Motivkreise „Liebe" und „Rom" in der Weise verknüpft, daß erst die Liebe Rom in seiner ganzen Besonderheit aufleuchten läßt, wie die Stadt ihrerseits das Liebeserlebnis prägt, so greift er damit zweifellos über den persönlichen Bezug hinaus auf die Antike zurück. Trunz merkt entsprechend an, daß man den Namen „Römische Elegien" auch lesen könne als „Liebesgedichte in antikem Stil", was wiederum dem Titel auf der handschriftlichen Version der Gedichte von 1790 entspreche – „Erotica Romana"[14].

Damit ist die V. Elegie ein klassischer Text in mehrfachem Sinn: sie orientiert sich an antiken literarischen Mustern. Sie zeigt entsprechend dem klassischen Erziehungs- und Schönheitsideal den Menschen in der Harmonie von Vernunft und Sinnlichkeit. Daß dies nicht bloß ästhetisches Programm war, sondern im Kontext der Französischen Revolution gerade durch den Autonomieanspruch der Kunst politische Relevanz besaß, wird deutlich, wenn Schiller in der Ankündigung der ‚Horen' erklärt, die Kunst wolle die „politisch geteilte Welt unter der Fahne der Wahrheit und Schönheit wieder ... vereinigen."[15]

Goethe entwirft in der V. Elegie das Bild eines Menschen, dem es für einen besonderen Lebensmoment „auf klassischem Boden" gelingt, sich über die Widerstände im eigenen Kopf hinweg als harmonische Ganzheit zu erfahren – die Sinnlichkeit eröffnet den Weg dazu.

Insofern handelte Schiller konsequent, als er seine Skepsis gegenüber den Elegien, die er „schlüpfrig und nicht sehr decent" fand (Brief an seine Frau, 20. September 1794[16]), hintanstellte und Goethe zur Veröffentlichung in den ‚Horen' aufforderte.

Gedichte über Rom sind oft Liebesgedichte. Und sie sind in ihrer Stimmungslage oft gelöster, unbeschwerter und hoffnungsvoller als andere Texte desselben Autors, derselben Autorin. Das gilt ganz sicher für das lyrische Werk Ingeborg Bachmanns, in dem sich die ‚italienische Sektion' der Gedichte aus ihrem zweiten Lyrikband „Anrufung des Großen Bären" mit ihrem fast „hymnischen Ton"[17] deutlich abhebt vom Ausdruck der Verstörtheit und Bedrohtheit, der in vielen anderen Gedichten aus diesem Band dominiert. So ist die Vorstellung, die Bachmann in dem Sonett „Römisches Nachtbild" von der Stadt entwirft, fast übermütig zu nennen:

Ingeborg Bachmann

Römisches Nachtbild

Wenn das Schaukelbrett die sieben Hügel
nach oben entführt, gleitet es auch,
von uns beschwert und umschlungen,
ins finstere Wasser,

5 taucht in den Flußschlamm, bis in unsrem Schoß
die Fische sich sammeln.
Ist die Reihe an uns,
stoßen wir ab.

Es sinken die Hügel,
10 wir steigen und teilen
jeden Fisch mit der Nacht.

Keiner springt ab.
So gewiß ist's, daß nur die Liebe
und einer den andern erhöht.   (1956)[18]

Rom als Schaukelbrett! Die berühmten sieben Hügel der Stadt schwingen darauf in großem Bogen vom Nachthimmel „ins finstere Wasser"

(Z. 4) und steigen wieder hinauf. Diese kühne Szene bezieht ihren spezifischen Reiz aus der Tatsache, daß sie nicht von außen betrachtet, sondern erlebt und beschrieben wird von einem Paar, das auf der Schaukel sitzt und sich dem Auf und Ab überläßt. Dadurch wird die Perspektive eine Funktion der Bewegung: die normale Ordnung der Dinge scheint außer Kraft gesetzt – die Hügel werden „nach oben entführt" (Z. 2), wenn das Schaukelbrett nach unten schwingt, und „sinken" (Z. 9), wenn der Schwung die Schaukelnden wieder nach oben trägt. Selbst das Eintauchen in den Flußschlamm erzeugt keinen Ekel, vielmehr teilen die beiden in großzügiger Geste „jeden Fisch mit der Nacht." (Z. 11)

Den Mut zu dieser ungewöhnlichen Luftfahrt, die sogar die Grenzen zwischen den Elementen aufhebt, gewinnen die beiden aus sich selbst – aus ihrer Verbundenheit im „wir"; kein anderes Personalpronomen hat in diesen Versen Bedeutung.

Das letzte Terzett löst die Metapher auf: „Keiner springt ab. / So gewiß ist's, daß nur die Liebe / und einer den andern erhöht." (Z. 12ff) In ihrer Liebe zueinander wachsen beide über sich hinaus; indem sie das „wir" absolut setzen, wird möglich, was sonst unmöglich erscheint: die hypertrophe Schaukelbewegung ist ein überzeugendes Bild dafür. Mißtrauen würde den (physischen und psychischen) Absturz, das Zerbrechen der Liebe bedeuten. – In der Formulierung der letzten Strophe bleibt offen, ob hier einer der beiden Liebenden oder ein Dritter die Situation kommentiert, d.h. ob sie sich selbst der existentiellen Bedeutung ihrer Verbindung bewußt sind oder ob ein hellsichtiger Beobachter dies erkennt. Doch das spielt keine große Rolle. Entscheidend ist hier nur die Gewißheit, daß keiner der beiden abspringt, weil jeder der Liebe des anderen vertraut. – Lieben bedeutet immer auch Wagnis, bei dem sich die Liebenden selbst auf's Spiel setzen. Hier scheint das Wagnis belohnt zu werden. Bachmann suggeriert es im Bild des Paares, das hochgestimmt in der römischen Nacht abhebt, und die Stadt schwebt mit.

So schmucklos die Verse in ihrem fast erzählenden Duktus wirken, sie haben ihren eigenen Rhythmus, der Gelassenheit ausströmt: nicht das waghalsige Schaukeln, sondern die Glücksgewißheit im „wir" dominiert den Ausdruck des Gedichts.[19] Dem entspricht Bachmanns Umgang mit der Form des Sonetts – sie löst sich mit ihren reimlosen kurzen Versen von vielen Konventionen dieser Textsorte, setzt aber das Gewicht des letzten Terzetts gezielt ein, um die zentrale Aussage dieses römischen Liebesgedichtes sentenzhaft zu verdichten.

Heißenbüttel hat in seiner Rezension der „Anrufung des Großen Bären" die Stimmung der Gedichte mit den Worten zusammengefaßt: „Diese Welt ist nicht heil. Leben in dieser heillosen Welt ist möglich, wenn ihr der Schild der utopischen Verzauberung entgegengehalten wird."[20]

„Das römische Nachtbild" ist solch ein Schutzschild für die Seele: es weckt Hoffnung, daß Liebe möglich, daß Glück keine Utopie ist.

Die kurze Folge von Gedichten, die die Themen Rom und Liebe dicht verweben, sei beschlossen mit dem kleinen Text von Edwin Wolfram Dahl.

Edwin Wolfram Dahl

Fontana di Trevi

Deine Jahre
eine Handvoll
wirf sie
wenn du mich küßt
über die Blätter
meiner Schulter
in den Teich
aus Zahlen

Laß liegen
was liegt
im Brunnen
di Trevi.

Frag mich nicht
wieviel Münzen
wieviel Jahre
ob sie Glück bringen
oder Zinsen.

Ich kann nur
zählen
bis zwei:

deine Augen.   (1974)[21]

Die letzte Zeile gibt die Anweisung, wie das Gedicht zu lesen ist: alles dreht sich um „deine Augen", die Augen der Geliebten. An das geliebte Mädchen richten sich drei in direkter Anrede formulierte Bitten des lyrischen Ich, an sie richtet sich sein Liebesbekenntnis im letzten Satz. Damit ist der einfache Aufbau dieses unprätentiösen Textes schon beschrieben.

Reizvoll wird das Gedicht durch die Wahl und die Verknüpfung der Bilder. Hier spricht ein Mann, der sein Mädchen – sie muß noch jung sein – auffordert, ihre „Handvoll ... Jahre" über seinen Rücken hinweg in den „Teich aus Zahlen" zu werfen.

Dahl zitiert hier einen allseits beliebten Touristenbrauch, und er verfremdet ihn zugleich. Folgt man einem alten Aberglauben, darf jeder, der seine Münze als Votivgabe in den Trevibrunnen wirft, darauf hoffen, nach Rom zurückzukehren. Besonders wirksam soll der Wurf über den Rücken bei geschlossenen Augen sein; Liebespaare besiegeln ihren Wunsch sicherheitshalber mit einem Kuß. – Dem Verliebten in unserem Gedicht vermischen sich die Eindrücke: statt der üblichen Lirestücke soll das Mädchen seine Lebensjahre ihm über die Schultern in den Brunnen werfen, der immer voller blinkender Münzen liegt. Nur die ‚ragazzi', die römischen Kinder, die nachts das Geld aus dem Trevi-Brunnen klauben, zählen nach, wieviel die Fremden ihrem Heimweh nach Rom geopfert haben. Der Reisende würde durch so profanes Handeln den Zauber des Brunnens brechen. „Laß liegen / was liegt ..." (Z. 9f.).

Der Sprecher will nicht die müßige Touristenspekulation mitmachen, ob sich der Münzwurf rentiert; er will weder zurück noch in die Zukunft schauen : er ist so ausschließlich auf die Gegenwart der Geliebten konzentriert, daß alles andere ausgeblendet ist. Fast selbstironisch sagt er in Anspielung auf die abfällige Redensart über sich:

„Ich kann nur
zählen
bis zwei:
deine Augen." (Z. 18ff.)

Darum läßt er die Bilder, die von außen auf ihn eindringen, verschwimmen, so daß sie als gegeneinander verschobene und ineinander verschränkte Wahrnehmungssegmente erscheinen. Darum auch seine Bitten an das Mädchen: er möchte, daß sie sich genauso ganz dem Augenblick hingibt. Seine Liebeserklärung zeigt, daß für ihn schon gilt, was er von ihr erst noch erbitten muß: das Aufgehen in der Gegenwart des anderen. – Sie erscheint jung, ist nicht ganz bei der Sache, er wirkt erfahrener, zielstrebiger ... und verliebter – noch stimmt die Symmetrie der Gefühle nicht. Vielleicht reflektieren die extrem kurzen Zeilen sein Drängen, seine unterschwellige Unsicherheit über die Intensität ihrer Gefühle für ihn.

Marie Luise Kaschnitz hat zu diesem Gedicht angemerkt, es sei „kein Rom-Gedicht", sondern die „... Aufzeichnung einer Liebeserfahrung".[22] Diesen Einwand müßte man wohl auf alle drei behandelten Gedichte beziehen. Und doch bleibt: sie sprechen von Liebe im römischen Kontext – und wer will da unterscheiden, ob Rom austauschbare Kulisse ist, oder wieweit das Erlebnis der Stadt als Katalysator auf die Gefühle wirkt. ... Das galt im übrigen schon für das Ende der I. Elegie Goethes.

Viele Rom-Gedichte aus den letzten 25–30 Jahren weisen, deutlicher als je in der jahrhundertelangen Reihe ihrer Vorläufer, eine skeptische Brechung der Haltung zu Rom auf. Das hat nicht nur mit dem oft unbequemen Alltag in einer modernen Metropole zu tun; das war Rom (fast) zu allen Zeiten – auch Gryphius beschwerte sich schon über den Schmutz in der Stadt. Darin zeigt sich auch das Selbstbewußtsein des heutigen Beobachters, dem geschichtsträchtiges Pflaster nicht schon als solches verehrungswürdig erscheint, dem demonstrative Berufung auf Traditionen manchmal sogar als Indiz für Defizite in der Gegenwart gilt. Und darin schlägt sich eine deutliche Distanzierung von der überlieferten Rom-Literatur nieder, die spätestens seit Goethe im Banne großer Vorbilder immer wieder in der Gefahr stand, bloß konventionell oder gar epigonal zu geraten.

Für Günter Eich (1907–1972) z.B. repräsentiert Rom exemplarisch eine Lebensform, der er sich verweigert: Rom ist ihm zu sehr durchtränkt mit abendländischer Geschichte, Tradition und Bildung.

Günter Eich

Fußnote zu Rom

Ich werfe keine Münze in den Brunnen,
ich will nicht wiederkommen.

Zuviel Abendland,
verdächtig.

5 Zuviel Welt ausgespart.
Keine Möglichkeit
für Steingärten.[23]

Von den sieben kurzen Zeilen sind die ersten beiden noch die ausführlichsten und die einzigen syntaktisch vollständigen. Apodiktisch lehnt darin ein selbstbewußtes Sprecher-Ich (zweimal das Personalpronomen am Satz- und Zeilenbeginn) für sich den alten Touristenbrauch ab, durch den Wurf von Münzen in den (Trevi-)Brunnen die Rückkehr nach Rom zu erwirken. Formal ist damit eine Dialogsituation erzeugt, in der allerdings nur der Replizierende spricht. Er antwortet allen Traditionalisten, und er ist sich des Provokanten seiner Verweigerung durchaus bewußt. Andererseits scheint die Sache für ihn seit langem erledigt, eine Erklärung daher eher lästig. Immerhin bietet er drei elliptisch formulierte Begründungen an. Rom ist ihm „verdächtig" (Z. 4) mit seinem geschichtsträchtigen Boden, den allgegenwärtigen Zeugnissen philosophischer, religiöser, künstlerischer und gesellschaftlicher Modelle, die im Laufe der Jahrhunderte erdacht und erprobt wurden und alle mehr oder weniger deutlich gescheitert sind. Rom steht ihm prototypisch für ein Denken, das rückwärts gewendet und perspektivelos ist, das sich in Selbstzitaten erschöpft und den Erfordernissen der Gegenwart nicht gerecht wird, weil „zuviel Welt ausgespart" (Z. 5) bleibt. Rom läßt keinen geistigen Freiraum – „Keine Möglichkeit / für Steingärten." (Z.6f.) – für jene japanischen Miniaturlandschaften, in denen meditiert wird.[24]

Wie in vielen anderen Gedichten aus dieser Schaffensphase skizziert Eich mit seiner „Fußnote zu Rom" in einer bewußt einfachen und bis auf knappe Andeutungen reduzierten Sprache eine Welt, in der der Mensch nicht zu sich selbst findet, sich selbst entfremdet bleibt.[25] Eich zerstört die alten Orientierungsmarken. Bietet die letzte Zeile eine neue Perspektive? Sie deutet zumindest Eichs Kritik an der Selbstzufriedenheit der westlichen Welt an, die glaubt, den Reichtum des asiatischen Kulturkreises ‚aussparen' zu dürfen. Meditation führt nicht in die „Welt" zurück – aber vielleicht ist sie für den Menschen ein Weg zu sich selbst. Rom jedenfalls kann nach Eichs Auffassung diese Aufgabe, geistige Führungsmacht zu sein, nicht mehr erfüllen.

Das Befremden, das dieser lakonische Text auslösen kann, wirkt wohl deswegen besonders nachhaltig, weil Eich seine Verweigerung an dem Objekt exemplifiziert, das den (West-) Europäern, solange sie sich erinnern können, als Inbegriff ihrer Geschichte und Kultur galt und ihnen dadurch half, sich selbst zu bestimmen.

Ein völlig anders motiviertes Beispiel für unverhohlene Ablehnung gegenüber der Stadt bietet Rolf Dieter Brinkmann (16.4.1940 – 23.4.1975). Die Notizen in seinem collagierten Tagebuch „Rom, Blicke"[26], mit dem er während seines Aufenthalts in der Villa Massimo (Okt. 1972 – Januar 1973) seine Eindrücke und Reflexionen detailbesessen und rücksichtslos subjektiv festhält, zeigen von der ersten bis zur letzten Seite konsequent das Häßliche und Abstoßende Roms. – Er wollte auch gar nicht nach Rom, in die Großstadt; das Stipendium der Villa Massimo war für ihn nur widerwillig akzeptiertes Mittel, eine seiner häufigen finanziellen Durststrecken zu überbrücken.

Von den wenigen lyrischen Texten, die in diesem Umfeld entstanden, sei als Beispiel die „Hymne auf einen italienischen Platz" zitiert, den Platz, wo er meist einkaufen ging.

Rolf Dieter Brinkmann

Hymne auf einen italienischen Platz

O Piazza Bologna in Rom! Banca Nazionale Del
Lavoro und Banco Di Santo Spirito, Pizza Mozzarella
Barbiere, Gomma Sport! Gipsi Boutique und Willi,
Tavola Calda, Esso Servizio, Fiat, Ginnastica,

5 Estetica, Yoga, Sauna! O Bar Tabacci und Gelati,
breite Hintern in Levi's Jeans, Brüste oder Titten,
alles fest, eingeklemmt, Pasticceria, Macelleria!
O kleine Standlichter, Vini, Oli, Per Via Aerea,

Eldora Steak, Tecnotica Caruso! O Profumeria
10 Estivi, Chiuso Per Ferie Agosto, o Lidia Di Firenze,
Lady Wool! Cinestop! Grüner Bus! O Linie 62 und 6, das
Kleingeld! O Avanti grün! O wo? P.T. und Tee Fredo,

Visita Da Medico Ocultista, Lenti A Contatto!
O Auto Famose! Ritz Cräcker, Nuota Con Noi, o Grazie!
15 Tutte Nude! O Domenica, Abfälle, Plastiktüten, rosa!
Vacanze Carissime, o Nautica! Haut, Rücken, Schenkel

gebräunt, o Ölfleck, Ragazzi, Autovox, Kies! Und Oxford,
Neon, Il Gatto Di Brooklyn Aspirante Detective, Melone!
Mauern! Mösen! Knoblauch! Geriebener Parmigiano! O dunkler
20 Minimarket Di Frutte, Istituto Pirandello, Inglese

Shenker, Rolläden! O gelbbrauner Hund! Um die Ecke
Banca Commerziale Italia, Flöhe, Luftdruckbremsen, BP
Coupons, Zoom! O Eva Moderna, Medaglioni, Tramezzini,
Bollati! Aperto! Locali Provvisori! Balkone, o Schatten

25 mit Öl, Blätter, Trasferita! O Ente Communale Di
Consumo, an der Wand! O eisern geschlossene Bar Ferranzi!
O Straßenstille! Guerlain, Hundeköttel, Germain Montail!
O Bar Fascista Riservata Permanente, Piano! O Soldaten,

Operette, Revolver gegen Hüften! O Super Pensione!
30 O Tiergestalt! O Farmacia Bologna, kaputte Hausecke,
Senso Unico! O Scusi! O Casa Bella! O Ultimo Tango
Pomodoro! O Sciopero! O Lire! O Scheiß![27]

Alles in allem acht Strophen lang italienische und deutsche Sprachfetzen, eine Aufzählung von Straßennamen und Firmenschildern, Reklamesprüchen, Filmtiteln, menschlichen Körperteilen, isoliert und plakativ wie bei Comicfiguren, abgerissenen Floskeln, dazwischen Splitter von Empfindungen – Dissonanzen, ein Kaleidoskop von chaotischen Eindrücken, die der unwirsche Passant als Frontalangriff auf seine Sinne empfindet. – Auch wenn das alles wüst und rüde wirkt, enthält der fixierte Moment doch eine „Positionsbestimmung des lyrischen Subjekts, das Erfahrungen beschädigter, orientierungsloser Existenzen formuliert. Brinkmanns Reproduktionsmodell geht damit nicht in bloßer Alltagsschilderei auf, sondern konturiert Erfahrungen, ..."[28]. Rom wird für Brinkmann zur Metapher für Verkommenheit und Verrottung der modernen Massengesellschaft überhaupt. – Aus der selben Aversion heraus notiert Brinkmann in den letzten Rom-Eintragungen seines Tagebuchs am 9.1.1973 (nachdem er gerade von einem Kurzaufenthalt in dem Dorf Olevano zurückgekehrt war): „... wieder Stadt (die mich hier seit 10 Tagen erschöpft, verführt, konfus, blöde macht und belästigt ...)"[29]

Fünf Jahre später erlebt Jürgen Theobaldy (*1944) Rom – auch er als Stipendiat der Villa Massimo. Während seines halbjährigen Aufenthalts entstehen in der Art eines lyrischen Tagebuchs über dreißig Gedichte, die 1979 in dem Band „Drinks" erstmals veröffentlicht wurden.

Jürgen Theobaldy

Im August

Hier kann ich leben, im Straßenstaub,
ockerfarbenes Rom ! Die Abgase glühen
über verlassenen Plätzen, wie warm
ist zwischen die Ruinen der Asphalt
5 geschoben; Bruchstücke aus dem Alltag,
Felder von Steinen, kantig liegen sie
im Gras, zwischen Büschen und Papier.
Hier kannst du leben, Sonne im Turnschuh,
Lire in der Tasche ! Lieder schwingen
10 in den Mittag, müder Palmengarten,
ich fasse die Feigen an, ich schaue hoch,
Rom ist ein Kramladen, jeder kramt
darin herum, ohne Schatten im August.
Ihr Führer, verschont mich mit Gedanken
15 an Ewigkeit und Kataloge ! Mörtel, Schutt,
was sind die Trümmer ohne mich und meine
Neugier, durstig vor dem Eisauto am Forum !
Ich jage zum Meer, ich stehe am Strand,
schmutzig wie die Nationalbank,
20 Abfälle im Sand, das Obst verwest,
zerfledderte Scheine, die Jalousien
über der Straße sind unten und stumm.   1979[30]

Theobaldy legt Wert darauf, daß er selbst es ist, der in seinen Texten „Ich" sagt: „Viele der neueren Gedichte sind, ohne daß das Ich des Schreibers darin vorkommt, gar nicht denkbar. ... sein eigenes Ich mit einzubringen, ist bescheiden, insofern der Lyriker sich nicht anmaßt, für andere zu sprechen. Es kann großmäulig sein, wenn dem Lyriker danach ist, auf jeden Fall ist es authentisch."[31]

„Im August" ist das zweite Gedicht aus „Drinks". Es gibt also relativ frische Eindrücke des Stipendiaten wieder. Er fühlt sich offenbar spontan wohl: „Hier kann ich leben, im Straßenstaub, ockerfarbenes Rom!" – Dieser Ausruf kennzeichnet in Ton und Aussage bereits fast das gesamte Gedicht. Die Stimmung ist locker; jedenfalls ist nichts von der Ehrfurcht und dem notorischen Enthusiasmus der DuMont-Jünger zu spüren. Viel eher schwingt in dieser Formulierung wohl Vorfreude auf sechs unbeschwerte Monate mit. Die ersten Wahrnehmungen sind geprägt durch zwei Eindrücke, die sich dem Rombesucher im Hochsommer aufdrängen: da sind der lästige Staub, der sich unweigerlich auf der Haut, in den Augen, auf der Zunge festsetzt, und der ganz spezifische Ockerton, den die römischen Fassaden im römischen Licht annehmen.

Nicht den bedeutenden Sehenswürdigkeiten gilt also die anfängliche Aufmerksamkeit. Der hier spricht, setzt sich nicht unter bildungstouristischen Zugzwang, er läßt sich Zeit, die Stadt geradezu physisch zu erfahren. „Wie warm ist zwischen die Ruinen der Asphalt geschoben." (Z. 3ff) Er hält Distanz zu den Zeugnissen großer Vergangenheit. „Felder von Steinen, kantig liegen sie im Gras, zwischen Büschen und Papier." (Z. 6f.) Offenbar spielt die Szene im Forum Romanum; bedeutenderer Boden ist in Rom kaum denkbar. Doch Theobaldys Reaktion ist ganz am Alltäglichen, am momentanen Wohlbefinden orientiert. Der etwas flapsige Ton korrespondiert mit der respektlosen Manier, mit der Theobaldy sich über die Kulturidylle Rom äußert und Poesie nur im südlichen Flair der Stadt ausmacht (vgl. Z. 9–11).

Cool behauptet er: „Rom ist ein Kramladen, jeder kramt darin herum" (Z. 12). Dabei ist unverkennbar, daß er aus der privilegierten Position des Rom-Residenten auf die herabschaut, die sich fremdbestimmt von Fremdenführern an den Sehenswürdigkeiten vorbeischeuchen lassen. Er kann auswählen, welchem Monument er seine Aufmerksamkeit widmet. Hier verkehrt sich die traditionelle Rollenverteilung zwischen Rom und seinen Besuchern ins Gegenteil: der Zauber, dem sich Romreisende über Jahrhunderte meist willig oder gar (sehn-)süchtig hingegeben haben, scheint gebrochen, die Magie des Ortes durch Kommerzialisierung und Vermassung abgenutzt. Ungeniert zeigt Theobaldy die Arroganz des modernen Touristen, für den die ganze Welt verfügbar ist. In deutlichem Gegensatz zur Haltung des Sprechers im Kaschnitz-Gedicht behauptet er trotzig („großmäulig"?) die Abhängigkeit des Objekts vom Interesse des Betrachters: „... was sind die Trümmer ohne mich und meine Neugier, ..." (Z. 16f.). Entsprechend taucht in der zweiten Hälfte des Gedichts gehäuft das Personalpronomen „ich" auf. Bildungshunger ist ihm fremd, Befriedigung physischer Bedürfnisse („durstig" – Z. 17) hat allemal Vorrang. Darum wechselt er die Szene und „jag(t) zum Meer" (Z. 18). Was er dort vorfindet, enttäuscht ihn: der dunkle Sand erscheint „schmutzig wie die Nationalbank" (Z. 19) – ein treffender Vergleich –, Abfälle liegen herum. Nichts entspricht seinen Erwartungen.

Das Gedicht bleibt Momentaufnahme, Ausdruck noch nicht geklärter Eindrücke in der Begegnung mit Rom. Auch wenn ihm Rom als südliche Stadt gefällt, gegen das Rom der Bildungstouristen setzt er die krude Realität, die den Alltag und das Häßliche nicht aussparen will.

Mit seiner bewußt kunstlos wirkenden Parlandoform im Flattersatz, der nur vage angedeuteten Gliederung des Textes durch Szenenwechsel ist „Im August" ein typisches Beispiel für die Alltagslyrik der siebziger Jahre. Stimmungen, Erfahrungen, Einstellungen wirken, als seien sie ohne Filter notiert. Das entspricht dem Programm, das Theobaldy selbst 1977 formuliert hat: Es komme „darauf an, dem Gedicht soviel wie nur irgend möglich vom wirklichen Leben mitzugeben, dem es letztlich entstammt. ... Die ästhetische Differenz zwischen dem Gedicht und den Erfahrungen, die ihm zugrunde liegen, wird ... auf jenes Minimum reduziert, das gerade noch notwendig ist, um das Gedicht von allen anderen schriftlichen Ausdrucksformen zu unterscheiden."[32] Im Vertrauen auf die Umgangssprache streben die ‚Schreiber' aus der Generation der Achtundsechziger letztlich die Demokratisierung des Gedichts an, dem als Gattung der Ruch des Elitären anhaftete. Insofern stimmen im Text von Theobaldy Inhalt und Form auf eine Weise überein, die schon fast wieder der Kunst verdächtig ist.

Eine weitere Spielart der Distanzierung finden wir bei Robert Gernhardt (* 1937). Sein Rom-Gedicht wirkt auf den ersten Blick harmlosaffirmativ.

Robert Gernhardt

Roma aeterna

Das Rom der Foren, Rom der Tempel
Das Rom der Kirchen, Rom der Villen
Das laute Rom und das der stillen
entlegnen Plätze, wo der Stempel

5 Verblichner Macht noch an Palästen
Von altem Prunk erzählt und Schrecken
Indes aus moosbegrünten Becken
Des Wassers Spiegel allem Festen

Den Wandel vorhält. Soviel Städte
10 In einer einzigen. Als hätte
Ein Gott sonst sehr verstreuten Glanz

Hierhergelenkt, um alles Scheinen
Zu steingewordnem Sein zu einen:
Rom hat viel alte Bausubstanz."[33]

Mit Fleiß scheint er eine Fülle formaler Kunstmittel bemüht zu haben, um ein traditionelles Romlob zu verfassen. Das beginnt schon bei der Verwendung der für Rom-Gedichte so beliebten Sonettform und gilt auch für das streng eingehaltene Reimschema, für die zahlreichen Alliterationen und Assonanzen etc.. Dem entspricht auf der inhaltlichen Seite, daß Gernhardt im Verlauf des Gedichts mit Bedacht eine Stimmung erzeugt, wie sie sich unter ehrfürchtigen Rom-Adepten angesichts der steingewordenen Zeugnisse vergangener Macht und Pracht einstellt.

Das alles wirkt konventionell und handwerklich sauber, ja so perfekt, daß man Verdacht schöpft, ob das alles so gemeint sein kann – und in der Tat ist das Gedicht nur von der letzten Zeile her adäquat zu verstehen und einzuschätzen!

„Rom hat viel alte Bausubstanz." (Z. 14) Nach dem weihevollen Ernst, der sich im Laufe des Gedichts auf den Leser gesenkt hat, wirkt diese lakonische Feststellung wie eine kalte Dusche. Augenblicklich schlägt der Ernst in Unernst um: die Komiktheorie bezeichnet diese überraschende Wendung als „Kippphänomen". Sie bezieht sich dabei auf einen Begriff aus der Wahrnehmungspsychologie, wo die „Kippfigur" ein Vexierbild bzw. eine Figur meint, die je nach Zentrierung der perspektivischen Betrachtungsweise in ihrer wahrgenommenen raumbildlichen Gestalt ‚umschlagen' kann (vgl. das berühmte Bild von der alten Frau und dem jungen Mädchen).[34]

Analog läßt Gernhardt seine Leser 13 Zeilen lang den Impressionen und Reflexionen eines impliziten Sprechers folgen, der Rom in typisch bildungsbürgerlicher Manier erlebt und kommentiert. In den ersten beiden Zeilen wird mit raschen Strichen ein herkömmliches Rombild entworfen:

„Das Rom der Foren, Rom der Tempel
Das Rom der Kirchen, Rom der Villen" (Z. 1f.)

Der Gebrauch der bestimmten Artikel signalisiert Kennerschaft und unterstellt, daß sich Sprecher und Rezipient im gleichen Erfahrungshorizont bewegen. Daher genügt nach dieser sonettmäßig makellosen Inventio (parallel gebautes Zeilenpaar, Auftakt, Auf- und Abgesang durch Anaphern verbunden, zusätzliche Engführung der Signalwörter durch Alliterationen und Assonanzen …) im Übergang zur Detailbeschreibung eine kurze Anspielung auf die Kontraste im römischen Stadtleben, um sich dann ganz dem Rom „der stillen / entlegnen Plätze" (Z. 3f.) widmen zu können, wo der Betrachter dem genius loci Geschichten „von altem Prunk … und Schrecken" (Z. 6) ablauscht, während das Wasser in „moosbegrünten Becken" (Z. 7) – Brunnen gehören als unvermeidliches Requisit zum atmosphärischen Inventar Roms – zu tiefsinnigen Äußerungen über Dauer und Wandel, Sein und Schein animiert.

Im Aufbau schulmäßig wendet sich so an der Nahtstelle zwischen Quartetten und Terzetten der Gedanke ins Allgemeine und wipfelt auf im Ausdruck ehrfürchtigen Staunens:

„... Als hätte
ein Gott sonst sehr verstreuten Glanz

Hierhergelenkt, um alles Scheinen
Zu steingewordnem Sein zu einen:"   (Z.10–13)

Jetzt fehlt nur noch die sentenzhafte Überhöhung in der letzten Sonettzeile .... Gernhardt macht daraus eine Pointe. Die Dignität des Gedankens und die Eleganz der Formulierung (man beachte auch hier wieder die Alliteration und die Assonanzen, die Position der einzigen männlichen Kadenz) erzeugen eine Fallhöhe, die dem Umschlag von weihevollem Ernst in Unernst zu optimaler Wirkung verhilft. Hier wird überraschend die Perspektive verrückt: illusionslos im Gegenständlichen verhaftetes Denken antwortet auf die pseudo-metaphysischen Höhenflüge; dem Schöngeist antwortet der Realist. „Roma aeterna", 13 Zeilen lang im traditionellen Sinn als Inbegriff kulturhistorischer Bedeutsamkeit entfaltet, erfährt unvermutet eine materialistische Korrektur, wie sie Homo faber nicht trockener hätte ausdrücken können.

Macht Gernhardt sich über schwärmerische Rombesucher lustig? Will er sie bloßstellen? Dem Satiriker Gernhardt geht es wohl eher darum, durch die Kippfigur Distanz zu wohlfeilem Rom-Pathos herzustellen. Er nutzt dazu, dem Sujet entsprechend, Topoi und Formen, die sich in der langen Geschichte der Romdichtung angesammelt haben, und spielt mit diesem Material ebenso kompetent wie liebevoll-ironisierend. – Das Vergnügen an diesem Gedicht dürfte um so größer sein, je eher der Rezipient in der ernsthaften Gestalt auch die Referenzen zu anderen Texten und damit die sanft parodierende Absicht erkennen kann.

Didaktische Anmerkungen

Wie eingangs gesagt, stellt die angebotene Gruppierung der Gedichte eine Möglichkeit dar, die Texte im Unterricht zu behandeln. Mit dem vorhandenen Material lassen sich auch Kombinationen unter anderen Akzentsetzungen realisieren. So könnte man z.B. die Texte von Kaschnitz und Theobaldy miteinander vergleichen: sie weisen einerseits in der Wahrnehmung der Stadt eine Reihe ähnlicher Motive auf, zeigen andererseits aber einen deutlichen Wandel in der Rezeptionshaltung der Betrachter.

Römische Brunnen als besonders beliebtes Motiv können den Kern einer thematischen Reihe bilden. Die Texte von Kaschnitz und Gernhardt, evtl. ergänzt um die hier nicht besprochenen Gedichte von Conrad Ferdinand Meyer: „Der römische Brunnen" und Rainer Maria Rilke: „Römische Fontäne (Borghese)" behandeln ihr Sujet auf je eigene – für Autor und Entstehungszeit spezifische – Weise. Der Trevi-Brunnen (und der Brauch, Münzen hineinzuwerfen) spielt in den Gedichten von Dahl und Eich eine zentrale Rolle, an der sich kontrastiv die – eher affirmative bzw. kritische – Einstellung der lyrischen Sprecher zu Rom erarbeiten läßt.

Unter literaturhistorischem und genretypischem Aspekt bietet sich eine Reihe mit Sonetten zu Rom an: Gryphius, (evtl. Rilke s.o.), Bachmann und Gernhardt arbeiten mit der selben Gedichtform, verwenden sie aber mit deutlich unterscheidbarer Funktion und Wirkung, so daß hier auch formgeschichtliche Studien möglich sind.

Zum Gedicht von Theobaldy „Im August" gibt es eine überarbeitete Fassung, die der Autor fünf Jahre später vorgelegt hat. Die frühe Version wirkt zwar in Teilen ungeformter, „unprofessioneller", doch habe ich sie wegen der größeren Unmittelbarkeit im Ausdruck dem später entstandenen Text vorgezogen. Für den Unterricht wäre auch ein Fassungsvergleich reizvoll. Darum wird hier der Text von 1984 zusätzlich abgedruckt.

Jürgen Theobaldy

Imperium der Eiscreme

Hier kann ich leben, im Straßenstaub,
ockerfarbenes Rom! Die Abgase glühen
über verlassenen Plätzen, der Asphalt
hat sich um die Ruinen geschoben;
5   Stadtbusse, Bruchstücke aus dem Alltag,
die Saat der Steine, Säulen im Gras,
im Oleander Fetzen der Morgenzeitung.
Hier kannst du leben, Hitze im Turnschuh,
Lire in der Tasche, Lieder schwingen
10 in den Mittag.
          Müder Palmengarten,
ich fasse nach den Feigen, ich schaue hoch,
die Stadien des Imperiums geh ich entlang.
Ihr Führer, verschont mich mit Anekdoten,
15 mit Ewigkeit und Katalogen: Was sind
die Trümmer ohne mich und meine Neugier!
Dem König der Eiscreme bin ich willkommen,
auf amerikanisch, im Schatten des Palatins.

Ich jage zum Meer, ich stehe am Strand,
20 schmutzig wie die Nationalbank:
    Reime,
    Unterhosen im Sand, der Pfirsich verwest,
    zerfledderte Scheine, die Jalousien
    über der Straße sind unten und flimmern.[35]

Wenn auch im Rahmen dieses Kapitels die Gedichte in analytischem Zugriff bearbeitet werden – für die unterrichtliche Verwendung sind an vielen Stellen produktionsorientierte Zugangsweisen und Aufgabenstellungen denkbar. Beispiele festgefügter Textformen, wie sie in den Sonetten vorliegen, oder Beispiele für Alltagslyrik (Brinkmann / Theobaldy) können Schülerinnen und Schüler zum Verfassen analoger Texte herausfordern – wobei sich der Focus auch auf eine andere Stadt, eine anderes Reiseziel richten mag. Auf stark wertende Gedichte können Gegentexte antworten. Die z.T. erheblich divergierenden Positionen in den vorgelegten Texten demonstrieren, wie sehr die Sichtweisen und die Wahl der Darstellungsmittel vom persönlichen und / oder historischen Entstehungszusammenhang geprägt sind; sie eröffnen damit einen breiten Freiraum für individuelle Reaktions- und Gestaltungsmöglichkeiten durch die Schülerinnen und Schüler.

Eine besondere Motivation zur Beschäftigung mit Rom-Gedichten könnte sich aus der Vor- oder Nachbereitung einer Studienfahrt nach Rom ergeben. Wenn Kursteilnehmer in diesem Kontext aufgefordert werden, selbst einschlägige Textbeispiele zu suchen[36] und im Kurs vorzustellen, vielleicht gemeinsam eine eigene Anthologie zu entwickeln, erwächst daraus möglicherweise eine persönliche Beziehung zu den Gedichten, die Vorbedingung für jede ernsthafte Auseinandersetzung mit Texten und für jedes Lesevergnügen ist.

Anmerkungen:

[1] Andreas Gryphius: Oden und Epigramme. in: ders., *Gesamtausgabe der deutschsprachigen Werke*. Hrsg. von Marian Szyrocki und Hugh Powell. Tübingen 1963ff. Bd. 2, S. 213.

[2] Jacob Burckhardt: *Gesammelte Briefe*. Bearbeitet von Max Burckhardt. Frankfurt 1955. Bd. 3, S. 36.

[3] Andreas Gryphius: *Sonette*. Hrsg. von Marian Szyrocki, in: Gesamtausg. (vergl. Anm. 1) Bd. 1, S. 87.

[4] Marie Luise Kaschnitz: Rom 1951. in: *Westermanns Monatshefte* 104 (1963), H. 6, S. 79.

[5] Werner Bergengruen: *Römisches Erinnerungsbuch*. 5. Aufl. Freiburg 1966, S. 179.

[6] Herbert Rosendorfer: *Rom – Eine Einladung*. Köln 1990, S. 41.

[7] Johann Wolfgang von Goethe: Gedichte und Epen I. in: ders., *Werke Kommentare und Register, Hamburger Ausgabe in 14 Bänden*, hrsg. von Erich Trunz. 12. neubearbeitete Aufl. 1981, Band 1, S. 157.

[8] ders.: Italienische Reise (Brief vom 3.12.1786) in: Autobiographische Schriften, Bd. III, *Hamb. Ausg.* (vergl. Anm. 7), Bd. 11, S. 147.
[9] vgl. Anm. 7, S. 160.
[10] vgl. Anm. 7.
[11] Wulf Segebrecht: Sinnliche Wahrnehmung Roms. Zu Goethes „Römischen Elegien", unter besonderer Berücksichtigung der „Fünften Elegie". in: *Gedichte und Interpretationen, Bd. 3, Klassik und Romantik,* hrsg. von Wulf Segebrecht, Stuttgart 1984. S. 49–59, S. 52.
[12] Wilhelm Bode: *Goethe in vertraulichen Briefen seiner Zeitgenossen. Bd. 1: 1749–1803.* Berlin 1918. zitiert nach Segebrecht (vergl. Anm. 10), S. 53.
[13] vgl. Anm. 7, Kommentarteil S. 576.
[14] ebenda, S. 577.
[15] Friedrich Schiller, *Werke in drei Bänden.* Hrsg. von Herbert G. Göpfert, Band 2, München 1966, S. 667.
[16] vgl. Anm. 11, S. 53.
[17] Siegfried Unseld: Ingeborg Bachmanns neue Gedichte. zu: I. B. „Anrufung des Großen Bären". in: *Frankfurter Allgemeine Zeitung,* 27.10.1956.
[18] Ingeborg Bachmann: *Anrufung des Großen Bären.* München 1991, S. 59.
[19] Ulla Hahn: Schaukelbrett, Tragfähig. in: *Frankfurter Anthologie* vom 18.4.1992.
[20] Helmut Heißenbüttel: Gegenbild der heilosen Zeit. in: *Texte und Zeichen.* 1957. Heft 1.
[21] Edwin Wolfram Dahl: Fontana di Trevi. in: ders., *„Gesucht wird Amfortas".* München 1974. zitiert nach *Frankfurter Anthologie* vom 3. 8. 1974.
[22] Marie Luise Kaschnitz: Die Augen der Geliebten. zu E. W. Dahl, vgl. Anm. 21.
[23] Das Gedicht ist zuerst erschienen in: Günter Eich, *Zu den Akten. Gedichte.* Frankfurt 1964. hier zitiert nach ders., Die Gedichte. Gesammelte Werke. hrsg. von H. Ohde. Frankfurt 1973. Bd. 1, S. 117.
[24] Hans Mayer hat – unter Bezug auf ein Gespräch mit Günter Eich – darauf hingewiesen, daß mit „Steingärten" nicht provinziell-kleinbürgerliche ‚Vorgärtlein' gemeint sind, sondern die japanischen Meditationsgärten. Eich kannte diese botanischen Artefakte aus Sand und Stein und bewunderte ihre Ruhe ausstrahlende Ästhetik.
vgl. Hans Mayer zum vorliegenden Eich-Gedicht in: *Gedichte aus unserer Zeit – Interpretationen.* hrsg. von K. Hotz und G.C. Krischker, Bamberg 1990, S. 96.
[25] vgl. Hermann Korte: *Geschichte der deutschen Lyrik seit 1945.* Stuttgart 1989. S. 87.
[26] Rolf Dieter Brinkmann: *Rom, Blicke.* Hamburg 1986.
[27] ders.: *Westwärts 1 & 2. Gedichte.* Hamburg 1975. S. 85.
[28] vgl. Anm. 24, S. 148.
[29] vgl. Anm. 25, S. 447.
[30] Jürgen Theobaldy: *Drinks. Gedichte aus Rom.* Heidelberg 1979, S. 6.
[31] ders.: Das Gedicht im Handgemenge. in: *Literaturmagazin 4. Die Literatur nach dem Tod der Literatur,* hrsg. von Hans Christoph Buch, Reinbek 1975, S. 64–71.
[32] ebenda.
[33] Robert Gernhardt: Roma aeterna, abgedruckt in der *Frankfurter Allgemeinen Zeitung* am 2.5.1987.
[34] Robert Gernhardt. Artikel von Lutz Hagestedt. in: *Kritisches Lexikon der Gegenwartsliteratur,* hrsg. von Heinz Ludwig Arnold. München (fortlaufend). S. 2.
[35] Jürgen Theobaldy: *Midlands. Drinks.* Heidelberg 1984, S. 50.
[36] Eine Fülle von Rom-Gedichten und Prosastücken, die Anregungen zur Ergänzung der hier präsentierten Texte bieten, ist leicht zugänglich z.B. in folgenden Anthologien:

Italien-Dichtung II. Gedichte von der Klassik bis zur Gegenwart. Hrsg. von Gunter E. Grimm. (Reclam) Stuttgart 1988.
Reise Textbuch Rom. Ein literarischer Begleiter auf den Wegen durch die Stadt. Hrsg. von Franz Peter Waiblinger. (dtv) München 1986.
Rom. Ein Städtelesebuch. Hrsg. von Michael Worbs. (Insel) Frankfurt 1988.

Martin Schneider

Zaren und Kosaken, Kuppeln und Ikonen oder:
... daß deiner Wolgen Schall auch hören soll mein Rhein.

Facetten des Rußlandbildes in der deutschen Lyrik

> Du folgst dem Gatten in sein schönes Vaterland;
> Er führt dich jauchzend an der Wolga reichen Strand,
> Wo Segen sich ergoß auf blühende Gefilde,
> Wo Gott sich offenbart in Alexanders Milde.
>
> Kotzebue

> Die russische Cultur,
> Die paßt für Rußland nur.
>
> Fallersleben

Obwohl sie keine unmittelbaren Nachbarn sind, haben Russen und Deutsche seit etwa 1000 Jahren eine gemeinsame Geschichte. Beide Kulturen wären ohne die jeweils andere kaum denkbar, beide gaben und nahmen anregende Impulse. Selbst nach schrecklichen Kriegen wurde immer wieder ein neuer Anfang auf der Grundlage früherer Gemeinsamkeiten gefunden.[1]

Die Entwicklung der Kontakte, die Höhen und Tiefen im Miteinander fanden ihren Niederschlag im Bild der „anderen" Kultur, wie es sich in der Literatur ermitteln läßt. Gerade die Lyrik spiegelt den Wandel des deutschen Rußlandbildes wider und präsentiert eine breite Palette mehr oder weniger exotischer, mehr oder weniger authentischer, mehr oder weniger positiver Eindrücke. Selten nur trifft man auf Autoren, die das Thema sachlich behandeln; es dominieren entweder Liebe und Bewunderung oder Ablehnung und Angst.[2]

Bei den ersten Erwähnungen der „Riuzen" erhält der deutsche Leser noch keine genaueren Informationen. Wenn das *Annolied* (geschrieben zwischen 1076 und 1126) Rußland nur mit einem Wort erwähnt, so widmet das *Nibelungenlied* um 1200 dem nur wenig bekannten Volk immerhin zwei Strophen. In der 22. Aventiure wird erzählt, wie der Hunnenkönig Etzel zu Kriemhild fährt:

> Von Riuzen und von Kriechen   reit dâ vil manec man.
> den Pœlân unt den Wálachen   sach man swinde gân
> ir ross diu vil guoten,   dâ sie mit kreften riten.
> swaz si site hêten,   der wart vil wênéc vermiten.

Von dem lande ze Kiewen   reit dâ vil manec degen
unt die wílden Petschenære.   dâ wart vil gepflegen
mit dem bogen schiezen   zen vogeln die dâ flugen.
die pfîle si vil sêre   zuo den wenden vaste zugen.³

Etzels Gefolgschaft setzt sich also aus Kriegern verschiedener Nationen zusammen: Russen, Griechen, Polen, Walachen, Petschenegen. Die „Helden aus dem Kiewer Lande" sind hier mit den Russen gleichzusetzen. Gemeinsame Merkmale dieser Kämpfer sind Kraft, Mut, „Wildheit". Insgesamt ergibt sich ein sehr reduziertes Bild, das auch nicht zwischen den Völkern unterscheidet. Es dominiert die Exotik mit ihrer charakteristischen Mischung aus Bewunderung und Furcht.

Die Tatsache, daß hier lediglich Versatzstücke montiert werden, wird noch deutlicher, wenn man den geschichtlichen Hintergrund betrachtet. Zur Regierungszeit Attilas (= Etzel) von 434 bis 453 war es weder zur Herausbildung des russischen Volkes noch zur Gründung des ersten russischen Staates, der Kiewer Rus', gekommen.⁴

Dabei existierten um 1200 schon zahlreiche Kontakte zu dem rätselhaften Reich im Osten Europas. Bereits die Schwiegertochter des legendären Reichsgründers Rurik, Olga, hatte sich an den deutschen Kaiser mit der Bitte gewandt, Missionare nach Rußland zu entsenden. Otto der Große kam zwar diesem Wunsche nach, die Slawenmission von deutscher Seite führte aber (zumindest in Rußland) aus verschiedenen Gründen nicht zum Erfolg, und die byzantinische Form des Christentums gewann schnell großen Einfluß. Die Tatsache, daß dem römisch-katholischen und später auch dem protestantischen Deutschland das orthodoxe Rußland gegenüberstand, verstärkte die ohnehin bestehenden kulturellen Unterschiede, war jedoch auch oft ein Moment der Faszination.

Um 1200 gab es aber auch schon ein direktes Nebeneinander von Deutschen und Russen. Im Baltikum hatten deutsche Geistliche, Händler und Siedler Fuß gefaßt und Städte gegründet. Die Besiedlung erfolgte allerdings nicht immer friedlich: der geistliche Ritterorden der „Schwertbrüder" sowie der Deutschritterorden kolonisierten und missionierten auch mit Gewalt. Dies führte im Jahre 1242 zur ersten großen deutsch-russischen Schlacht, bei der der russische Fürst Alexander Newskij auf dem Peipus-See überlegen siegte. Trotzdem lebten im Baltikum lange Zeit Deutsche, Balten und Russen friedlich miteinander, während das russische Reich dem Tatarensturm unterlag (1240 Fall Kiews) und rund 250 Jahre besetzt blieb.⁵

Einen Aufschwung erlebten die deutsch-russischen Kontakte erst um 1500. Zar Iwan III. war der erste in der Reihe russischer Herrscher, der deutsche Handwerker und Ärzte nach Rußland einlud und ihnen bestimmte Privilegien einräumte. Kurz darauf reiste Sigismund von Herberstein als Gesandter Maximilians I. zur Erkundung ins rätselhafte russische Reich. Die (nicht immer korrekten) Informationen seines in Buchform publizierten Reiseberichts erschlossen dem Leser zum ersten Mal wesentliche Bereiche der russischen Kultur.

Nicht minder wichtig, aber vor allem auch literaturgeschichtlich interessant, war die Reise einer anderen deutschen Delegation über 100 Jahre später. Herzog Friedrich III. von Holstein-Gottorp betrieb eine aktive Außenpolitik und suchte zugleich nach Finanzierungsmöglichkeiten für seine kulturellen Unternehmungen und die rege Bautätigkeit. So verfiel er auf die Idee, dem Gewürz- und Seidenhandel einen neuen Weg über Persien, Rußland, Schweden und schließlich durch das eigene Herzogtum bis zur Nordsee zu eröffnen. Wenn die zu diesem Zweck entsandte Delegation ihr hochgestecktes politisches Ziel auch nicht erreichen konnte, so gab es doch drei bedeutende Ergebnisse: der Reisebericht des Sekretärs Adam Olearius erschien 1647 als vielbeachtetes Buch, das für lange Zeit die wichtigste landeskundliche Quelle darstellte; die Kontakte zum russischen Hof führten später zur Hochzeit der Tochter Peters des Großen mit einer Gottorper Prinzessin (s.u.); und schließlich entstand der erste deutsche Gedichtzyklus über Rußland.

Hierfür war ein Freund des Delegationssekretärs Olearius verantwortlich, den dieser für die Reise angeworben hatte. Paul Fleming (1609-1640) absolvierte zunächst ein Medizinstudium in Leipzig, bevor er sich auf das sechsjährige Abenteuer einließ. Im November 1633 brach man auf, reiste über Riga, Dorpat, Nowgorod und erreichte im August 1634 die Hauptstadt Moskau. Als die Leitung der Gesandtschaft zur Genehmigung der Verträge nach Gottorp zurückfährt, bleibt Fleming in Reval, wo er sich in eine Baltendeutsche verliebt. Im März 1636 trifft die vereinte Delegation wieder in Moskau ein, Ende Juni reist man über Nishnij Nowgorod und Astrachan nach Persien. Erst zwei Jahre später kehrt die Gruppe aus Isfahan zurück und besucht im Januar 1639 zum dritten Mal Moskau. – Das Ende des Dichters Fleming ist tragisch: er kehrt zwar 1639 hoffnungsvoll nach Deutschland zurück, nachdem er sich in Reval mit der Schwester seiner früheren Liebe verlobt hat, stirbt aber im Frühjahr des folgenden Jahres auf dem Weg zu seiner Braut.

Der dichterische Ertrag der Reise ist beachtlich, auch wenn Fleming deutlich den literarischen Konventionen seiner Zeit verpflichtet ist. Die Texte haben aber nicht nur poetische Funktion, sie sollen vielmehr die politischen Ziele der Reise unterstützen und das russisch-holsteinische Verhältnis festigen. So verwundert es nicht, wenn der Hofpoet immer wieder zum Lobe Moskaus und Rußlands anhebt; die Gedichte zeigen aber, daß Fleming ein persönliches Verhältnis zu der fremden Kultur entwickelt – einige bezeugen zudem den Einfluß der Liebe zu seiner Freundin in Reval.

Ein typisches Beispiel entsteht im März 1636, als Fleming zum zweiten Mal nach Moskau kommt:

*Er redet die Stadt Moskau an, als er ihre vergüldeten Türme
von ferne sahe*

    Du edle Kaiserin der Städte der Ruthenen,
    groß, herrlich, schöne, reich; seh' ich auf dich dorthin,
    auf dein vergüldtes Haupt, so kömmt mir in den Sinn,
    was Güldners noch als Gold, nach dem ich mich muß sehnen.
5   Es ist das hohe Haar der schönen Basilenen,
    durch welcher Trefflichkeit ich eingenommen bin.
    Sie, ganz ich, sie mein all, sie meine Herrscherin,
    hat bei mir allen Preis der Schönsten unter Schönen.
    Ich rühme billig dich, du Hauptstadt deiner Welt,
10 weil deiner Göttlichkeit hier nichts die Waage hält
    und du der Auszug bist von Tausenden der Reussen.
    Mehr aber rühm' ich dich, weil, was dich himmlisch preist,
    mich an ein göttlichs Mensch bei dir gedenken heißt
    in welcher alles ist, was trefflich wird geheißen.[6]

Barock sind nicht nur die Superlative, die Häufung lobender Adjektive, sondern auch die Verbindung zweier Bilder bzw. eines Bildes mit einem durch das Bild angeblich ausgelösten Gedanken. Das lyrische Ich fühlt sich hier durch den Anblick der prächtigen Stadt Moskau an seine Geliebte erinnert, wobei beiden ähnliche Attribute zugesprochen werden:

Stadt	*Geliebte*
Kaiserin	Herrscherin
groß, herrlich, schön, reich	schön, Schönste unter Schönen
vergüldtes Haupt	Güldners als Gold (Haar)
Auszug von Tausenden	Trefflichkeit, trefflich
himmlisch	göttlichs Mensch

Die Gemeinsamkeit im Bildbereich besteht in der farblichen Übereinstimmung der „Kopfbedeckung": den goldenen Kuppeln der Kirchen entsprechen die goldenen Haare des Mädchens. Die Äquivalenzen zwischen den Objekten gehen aber bedeutend weiter. Das gemeinsame (weibliche) Genus ist die Voraussetzung für ähnliche Benennungen. Moskau wird als „Kaiserin" apostrophiert, die Geliebte als „Herrscherin" angesprochen. Schließlich findet die „Göttlichkeit" ein Gegenstück im Oxymoron vom „göttlichen Menschen".[7]

    Unter formalen Gesichtspunkten ist der Text streng durchkomponiert. Das Sonett weist zwei Quartette mit identischen Endreimen sowie zwei Terzette auf; das jambische Versmaß wird nur in der 7. Zeile variiert. Inhaltlich bilden jeweils das erste Quartett und das erste Terzett (Moskau) sowie das zweite Quartett und das zweite Terzett (Ge-

Facetten des Rußlandbildes in der deutschen Lyrik

liebte) eine Einheit. Bild und Gedanke werden auf diese Weise miteinander verschränkt, während in vielen anderen Barockgedichten auf die pictura in den Quartetten die subscriptio in den Terzetten folgt.

Nicht nur durch die für unseren Geschmack übertriebenen Lobpreisungen wirkt das Gedicht wenig konkret, ja unpersönlich. Fleming wählt zwar einen für die deutsche Literatur völlig neuen Gegenstand, hält sich aber ansonsten an die literarischen Konventionen der Epoche. Da Beschreibungen im eigentlichen Sinne fehlen, kann der Leser sich weder ein Bild von der Stadt noch von der Geliebten machen. Die Stadt hat keine typischen Merkmale, die Geliebte trägt keine individuellen Züge – beide sind „nur" wunderschön und göttlich.

Zweifellos ging es dem Autor nicht darum, von seinen Eindrücken zu berichten oder über seine Liebe zu einer bestimmten Frau zu sprechen. Antiken Vorbildern folgend – aber immerhin auf deutsch schreibend – verfaßte Fleming ein Werk, das dem Gastgeber schmeichelt und die Bedeutung des Vertrages zwischen Holstein und Rußland betont. Darüberhinaus strebte der Verfasser danach, das damals vorherrschende Bild vom „wilden, dunklen" Rußland zu korrigieren und (ähnlich wie sein Freund Olearius) durch seine Arbeit an den künftigen Beziehungen mitzuwirken. Entsprechend dichtet er *An die große Stadt Moskaw, als er schiede (25. Juni 1636)*:

> (...) Die Treue wollen wir mit uns nach Osten tragen,
> und bei der Wiederkunft in unsern Landen sagen,
> das Bündnis ist gemacht, das keine Zeit zertrennt (...).
> Nim itzo dies Sonett. Komm ich mit Glücke wieder,
> so will ich deinen Preis erhöhn durch stärkre Lieder,
> daß deiner W o l g e n Schall auch hören soll mein R h e i n.[8]

Diese „stärkeren Lieder" verfaßten dann aber erst Flemings Nachfolger, unter denen Johann Gottfried Herder eine besondere Rolle spielte. Sein Schicksal wurde dabei kurioserweise durch die Gottorfer Delegation des 17. Jahrhunderts mitbestimmt.

Geboren 1744 im ostpreußischen Mohrungen erlebte der junge Herder die russische Besetzung während des Siebenjährigen Krieges, die 1762 überraschend durch einen Waffenstillstand endete. Der historische Hintergrund läßt sich eindeutig bestimmen. Durch die von der holsteinischen Gesandtschaft geknüpften Kontakte kam es zwar nicht zum angestrebten Seidenhandel, aber immerhin nach einiger Zeit zur verwandtschaftlichen Verbindung der beiden Dynastien. Peter der Große verheiratete seine Tochter Anna mit dem Herzog Karl Friedrich von Hostein-Gottorp, und deren Sohn kam durch die Merkwürdigkeiten der russischen Thronfolge Anfang 1762 als Zar Peter III. an die Regierung. Da seine Frau, die ehemalige Prinzessin Friederike von Anhalt-Zerbst (und spätere Katharina II.) ebenfalls deutschstämmig war, wurde Rußland nun von einem Halbrussen (und Halbdeutschen) und einer Deutschen regiert. Mit der Geburt ihres Sohnes, der später als

Paul I. auf den Thron kam, begründeten sie einen neuen Zweig der Dynastie Romanow.

Eine der ersten Entscheidungen Peters III. war die Beendigung des Krieges zwischen Rußland und Preußen. Unter dem Eindruck der Befreiung schreibt Herder im Januar 1762 sein erstes Gedicht: eine Ode auf den neuen Zar unter dem Titel *Gesang an den Cyrus*. Ende des Jahres geht der junge Student dann, unterstützt durch einen deutsch-baltischen Wundarzt des russischen Besatzungsregiments, nach Königsberg. Hier lernt er viele russische Kommilitonen kennen und knüpft auch sonst zahlreiche Kontakte nach Osten.

Von Ende 1764 bis 1769 arbeitet Herder als Kollaborator an der Domschule in Riga. Zur damaligen Zeit ist die Hauptstadt Livlands ein multikultureller Ort mit deutscher Oberschicht, hohem baltischen Bevölkerungsanteil und (seit dem Nordischen Krieg) russischer Oberhoheit. Das liberale politische und kulturelle Klima entspricht Herders Vorstellungen, und so ist die Ode *Auf Katharinens Thronbesteigung*, die er zu seinem Amtsantritt verfaßt, nicht nur als lästige Pflichtübung anzusehen, wenngleich die rhetorischen Elemente und die überschwängliche Ausdrucksweise an Flemings Sonette erinnern:

Auf Katharinens Thronbesteigung

Die unsre Mutter ist,
Die Gratie auf Europens höchstem Throne,
Die Heldin in der Palmenkrone,
Die von dem Throne stieg, und Riga küßt:
5   Die Göttin singt mein patriotisch Lied! –

O jauchze dreimal, Land!
Das Szepter küßte Sie, und wägt' es mit der Rechte,
Und sprach: Du sollst kein Stecken meiner Knechte,
Ein Gnadenszepter sollt du seyn! –
10 Sie sprachs. – Und Rußland jauchzete darein,
Vom Eismeer bis zu uns; von China bis zum Belt:
Da jauchzte Katharinens Welt,
Und bebte nicht mehr. – Und der Himmel brach,
Und Jova sah herab, und sprach:
15 „Du meines Thrones Tochter! sei mein Bild
Und bitte, was du willst!" –
„Nicht! Vater," sprach sie, „gib mir Pracht,
Die vom entnervten Mark des Landes glänzet,
Nicht Lorbeer, der nur Menschenfeinde kränzet,
20 Und weil er blutig trifft, Tyrannen lüstern macht:
Nicht Reichtum, der vom Schweiß des Armen glänzet,
Und nur für Schmeichler lacht –

> Nicht gib mir dies! – Doch soll ich etwas flehen,
> Für mich nicht – für die Kinder, für mein Land,
> 20 So gib mir Mutterherz, und Salomons Verstand."
> (...)
> Sie ward, was Sie ist!
> Monarchin, Mutter, Kaiserin,
> Europens Schiedesrichterin,
> 25 Die Göttin Rußlands und der Glanz des Nordens, -
> Das alles und noch mehr ist Katharine worden.
> (...)
> Wohin, wohin sie sieht, blüht Glück!
> Ein Blick der Gratie schafft Tempe aus den Wüsten;
> 30 Dort, wo die Wilden früh die Morgensonne grüßten,
> vom Newa bis zum Don, von unsrer Düna Strand
> bis zu des Nordpols ewger Nacht,
> Wird Ihr Unsterblichkeit gebracht.
> Denn Sie, sie segnet alles Land,
> 35 Und uns! Heil uns! Sie segnet alles zwar,
> Doch uns, doch uns besucht Sie gar!
> Sie kam zu uns, die Göttin! – (...)[9]

Wie Mechthild Keller zutreffend ausführt, orientiert sich der Autor an dem Muster der antiken „Tugendrede" (Aretalogie).[10] Es finden sich aber auch Elemente, die an die christliche Marienverehrung erinnern.

Der deutschen Herrscherin auf russischem Thron, die maßgeblich an der Ermordung ihres Gatten beteiligt war, werden Eigenschaften zugesprochen, die sich um die Begriffe „Mutter", „Monarchin" und „Göttin" gruppieren; dagegen sind die Aussagen zur „Gratie" sehr reduziert. Herder beginnt mit einer Anrede an Katharina, erinnert an ihren Besuch in Riga und bezeichnet sich selbst als (russischen?) Patrioten. Entgegen der damals allgemein verbreiteten Meinung vom autoritären russischen Staatssystem zeichnet er eine Monarchin, die statt der Knute ein „Gnadenszepter" führt. Sie steht im Dialog mit dem Göttervater, wird als dessen Ebenbild und Tochter bezeichnet und erscheint als Idealtyp der fürsorglichen Zarin. Sie verzichtet auf (barocke) Pracht, auf Kriegserfolg und Reichtum und bittet nur darum, eine gute Mutter ihrer Landeskinder und eine weise Herrscherin sein zu dürfen.

Als ihr Wunsch in Erfüllung geht, soll sie für ganz Europa als „Schiedsrichterin" in Erscheinung treten. Hier wird deutlich, welche Hoffnung die Aufklärer des Westens auf die neue Monarchin setzten. Durch ihr Auftreten, ihre eigene schriftstellerische und publizistische Tätigkeit, den Briefwechsel mit Voltaire und schließlich durch die Reformansätze galt sie bald als die aufgeklärte Kaiserin par excellence. Die Euphorie dauerte allerdings nicht lange an.

Für Herder ist sie hier aber noch die Göttin, die das Land zum Blühen und den „Wilden" in den entlegenen Gebieten des Landes die Kultur bringt. Ihre politische Bedeutung wird durch die Größe des von ihr regierten Reiches veranschaulicht. Die wiederholte Angabe der Grenzen erinnert den heutigen Leser an „Das Lied der Deutschen" (Von der Maas bis an die Memel ...). Zweimal betont Herder die Zugehörigkeit zum russischen Reich, unterstreicht aber durch die Gegenüberstellung mit anderen, unwirtlichen und „wilden", Landesteilen den kulturellen Wert des deutsch-baltisch-russischen Livland: „vom Eismeer bis zu uns"; „dort, wo die Wilden früh die Morgensonne grüßten, (...) von unsrer Düna Strand bis zu des Nordpols ewger Nacht".

Wenn die Ode insgesamt schon nicht als dichterische Glanzleistung erscheint, so wirkt der Schluß um so dürftiger: „Sie segnet alles zwar, Doch uns, doch uns besucht sie gar!"

Bedeutend überzeugender waren Herders Ausführungen zur slawischen Kultur in den *Ideen zur Philosophie der Geschichte der Menschheit*, wo er um Verständnis für die osteuropäischen Völker wirbt und die Eigenständigkeit ihrer kulturellen Werke betont. Im sog. „Slawenkapitel" präsentiert Herder die Russen als friedliebendes Volk, das in der Vergangenheit unter den Angriffen der Deutschen und der asiatischen Steppenvölker litt. Besonders am Herzen liegt dem Autor die zu Rußland gehörige Ukraine, in der er „ein neues Griechenland" sieht. Der Text wurde schnell in mehrere slawische Sprachen übersetzt und trug zur Herausbildung eines neuen Selbstbewußtseins der betreffenden Völker bei.[11]

Ein für Weimar wesentliches Ereignis erlebt der Oberhofprediger Herder allerdings nicht mehr: die Vermählung des Erbprinzen Carl Friedrich mit der russischen Großfürstin Maria Pawlowna, einer Tochter des Zaren Paul und Schwester der künftigen Zaren Alexander I. und Nikolaj I. Die literarische Huldigung übernimmt Friedrich Schiller, der sich ohnehin bis zu seinem Tode mit einem russischen Thema beschäftigt, auch wenn er das Drama *Demetrius* (über die „Zeit der Wirren") nicht abschließen kann. – Als dann die Schwiegermutter des Prinzen, die Witwe des ermordeten Paul I., im Dezember 1818 Weimar besucht, obliegt es diesmal Goethe, den entsprechenden dichterischen Beitrag zu liefern. Er verfaßt einen *Maskenzug russischer Nationen zum 16. Februar 1810*, in dem er Rußland verherrlicht. – Goethes Verhältnis zu Rußland war sehr differenziert. Der Weimarer Minister traf oft mit dem Erbprinzenpaar zusammen und schätzte die russische Prinzessin. Zahlreiche russische Besucher, darunter die Schriftsteller Shukowskij und Küchelbecker, vermittelten ihm unterschiedliche Aspekte von Land und Kultur. Dem späteren russischen Unterrichtsminister Uwarow war er sogar freundschaftlich verbunden. Gleichwohl empfand er den russischen Staat mit seinen despotischen Zügen zeitweise als Bedrohung. Nach dem Sieg über Napoleon bewertete Goethe die Rolle Alexanders bei der Neuordnung Europas sehr skeptisch. In einem (seinerzeit nicht veröffentlichten) *Zahmen Xenion* kommen diese Zweifel zum Ausdruck:

> Sie werden so lange votieren und schnacken
> Wir sehen endlich wieder Kosaken;
> Die haben uns vom Tyrannen befreit,
> Sie befrein uns auch wohl von der Freiheit.[12]

Durch Goethes Mitwirken hatten andere Zeitgenossen direkteren Kontakt zu Rußland. Bereits seit Peters Zeiten waren deutsche Spezialisten in der russischen Verwaltung und im Militär sehr gefragt. 1762 hatte Katharina außerdem eine Werbeaktion für deutsche Bauern eingeleitet. Wie Amerika, so war auch Rußland damals für viele das Land der Hoffnung. Oft gaben persönliche oder berufliche Enttäuschungen den Ausschlag für die Reise gen Osten. So erging es auch drei Schriftstellern, deren Erwartungen, in Weimar Fuß fassen zu können, sich nicht erfüllten – ebenso wie ihre Hoffnungen, in Goethe einen Fürsprecher zu finden. Alle drei sollten das deutsche Rußlandbild und das russische Deutschlandbild entscheidend beeinflussen.

Goethes Freund aus der Straßburger Zeit, der Baltendeutsche Jacob Michael Reinhold Lenz ging 1780 nach Petersburg und spielte eine nicht unbedeutende Vermittlerrolle; seine Situation blieb aber unerfreulich. Er starb 1792 in Moskau. Ein zweiter Bekannter Goethes, Friedrich Maximilian von Klinger, nach dessen Drama die Epoche des „Sturm und Drang" benannt ist, reiste im gleichen Jahr wie Lenz von Weimar nach Rußland, machte aber unter drei Herrschern Karriere als Prinzenerzieher, Kulturbeamter und hoher Offizier. Der seinerzeit meistgespielte Bühnenautor August von Kotzebue schließlich, dessen Lage in Weimar zunehmend problematisch wurde, siedelte 1781 nach Petersburg über, erhielt eine Stelle im Staatsdienst und widmete sich weiterhin erfolgreich seiner Schriftstellertätigkeit. Als eines der zahlreichen Opfer der Willkürherrschaft Pauls I. verbannte man ihn im Jahre 1800 ohne Gerichtsverhandlung nach Sibirien, worüber er bereits im Jahr 1801 die damals vielgelesene Schrift *Das merkwürdigste Jahr meines Lebens* verfaßte. Der Zar begnadigte Kotzebue aber nach kurzer Zeit und ernannte ihn zum Hofrat. Der Schock saß jedoch tief, und so zog der Dichter wieder nach Deutschland. Er blieb aber ein loyaler Untertan der russischen Krone, was ihm den Vorwurf der Spionage eintrug und schließlich sogar 1819 zur Ermordung durch den Studenten Sand führte.

Galt Rußland für bestimmte Studentenkreise bereits kurz nach dem Wiener Kongreß als Hort der Despotie in Europa, so verstärkte sich diese negative Tendenz im deutschen Rußlandbild nach dem polnischen Aufstand vom November 1830 und der Niederschlagung durch russische Truppen im folgenden Jahr. Die Lyriker des Vormärz, wie Georg Herwegh und Ferdinand Freiligrath, verbanden in ihren Gedichten die Kritik an der russischen Politik mit indirekten Angriffen auf die Zustände in den deutschen Staaten. So entstand eine deutliche Diskrepanz zwischen den wachsenden dynastischen Verbindungen einerseits – mit einer Ausnahme heirateten alle russischen Zaren deutsche Prinzessinnen[13] – und andererseits zunehmender Entfremdung in den aufgeklärten Kreisen der Bevölkerung.

Gleich mehrere gegen Rußland und den „Gendarmen Europas", Nikolaus I., gerichtete Gedichte verfaßte August Heinrich Hoffmann von Fallersleben; darunter befindet sich ein 1840 aus Anlaß des russischen Handelsboykottes gegen Preußen entstandener Text:

Ewige Grenzsperre

Was kann aus Rußland kommen
Zu unserm Nutz und Frommen?
Die russische Cultur
Die paßt für Rußland nur.

5   Da wachsen zu viel Ruthen,
Und Kantschu, Peitschen, Knuten;
Bei meiner Seel' und Haut!
Schlecht schmeckt ein solches Kraut.

Was kann uns Rußland fruchten
10 Mit seinem Talg und Juchten?
Die Lichter stinken sehr,
Die Juchten noch viel mehr.

Auf Füchs' und Zobel schießen
Und die Gedanken spießen,
15 Ist zwar nicht fein und zart,
Doch echte Russenart.

Wer etwas frei gesprochen,
Der hat schon viel verbrochen,
Muß nach Sibirien gehn,
20 Sich dort man umzusehn.

Drum woll' uns Gott bewahren
Vor jedem weißen Zaren
Und Rußlands Herrlichkeit
Für jetzt und allezeit![14]

In sehr ironischem Stil beantwortet das Gedicht die Frage, welcher Schaden Preußen durch die Handelssperre entsteht. Die möglichen Importprodukte, die mit der „russischen Cultur" gleichgesetzt werden, sind Ruten, Kantschu (eine Riemenpeitsche), Peitschen, Knuten, Talg, Juchtenleder, Fuchs- und Zobelpelze. Die Gemeinsamkeit dieser Waren besteht darin, daß sie (mit Ausnahme der Ruten) tierischen Ursprungs sind. In zwei Schritten vollzieht sich die Kritik: erstens wird eine Verbindung zwischen eigentlich positiv zu wertenden Gegenständen (Talg, Leder, Pelze) und Mitteln der Unterdrückung (Peitschen) hergestellt; zweitens setzt der Autor das Töten von Tieren und das „Aufspießen" liberaler Gedanken äquivalent. Der „echte Russe" ist weder „fein" noch „zart", vielmehr ein wilder Jäger und politischer Unterdrücker, dem schon ein frei gesprochenes Wort genügt, um den betreffenden Menschen nach Sibirien zu verbannen.

Um zu unterstreichen, daß die politische Unterdrückung eine typisch russische Erscheinung ist, verwendet der Dichter zwei Wörter russischen bzw. slawischen Ursprungs: Kantschu und Knute. Die betreffenden Gegenstände erscheinen so als „russische Erfindungen".[15] – Bei der äußeren Form des Gedichts dominieren Stilisierungen im Ton deutscher Volkslieder; in der letzten Strophe treten daneben Anklänge an Kirchenlieder auf, was zu komischen Effekten führt, da hier um Schutz vor der „Heiligen Allianz" gebetet wird.

Ähnliche literarische Verfahren verwendet der Autor in anderen Gedichten, wie in *Die Verbrüderung*, wo er (am Schluß) den Gewinn der deutsch-russischen Kooperation folgendermaßen beschreibt:

> Die Verbrüdrung kann nur fruchten,
> Bringt uns Segen immerdar:
> Dankbar gehn wir drum in Juchten,
> Essen dankbar Kaviar.[16]

Die Ansicht, von Rußland könne man nur reaktionäre Politik und Naturprodukte des gehobenen Bedarfs erwarten, ändert sich in den folgenden Jahren in erster Linie durch die Bekanntschaft der Deutschen mit den Werken der russischen Literatur der Romantik und des Realismus.

Aus Interesse und Sympathie entwickelte sich gegen Ende des Jahrhunderts dann sogar eine „deutsche Russophilie", die im patriarchalischen Rußland die Lösung der sich verschärfenden sozialen Probleme und den Ausweg aus der allgemeinen Orientierungslosigkeit suchte. Dem modernistischen, von Technik und Kulturverfall verdorbenen Westeuropäer stellte man das Bild eines naiven Russen gegenüber, der geprägt war von Religiosität und Herzenswärme. Man ignorierte dabei die Tatsache, daß gerade Rußland in dieser Zeit das Land mit der schnellsten Industrialisierung darstellte.

In der Literatur wurde Rainer Maria Rilke zum führenden Vertreter dieser Richtung.[17] Nach gründlicher Vorbereitung reiste der junge Dichter 1899 in Begleitung der in Rußland geborenen Lou Andreas-Salomé nach Moskau, wo er am Gründonnerstag eintraf und anschließend das Osterfest miterlebte. Die Eindrücke der Festgottesdienste in den Kremlkathedralen waren so stark, daß Rilke später äußerte: „Mir war ein einziges Mal Ostern ...". In den folgenden Monaten besuchte er in Moskau und Petersburg verschiedene Maler (Repin, Viktor Wasnezow u.a.) und Schriftsteller. Vor allem Tolstoj schien ihm das Ideal des zum Schöpfertum berufenen, bodenständigen und religiösen Russen zu verkörpern.

Im Herbst 1899 entstanden dann zahlreiche Texte, in denen Rilke das Rußlandthema behandelt. Bekannt wurden vor allem die Gedichte, die als Gebete eines russischen Mönchs und Ikonenmalers später den 1. Teil des *Stundenbuchs* bildeten. An einem Beispiel läßt sich die Eigenart dieses Zyklus veranschaulichen:

> Selten ist Sonne im Sobor.
> Die Wände wachsen aus Gestalten,
> und durch die Jungfraun und die Alten
> drängt sich, wie Flügel im Entfalten,
> 5 das goldene, das Kaiser-Tor.
>
> An seinem Säulenrand verlor
> die Wand sich hinter den Ikonen;
> und, die im stillen Silber wohnen,
> die Steine, steigen wie ein Chor
> 10 und fallen wieder in die Kronen
> und schweigen schöner als zuvor.
>
> Und über sie, wie Nächte blau,
> von Angesichte blaß,
> schwebt, die dich freuete, die Frau:
> 15 die Pförtnerin, der Morgentau,
> die dich umblüht wie eine Au
> und ohne Unterlaß.
>
> Die Kuppel ist voll deines Sohns
> und bindet rund den Bau.
>
> 20 Willst du geruhen deines Throns,
> den ich in Schauern schau.[18]

In freien Jamben und unregelmäßigen Strophen entfaltet Rilke das Bild einer orthodoxen Kathedrale. Trotz der Unregelmäßigkeiten wirkt das Gedicht auch formal als Einheit, da die Zeilen durch zahlreiche Alliterationen strukturiert sind und der strophenübergreifende Endreim zusätzliche Verbindungen schafft. – Nimmt Fallersleben „Knute" und „Kantschu" als russische Wörter in seinen Text auf, so stellt Rilke das russische Wort für „Kathedrale" (sobor) gleich in die erste Zeile und knüpft durch die „s-i-s-i-s"-Anlaute eine Reihe.

Schon in der ersten Zeile geht es um den Gegensatz hell-dunkel, der den Text durchzieht und auf den Unterschied zwischen gotischen und orthodoxen Kirchen hinweist. Der Leser folgt dem Blick des imaginären Betrachters von unten nach oben. Die Verben verdeutlichen die Bewegung der Augen (wachsen, steigen, aber: fallen, schweben). Die Wände sind mit Fresken geschmückt, die Jungfrauen und Propheten darstellen; der Altarraum ist durch die Ikonostase vom Raum der Gemeinde abgeteilt. Das „Kaiser-Tor" in der Mitte der Ikonenwand trennt und verbindet beide Bereiche. Die Ikonen selbst sind teilweise mit Silberbeschlägen verziert. „Kron"-leuchter schmücken den Raum über den Gläubigen und tauchen die Bilder in ein blasses Licht. Die „schweigenden" Steine, die „wie ein Chor" steigen, weisen vielleicht auf das Fehlen der Orgel und die Bedeutung des Gesangs in der russischen Kirche hin.

Das Bild der Muttergottes leitet den Blick weiter auf die Ausmalung der Hauptkuppel, die traditionellerweise Christus als „Pantokrator" (Allherrscher) darstellt. Das Gewölbe verbindet die Teile des Baus, aber auch die Darstellungen des alten und des neuen Testaments. In den letzten Zeilen redet das lyrische Ich (wie vorher schon in der 3. Strophe) Gottvater direkt an und tritt am Schluß selbst in Erscheinung („ich"). Die Kathedrale mit ihrem Schmuck und ihrem Halbdunkel wird hier zum „Thron" Gottes und zum Ort der Erkenntnis – einer Erkenntnis, die man nicht in klare Worte fassen kann und die den Menschen erschauern läßt.[19] – Anders als Fleming bewundert Rilke nicht das Glänzen der goldenen Türme und Dächer, sondern den trüben Schein im Inneren der Gebäude. Und im Gegensatz zu dem Barockdichter findet er auch einen anderen Zugang zum Wesen der russischen Kultur, die Fleming recht fremd blieb. -

Stützen der Interpretation findet man im unmittelbaren Kontext des Gedichtzyklus. Immer wieder spricht der russische Mönch die gleichen Gegensätze an und thematisiert den Unterschied zwischen der „dunklen" Orthodoxie als Quelle der Inspiration und Frömmigkeit auf der einen, und der „hellen" Renaissance auf der anderen Seite:

> Ich habe viele Brüder in Sutanen
> im Süden, wo in Klöstern Lorbeer steht.
> Ich weiß, wie menschlich sie Madonnen planen,
> und träume oft von jungen Tizianen,
> durch die der Gott in Gluten geht.
>
> Doch wie ich mich auch in mich selber neige:
> Mein Gott ist dunkel und wie ein Gewebe
> von hundert Wurzeln, welche schweigsam trinken. (...)[20]

Anfang 1900 sind Rilkes Studien so weit gediehen, daß er sich gut in der russischen Sprache ausdrücken kann. Jetzt unternimmt er auch erste Übersetzungen. Von Mai bis August reisen Rilke und Lou Andreas-Salomé zum zweiten Mal durch Rußland und die Ukraine.

Neben Moskau beeindruckt den Dichter vor allem Kiew mit seinen Kathedralen und dem Höhlenkloster. Nach seiner Rückkehr nach Deutschland entsteht der zweite Teil des *Stundenbuchs* unter dem Titel *Von der Pilgerschaft*. Erneut findet sich die Gegenüberstellung „Italien – Rußland", und Moskau, Kiew und das russisch-tartarische Kasan treten neben die kulturellen Zentren Italiens:

> Du bist der Erbe:
> (...)
> Du erbst Venedig und Kasan und Rom,
> Florenz wird dein sein, der Pisaner Dom,
> die Troitzka Lawra und das Monastir,
> das unter Kiews Gärten ein Gewirr
> von Gängen bildet, dunkel und verschlungen, -
> Moskau mit Glocken wie Erinnerungen, – (...)[21]

Auch hier betont Rilke den Unterschied zwischen den klaren Linien und der Helligkeit der Renaissance und den verschlungenen Strukturen und der Dunkelheit der russisch-orthodoxen Architektur.

Rilkes russische Phase endet 1902, als er nach Paris übersiedelt, um ein Buch über Rodin zu schreiben. Zwar interessiert er sich weiterhin für das Land, zwar macht er die Bekanntschaft Gorkijs und Bunins, zwar übersetzt er das altrussische Epos, das *Igorlied*, ins Deutsche – der Schwerpunkt seiner Arbeit verlagert sich aber deutlich. Vor seinem Tode wird Rußland jedoch wieder aktuell; ein Indiz hierfür ist der Briefwechsel mit Marina Zwetajewa und Boris Pasternak.[22] Einige Jahre vorher hatte Rilke in einem Brief bekannt: „... was verdankt ich Rußland, – es hat mich zu dem gemacht, was ich bin, von dort ging ich innerlich aus, alle Heimat meines Instinkts, all mein innerer Ursprung ist *dort!*"[23]

Zur „Heimat" im mehrfachen Sinne wurde Rußland dann für viele Autoren nach der Oktoberrevolution. Vor allem jüngere, politisch engagierte Künstler begrüßten hoffnungsvoll den Aufbau der Sowjetunion und sahen in diesem Vorgang ein Modell für Deutschland. Unter ihnen war auch der Expressionist Johannes R.(obert) Becher (1891-1958), der sich 1919 in seinem *Gruß des deutschen Dichters an die Russische Föderative Sowjetrepublik* begeisterte: „In eurem Staat kommt uns das heilige Reich. Das heilige Reich. Das Paradies."[24]

Als er 1935 in der UdSSR Asyl findet, verstärkt sich seine Neigung zum sozialistischen Rußland, was sich in hymnischen Texten, meist Sonetten, niederschlägt. Wie Rilke stellt Becher dabei Moskau in eine Reihe mit den „alten" kulturellen Zentren des Westens, wenn er in seinem Gedichtzyklus *Neun Städte* die Orte besingt, die ihn inspirierten. Unter dem Motto „Neun Städte sind's, als wären Städte Musen, die mich zu ihrem Dichter erwählt ..." besingt er Tübingen, Jena, Dinkelsbühl, München, Berlin, Rom, Florenz, Paris und schließlich Moskau. Was Becher aber an der Metropole bewundert, unterscheidet sich wesentlich von den Eindrücken Rilkes:

Moskau

Von allen Städten, die ihr nennt und preist,
Ist sie die Stadt, die wächst und sich vollendet.
Sie reicht viel weiter, als ihr Stadtbild weist,
Und niemand weiß, wo ihre Grenze endet.

5 Du bist die Stadt, die mehr verlangt, als wir
Gewesen sind, und nie ruht Dein Verlangen.
Ihr, die ihr eingeht, wißt: ihr werdet hier
Vergangen sein mit allem, was vergangen.

Von allen Städten, die ihr preist und nennt,
10 Ist sie die Stadt, die strebt nach Raum und Dauer
Und ordnet sich nach einem neuen Sinn.

Kommt her und seht! Auf bestem Fundament
Ist sie erbaut. Das Volk ist dein Erbauer,
Du freie Stadt, du Weltbezwingerin.[25]

Mit dem „Ordnen nach neuem Sinn" ist offensichtlich die Stadt-"Sanierung" der 30-er Jahre gemeint. Unter wesentlicher Beteiligung Stalins wurde damals versucht, aus der „alten" Hauptstadt mit ihren Kirchen, Klöstern, Palästen, aber auch Holzhäusern und -hütten eine „moderne" Stadt vom Reißbrett zu machen. Diese geplante Zerstörung der historischen Bausubstanz war einschneidender als die kriegsbedingten Schäden der folgenden Jahre. Becher sah dies jedoch anders, da für ihn das Alte überkommen und unwert, dagegen das Neue positiv und sozialistisch war. In seinem Gedicht *Altes Haus in Moskau* preist er den Abbruch als Jungbrunnen für die Stadt:

Die letzte Säule wird jetzt abgetragen.
Brecht ab den Bruch! Die Stadt will sich verjüngen.
Hier wird ein Platz sein. Blumen. Brunnen springen.[26]

Zum Inbegriff des alten, verdammenswerten Rußland wird für ihn aber die russisch-orthodoxe Religion; und so bricht er bei der Beschreibung der „goldnen Kuppeln" völlig mit der Tradition Flemings und Rilkes:

Die tanzende Kirche

Scheinwerfer sah ich mit der Kirche spielen,
Sie mußte sich von allen Seiten zeigen
Und ihre goldnen Kuppeln, ihre vielen,
Entblößen in der Nacht und sich verneigen.

5 Scheinwerfer suchen sonst nach andern Zielen,
Doch diesmal tanzten einen Massenreigen
Wir auf dem Roten Platz, und uns gefielen
Die Flammentänze – denn die Kirchen schweigen.

Die Kirche tanzte, wie an weißem Band
10 Gezogen, und sie folgte unsern Strahlen
Und folgte jedem Wink von unsrer Hand ...
Sie kann nicht mehr mit goldnen Kuppeln prahlen,

Die alte Kirche steht da wie gefangen.
Vergangne Zeit, du bist und bleibst vergangen.[27]

Becher thematisiert in diesem Sonett seine Eindrücke von einem nächtlichen Besuch auf dem Roten Platz. Kriegsbedingt sind im Zentrum Flugabwehreinheiten stationiert, die mit ihren Scheinwerfern den Himmel absuchen und dabei auch die Gebäude streifen.

In regelmäßigen Jamben entwickelt der Autor einen durchgängigen Gegensatz, der sich auf der Oberfläche des Textes als Gegenüberstellung „Scheinwerfer" – „Kirche" darstellt und mit den Oppositionen „Aufklärung" – „Religion" bzw. „progressiv" – „veraltet" verbunden wird:

Scheinwerfer	*Kirche*
technisch erzeugtes Licht	reflektiertes Licht, passiv
Kampf („Ziele")	Kapitulation („gefangen")
Aufklärung	Entblößtwerden
Aktion	Reaktion
Gegenwart	Vergangenheit
Tanz (der Massen)	Marionettentanz

Neben traditionellen Metaphern und Symbolen (z.B. Licht der Aufklärung) arbeitet Becher mit der *Aufwertung* der Technik, wie sie typisch ist für Expressionismus, Proletkult und Futurismus, aber auch für die sozialistische Aufbauliteratur der ersten Fünfjahrpläne (ab 1928).

Dem gegenüber steht die *Abwertung* der Kirche in Form blasphemischer Äußerungen: sie wird *entblößt*, man läßt sie *tanzen* und sich vor Leuten und der Technik *verneigen*. Der Bruch der Tabus wird deutlich, wenn man bedenkt, welche Merkmale der orthodoxen Religion hier angesprochen sind. Die Verhüllung, wie sie z.B. in der Abschirmung des Altarraums durch die Ikonostase (s.o.) zum Ausdruck kommt, spielt eine große Rolle; daneben sind die vorgeschriebenen gemessenen Bewegungen von Priestern und Gläubigen während des Gottesdienstes konstitutiver Bestandteil des Ritus, und schließlich fallen gerade die tiefen Verbeugungen der rechtgläubigen Russen dem ausländischen Kirchenbesucher auf.

Der Sieg des Kommunismus über die Religion äußert sich auch im „Schweigen" der Kirchen. Die Sowjetregierung hatte ein generelles Verbot erlassen, Kirchenglocken zu läuten – eine Bestimmung, die erst im Zuge der Perestrojka nach Jahrzehnten aufgehoben wurde. An die Stelle der alten Religion trat aber eine neue Ideologie mit z.T. religiösen Zügen, an die Stelle des alten Messias trat ein moderner. Auch davon sprechen Bechers Rußland-Gedichte, die der Kulturfunktionär 1951 zu einem Bändchen zusammenfügt.[28] Neben allgemeinen Lobpreisungen des sozialistischen „Wunder-landes"[29] findet der Leser zahlreiche Hymnen auf Lenin: „Der an den Schlaf der Welt rührt – Lenin", „Am Grabe Lenins", „Der tausendjährige Lenin" usw. Aber auch Stalins übermenschliche Kräfte und Fähigkeiten preist der Lyriker:

> Er sprach ganz nah. Die Worte tönen wider.
> Welch eine Kraft er allen, allen gab!
> Welch eine Kraft es gab, als Stalin sprach.[30]

Und hier steht Becher nun doch wieder in der panegyrischen Tradition und reiht sich ein in die Gruppe, zu der auch die bekanntesten Nazi-Dichter gehören. Peter Horst Neumann hat die engen formalen und inhaltlichen Bezüge dieses Sonetts Bechers auf Stalin zu einem ebensolchen von Bruno Brendel auf Hitler deutlich gemacht.[31] – Als Becher dann 1954 Kulturminister der DDR wird, nutzt er die Möglichkeit, als überzeugter Propagandist der (verordneten) Freundschaft mit der *Sowjetunion* zu wirken. Die *russische* Kultur und – trotz des 10-jährigen Moskau-Aufenthaltes – die russische Sprache bleiben Becher hingegen weitgehend fremd.

Aber es gab auch andere Stimmen unter den kommunistischen Autoren. Bertolt Brecht zweifelte bereits 1939 in einem Gedicht die Gerechtigkeit des stalinistischen Systems an, nachdem ein Volksgericht seinen Freund und „Lehrer" Sergej Tretjakow zum Tode verurteilt hatte.[32]

In der DDR wiesen vor allem die Texte Wolf Biermanns (*1936) einen differenzierten Standpunkt auf; der Liedermacher, der auch als Interpret russischer Volkslieder, Romanzen und Autorenlieder auftrat,[33] wurde aber im November 1976 ausgebürgert. Später setzte Biermann besondere Hoffnung auf die Reformbestrebungen, die mit der Person des Generalsekretärs der KPdSU Michail Gorbatschow verbunden waren. Inzwischen hatte sich in der bundesdeutschen Bevölkerung die Begeisterung für den Reformer zur „Gorbimanie" entwickelt, die ihren Höhepunkt im Juni 1989 erreichte, als der Politiker mit seiner Frau u.a. auf dem Bonner Marktplatz und vor den Arbeitern der Dortmunder Hoesch-Werke auftrat. Dem „guten Russen" gelang es, das Rußlandbild der Deutschen wesentlich positiver zu gestalten – nicht zuletzt durch die Deutsche Einigung.

Als die Resultate noch nicht absehbar waren, schrieb Biermann im Jahre 1988 einen Text, mit dem er sich an den Partei- und Regierungschef wandte. Dieser *Gorbatschow-Song* gewann Popularität vor allem durch das denkwürdige Leipziger Konzert vom 1. 12. 1989, das vom DDR-Fernsehen und von der ARD übertragen wurde.[34] Die folgende Druckfassung weicht von der Vortragsfassung geringfügig ab: es fehlen Vor- und Zwischenspiel mit Zitaten aus dem russischen Volkslied der „Wolgatreidler"; entsprechende „Anklänge" finden sich auch in der musikalischen Begleitung.[35]

Michail Gorbatschow

Michail Gorbatschow
Biste Fleisch oder biste Fisch
Laß dir bloß nich übern Tisch ziehn
Und zieh uns nich übern Tisch
5 Michail Gorbatschow
Bleibe klug und bleibe schlau
Sei ein Kind und sei ein Mann
Und sei tapfer wie 'ne Frau
Oj, oj, Kinder
10 Hoffnung, die ich heg
Mütterchen, mein Rußland
Macht sich auf den Weg
Oj, oj, Kinder
Blast mal in die Glut!
15 Feuerchen, du wärmst mir
Und det macht mir Mut

Sonst gabs Kanonen statt Butter
Jetzt jibt et Freiheit statt Buttaa
Mein lieber Gorbi, det macht mir Sorgi
20 Nix is mit Freiheit ohne Futter
Ick will in keen Paradis rinn
De Welt soll bloß nich so mies sinn
Ick will bloß Wahrheit, Brot und Tomaten
Prost! uff de Liebe und den Sonntagsbraten
25 (...)
Michail Gorbatschow
Weißtu, wo ich heute war?
Janz allein im Mausoleum
Jetzt is allet sonnenklar
30 Wladimir, sprach ich, sag:
Geht das mit dem Gorbi klar
– oder spielt der nur moderner
Wieder mal den alten Zar:
Oj, oj, Biermann

35 Hat Lenin gesagt
Laß mir lieber schlafn
In mein Schneewitchensarg
Oj, oj, Gorbi
Alter, mach nich schlapp
40 Brauchste noch paar Kräfte
- ick jeb dir wat ab
(...)
Oj, oj, Kinder
eine neue Zeit
45 Offen alle Grenzen
Oj, Gerechtigkeit!
Oj, oj, Kinder
Klein ist unsre Welt
Und sie soll ein Garten werden
50 Grün und gut bestellt[36]

Biermann, der nach eigenen Aussagen in der Tradition Villons, Heines und Brechts steht, spricht in eigenwilligem Ton mit dem mächtigen Politiker. Er ist mit Gorbatschow „auf du" und wählt, wie oft in seinen Gedichten und Liedern, eine Stilisierung des Berliner Dialekts. Hierdurch vermittelt er den Eindruck, „Volkes Stimme" zu sein, was durch umgangssprachliche Redewendungen noch verstärkt wird. Zur künstlerisch gestalteten „ungekünstelten Sprache" passen die freien Trochäen und das sehr variable Reimschema mit zahlreichen Waisen.

Das lyrische Ich, das wohl weitgehend die Position des Autors vertritt, äußert in freundlicher Form Zweifel, Wünsche – aber auch Hilfsangebote.

Zwar findet sich, wie im traditionellen „Fürstenlob", eine Utopie (offene Grenzen, Gerechtigkeit, grüner Garten), völlig untypisch ist aber neben dem kumpelhaften Ton die durchgängige Ironie. Biermann spielt mit Redensarten, die er durch Permutation und Substitution variiert (biste Fleisch oder biste Fisch, tapfer wie eine Frau, Kanonen statt Butter – Freiheit statt Butter), und läßt den kanonisierten Urvater des russischen Kommunismus als Schneewittchen auftreten. Die Lästerung des im Tempel auf dem roten Platz ruhenden Wladimir Iljitsch ist als literarisches Verfahren vergleichbar mit der Entweihung von Kirche und Religion bei Becher.[37]

Im Gegensatz zum Märchen wird die Ankunft des „rettenden" Prinzen (bzw. Zaren) nicht hoffnungsvoll erwartet, sondern nur befürchtet. Dabei ist die Opposition „Kälte – Wärme" konstitutiv für den Text: Tod, Schneewittchensarg (künstlich gekühlter gläserner Sarg) vs. Glut, Feuerchen, Wärme. Man findet damit verbunden jedoch auch die Gegenüberstellung „Vergangenheit" (der alte Zar, der tote Lenin, das Mausoleum) vs. „Zukunft" (eine neue Zeit, Hoffnung, bestellter Garten).

Wenn das Ziel des Weges, den Rußland beschreibt, ein „grüner Garten" ist, so klingen hier christliche (Garten Eden) und ökologische Vorstellungen an (unsere kleine Welt, grün und gut bestellt). Die Utopie, die explizit *nicht* als „Paradies" bezeichnet wird, wird bestimmt durch die Mischung aus „Freiheit und Wahrheit" einerseits und „Brot, Butter, Tomaten" andererseits. Zu dieser sehr menschlichen (typisch Biermannschen) Mischung gehört selbstverständlich auch „die Liebe". Der Wunsch nach dem „Sonntagsbraten" schließlich schafft Äquivalenzbeziehungen zwischen Gorbatschow und dem französischen König Heinrich IV („Ich wünsche, daß sonntags jeder Bauer sein Huhn im Topfe hat.").

Kommunistische Ideale spielen keine Rolle mehr; die „Genossen" werden zu „Kindern", der Generalsekretär der KPdSU wird zu „Gorbi" (Reimwort „Sorgi"!) und das ruhmreiche Vaterland der Werktätigen zum „Mütterchen Rußland". Insgesamt entsteht der Eindruck einer familiären Atmospäre, in der Statusunterschiede keine Rolle spielen.

Trotz der Zweifel an Person und Politik Gorbatschows und trotz des Spottes über den künstlich konservierten Lenin und seine Ideen überwiegt bei Biermann die Sympathie für das Land. War Rußland für Rilke „die Heimat", so ist es für Biermann „die Mutter" – ja sogar liebevoller: „das Mütterchen". Undenkbar, daß Herder, der ja Katharina II. als „Mutter" apostrophierte, sich so geäußert hätte. Die intellektuelle und emotionale Distanz zu Rußland, wie wir sie bei den älteren Autoren finden, wich im Laufe der Geschichte einer Einstellung, die von dem Bemühen um Verständnis geprägt ist. Aber natürlich bleibt die Spannung, welchen Weg „Mütterchen Rußland" einschlägt.

Didaktische und methodische Anregungen

Die Behandlung der vorgestellten Gedichte im Deutschunterricht der gymnasialen Oberstufe kann in unterschiedlicher Form erfolgen. Es wird auch nicht immer möglich sein, eine eigenständige Reihe zu diesem Thema einzuplanen; einzelne Texte lassen sich auch in Unterrichtsvorhaben mit anderen Schwerpunkten integrieren (z.B. Reihen zu literarischen Epochen, zur Literatur der DDR oder zur Textsorte des panegyrischen Gedichts).

Entschließt man sich hingegen, die hier vorgestellten Gedichte im Zusammenhang zu behandeln, so ist zu bedenken, daß für ein angemessenes Textverständnis elementare Kenntnisse zur deutsch-russischen Geschichte erforderlich sind. Die Vermittlung entsprechender Fakten geschieht am besten parallel zur Lektüre der literarischen Texte.

Übergreifende Gesichtspunkte für die Interpretation der Gedichte könnten folgende Fragen sein:

Facetten des Rußlandbildes in der deutschen Lyrik

1. Welche Informationen erhält der Leser über Rußland und die Russen?
2. Welche „typisch russischen" Attribute werden Land und Leuten zugewiesen?
3. Welche Vorkenntnisse setzt der Autor beim Leser voraus?
4. Inwieweit sind die Texte in Struktur und Aussage typisch für die Epoche?
5. Wie kann man die Einstellung des lyrischen Ichs bzw. des Autors zum Objekt beschreiben?
6. Welche Ziele verfolgt der Autor mit dem Text?
7. Welche literarischen Verfahren lassen sich in mehreren der vorgestellten Texte wiederfinden?
8. Wie kann man den Wandel in den panegyrischen Texten definieren?
9. Gibt es eindeutige Entwicklungslinien im Rußlandbild?
10. Wie mag ein Russe das deutsche Rußlandbild beurteilen?

Die Unterrichtsreihe kann durch weitere Texte ergänzt werden; entsprechende Hinweise finden sich z.T. im vorliegenden Aufsatz. Leicht zugänglich sind geeignete Gedichte Rilkes[38] – bei Fleming, Hoffmann von Fallersleben und Becher bereitet die Textbeschaffung aber manchmal Schwierigkeiten. Zur Erweiterung der Reihe, aber auch vielleicht als Grundlage für die Leistungskontrolle, seien deshalb im folgenden noch drei Beispiele zitiert.

Paul Fleming

Über den Zusammenfluß der Wolgen und Kamen,
XX. Werste unter Samaren (17. August 1636)

Schwimmt näher zu uns her und stellt euch furchtsam nicht,
ihr wilden Fürstinnen des öden Permerstrandes.
Kommt Nymphen an den Port, das Ufer dieses Randes
ist püschig, kühl und frisch, da keine Sonne sticht.
  Kommt, schauet dieses Schiff, von dem ganz R e u ß e n
auch dies ist eine Zier der ersten meines Landes,   spricht
des treuen H o l s t e i n s Pfand, der Knoten eines Bandes,
das zwischen mir und ihm in Ewigkeit nicht bricht.
  Und du, o Vater K a m, geuß deinen braunen Fluß
mit völlern Krügen aus, daß unsern führnen Fuß
kein blinder Sand halt' auf, kein falscher Grund versäume.
  Die W o l g e fleußt vorweg, bestellt die Sicherheit,
beut auf gut Glück und Heil, setzt Wolfahrt ein und schreit,
daß Anfall, Mord und Raub ihr beides Ufer räume.[39]

August Heinrich Hoffman von Fallersleben

Reime

Manches ist nicht sympathetisch,
Wenn's auch reimt wie Eis und heiß;
Doch die Sprache reimt prophetisch,
Was kein Geist zu reimen weiß.

5 Reußen, Preußen sind verbunden
Öffentlich und insgeheim –
O wer hat den Reim erfunden,
Diesen bösen deutschen Reim!

Slaven, Sklaven reimt noch schlimmer,
10 Doch das trifft nur sie allein,
Slaven waren Sklaven immer,
Wollen immer Sklaven sein.

Ohne Reim steht noch der Deutsche
Rein wie eine Jungfrau da,
15 Aber seht, es kommt die Peitsche
Leider schon ihm ziemlich nah.[40]

Johannes R. Becher

Rußland

Scham brenne auf, wenn ihr mit Flammenröten
Den Himmel Rußlands sengend überflammt!
Gefallen sind, die prahlend sich erhöhten,
Und haben selber sich zum Nichts verdammt.

5 Rußland habt, Schächer ihr, ans Kreuz geschlagen,
Rußland hat alle Tode überlebt.
Rußland, von seinem Volk emporgetragen,
Rußland steht dort, wo sich der Sieg erhebt ...

O Deutschland! Rußland war einst dein Gefährte,
10 Bot dir die Hand bei deinem Niederbruch.
Du aber folgtest deinem schlimmsten Fluch
Und zogst durch Rußland eine blutige Fährte,

Und hoch an Rußlands Himmel steht dein Brand ...
O wärest, Deutschland, du: solch heiliges Land![41]

Anmerkungen

[1] Einen guten Überblick über die Geschichte der deutsch-russischen Beziehungen gibt Leo Sievers: *Deutsche und Russen. Tausend Jahre gemeinsame Geschichte.* Hamburg ²1981.

[2] Dieses Thema steht im Mittelpunkt des „Wuppertaler Projektes", das von Lew Kopelew geleitet wird. Die Ergebnisse liegen in Buchform vor: *West-östliche Spiegelungen.* Hrsg. Lew Kopelew. München 1985 ff. Reihe A: *Russen und Rußland aus deutscher Sicht* (bislang erschienen Bde. 1-3). Reihe B: *Deutsche und Deutschland aus russischer Sicht* (bislang Bde. 1-2 u. Sonderband). – Der vorliegende Aufsatz verdankt diesen Veröffentlichungen zahlreiche Anregungen.

[3] *Das Nibelungenlied.* Mittelhochdeutscher Text und Übertragung. Hrsg. Helmut Brackert. Frankfurt/M. 1970. Teil 2. S. 47

[4] s. Mechthild Keller: *Vorstellungen von „Riuzen" in der deutschen Literatur des Mittelalters.* In: West-östliche Spiegelungen. Reihe A. Bd. 1. S. 84–109.

[5] Hierzu und im folgenden vgl. Günther Stökl: *Russische Geschichte. Von den Anfängen bis zur Gegenwart.* Stuttgart 1973. Zur schnellen Information s. auch die beiden Taschenbücher *Daten zur russischen Geschichte* und *Daten zur sowjetischen Geschichte* von Hösch/Grabmüller. München 1981.

[6] im Original: *Er redet die Stadt Moskau an, als er ihre vergüldeten Türme von Fernen sahe.* Zit. n. Paul Flemings *Deutsche Gedichte.* Hrsg. J.M.Lappenberg. Darmstadt 1965. Bd. 1. S. 524 f. (Orthographie modernisiert, auch im folgenden)

[7] s. hierzu auch Dieter Lohmeier: *Paul Flemings poetische Bekenntnisse zu Moskau und Rußland.* In: West-östliche Spiegelungen. Reihe A. Bd. 1. S. 341–370.

[8] zit. n. Paul Flemings *Deutsche Gedichte* (1965), S. 472 f. – Die Reiserichtung „Osten" ergibt sich daraus, daß die Delegation zunächst nach Isfahan weiterreiste.

[9] Herder: *Sämtliche Werke.* Berlin Bd. 29. S. 24–27 – Zuerst in den Rigischen Anzeigen 1765. Stück XXVII. Montag, den 4. Juli.

[10] M.K.: *„Politische Seeträume":* Herder und Rußland. In: West-östliche Spiegelungen. Reihe A. Bd. 2. S. 357–395

[11] Es handelt sich um das 4. Kapitel des 16. Buches der *Ideen* (1784–91).

[12] Goethes Werke. *Sophienausgabe.* Bd. 8. I, 5.1, S. 121. – Siehe auch: Werner Keller: *Goethe und Rußland – ein Bild aus Fragmenten.* In: West-östliche Spiegelungen. Reihe A. Bd. 2. S. 585–610.

[13] Seit Peter III. gab es – bis zum Ende der Monarchie 1917 – nur deutschstämmige Kaiserinnen in Rußland; die einzige Ausnahme bildete die Frau Alexanders II., die aus Dänemark kam. Außerdem heirateten auch die meisten Zarentöchter deutsche Fürsten.

[14] August Heinrich Hoffmann von Fallersleben. *Gesammelte Werke.* Berlin 1891. Bd. 4. S. 268

[15] Das Wort „Kantschu" ist wohl über das Ukrainische, Polnische oder Tschechische ins Deutsche übernommen worden (urspr. türkisch). Das Wort „Knute" ist russischen Ursprungs und bezeichnete urspr. eine Knotenpeitsche (vgl. dt. „Knoten"). S. Gerhard Wahrig: *Deutsches Wörterbuch.* Gütersloh usw. 1972. – Vgl. auch „die Knute" als Symbol Rußlands bei Heine:

> Rußland, dieses schöne Reich,
> Würde mir vielleicht behagen,
> Doch im Winter könnte ich
> Dort die Knute nicht ertragen.

(„Jetzt wohin?". Romanzero. 2. Buch. Lamentazionen. Zit. n. *Historisch-kritische Gesamtausgabe der Werke*. Düsseldorf 1975–82. Bd. 3/I, S. 101 f.
[16] *Gesammelte Werke*. Bd. 4. Berlin 1891. S. 7 f. – Im übrigen siehe zu Hoffmann von Fallersleben: Walter Pape, *Eispalast der Despotie. Russen und Rußlandbilder in der politischen Lyrik des Vormärz* (1830–1848). In: West-östliche Spiegelungen. Reihe A. Bd. 3. S. 435–472.
[17] Eine gute Einführung gibt Konstantin Asadowski in dem von ihm hrsg. Buch *Rilke und Rußland. Briefe, Erinnerungen, Gedichte*. Frankfurt/M. 1986. S. 5–81
[18] Rainer Maria Rilke: *Sämtliche Werke*. Hrsg. v. Rilke-Archiv. 1. Bd. Gedichte. 1. Teil. Frankfurt/M. 1987. S. 292
[19] zur äußeren und inneren Gestaltung der russischen Kirchen s. z.B. Ewald Behrens: *Kunst in Rußland. Ein Reisebegleiter zu russischen Kunststätten*. Köln 1974
[20] Rilke, (1987) Bd. 1.1, S. 254
[21] ebd., S. 314. „Troitzka Lawra" = Dreifaltigkeitskloster in Sagorsk (gegr. 1340) bei Moskau (heute: Sergijew Posad); „Monastir" = Kloster, gemeint ist das Kiewer Höhlenkloster (gegr. 1051)
[22] vgl. Rainer Maria Rilke, Marina Zwetajewa, Boris Pasternak: Briefwechsel. Frankfurt/M. 1983. S. aber auch das XX. Sonett des 1. Teils der *Sonette an Orpheus* (1922) in: Rilke, (1987), Bd.1.1, S. 743 f.
[23] zit. n. Asadowski (1986), S. 5
[24] zit.n. Horst Haase, *Johannes R. Becher. Leben und Werk*. Berlin (West) 1981. S. 85. – Zur Korrektur des Becher-Bildes bei Haase s. z.B. Carsten Gansel: *Johannes R. Becher zwischen Dichten und Funktionieren*. In: Der gespaltene Dichter. Johannes R. Becher. Berlin (Ost) 1991. S. 11–30
[25] Johannes R. Becher: *Sonett-Werk*. 1914–1954. Düsseldorf 1956. S. 171
[26] ebd., S. 259
[27] ebd., S. 255
[28] Johannes R. Becher: *Sterne unendliches Glühen. Die Sowjetunion in meinem Gedicht 1917–1951*. Sinn und Form. Sonderheft. 1951
[29] ebd., S. 10
[30] *Als Stalin sprach* (1941). ebd., S. 287
[31] P. H. Neumann: Das Wort des Herrn und die Sprache seiner Diener. Über religiöse und politische Bekenntnis-Lyrik. In: *Neue Rundschau* 87 (1976), S. 585–595
[32] B. Brecht: Ist das Volk unfehlbar? In: *Gesammelte Werke*. Frankfurt/M. 1967. Bd. 9. S. 741
[33] Biermann übersetzte u.a. Texte des russ. Liedermachers Bulat Okudshawa und die Lagergedichte des Dissidenten Jurij Daniel.
[34] s. hierzu Jay Rosellini: *Wolf Biermann*. München 1992. S. 140 ff.
[35] vgl. Fassung auf der Platte „Gut Kirschenessen DDR – ça ira!" EMI Electrola CDP 566-7942722. 1970
[36] W.Biermann: Alle Lieder. Köln ²1991. S. 403–406
[37] Vor diesem Hintergrund ist auch eine symbolische Handlung des Präsidenten Jelzin nach der Niederschlagung des Aufstandes der Altkommunisten im Oktober 1993 zu sehen: Die Ehrenwache vor dem Mausoleum, die seit 1924 stündlich in feierlichem Zeremoniell abelöst worden war, wurde abgezogen.
[38] z.B. „Die Znamenskaja. Der Madonnenmaler." In: *Rilke und Rußland* (1986), S. 474 f. S. auch Anm. 22.
[39] Fleming (1965), S. 476 f. – Der Zusammenfluß von Wolga und Kama bei der russ. Stadt Perm war eine Zwischenstation auf der Fahrt von Moskau nach Isfahan. Das angesprochene Schiff ist in Rußland unter Aufsicht von holsteiner

Experten gebaut und auf den Namen des Landesherrn „Friedrich" getauft worden. Wie die letzten Zeilen zeigen, war man sich der Gefahren der Reise (hier vor allem durch die Kosaken) wohl bewußt.

[40] Hoffmann von Fallersleben (1891), Bd. 4, S. 197
[41] Becher (1956), S. 580

Klaus Lindemann

„Ich hatte einst ein schönes Vaterland"

Heimat, Fremde und Entfremdung in Beispielen deutscher Lyrik

> Jene Sehnsucht nach der alten Heimat
> ist (wer hätte das nicht schon erfahren!)
> nur ein Drittel Heimweh nach dem Lande
> und zwei Drittel nach vergangnen Jahren.
>
> Mascha Kaléko

„Heimat" und „Fremde" werden fast zur gleichen Zeit zu beherrschenden Themen in der deutschen Literatur. Das beginnt im Zeitalter und Gefolge der Französischen Revolution, als das Bewußtsein von der Nation und die Idee des Nationalstaates auch in Deutschland erwachen und in einer seitdem nicht abreißenden Folge von Revolutions-, Eroberungs-, Freiheits- und Befreiungskriegen es hier wie in ganz Europa zu vielfältigen Erscheinungsformen von Heimatbewußtsein und Heimatverlust, von Fremde und Entfremdung kommt.[1]

Neben dem Dramatiker Friedrich Schiller und dessen *Wilhelm Tell* ist es vor allem Friedrich Hölderlin, der an der Schwelle vom 18. zum 19. Jahrhundert die Spannung zwischen „Heimat" und „Fremde" zu einem zentralen Thema seiner Dichtung und insbesondere auch seiner Lyrik macht. Sie manifestiert sich ihm gleichzeitig als Verlust von Kindheit, jugendlichen Freiheits-Idealen, einer schwärmerischen Liebe und nicht zuletzt auch in Gestalt menschlicher Enttäuschung gegenüber den bewunderten Großen von Weimar. So ist es bei ihm nicht in erster Linie die Entfernung von einem geliebten (Heimat-)Ort, sondern die Entfremdung gegenüber hochgeschätzten Idealen und Utopien, die für ihn mit dem Verlust von „Heimat" identisch wird.

Bewegender Ausdruck einer solchen Entfremdung ist eine 1798 entstandene, auf zwei Strophen konzentrierte Ode[2], die 1799 in *Neufers Taschenbuch für Frauenzimmer von Bildung* veröffentlicht wird und die Hölderlin später zu einer seiner großen Oden um weitere vier Strophen ergänzt hat[3]:

Die Heimat

Froh kehrt der Schiffer heim an den stillen Strom
    Von fernen Inseln, wo er geerntet hat;
      Wohl möcht' auch ich zur Heimat wieder;
    Aber was hab' ich, wie Leid, geerntet?

5 Ihr holden Ufer, die ihr mich auferzogt,
 Stillt ihr der Liebe Leiden? ach gebt ihr mir,
 Ihr Wälder meiner Kindheit! wann ich
 Komme, die Ruhe noch einmal wieder?

Der Dichter nutzt hier – nach vorübergehender Aufgabe der stärker bindenden Reimstrophe – in der Nachfolge Klopstocks die antike Odenform. Sie bietet ihm die Möglichkeit, einerseits pointiert kontrastiv, andererseits mit dem für deutsche Verse ungewöhnlichen Metrum sowie relativ freier Handhabung der reimfreien Syntax zentrale Themen wie Dichterlos, Liebe oder eben Heimat poetisch unverwechselbar auszusprechen.

So hat Hölderlin auch in diesem Gedicht sowohl die einzelne Strophe wie die beiden Strophen in ihrem Gegeneinander zur kontrastiven Entfaltung des Themas „Heimat" und Fremde, bzw. Entfremdung genutzt. In der ersten Strophe steht das „froh(e)" Bild des „von *fernen* Inseln" „*heim*(kehrenden) Schiffer(s)" der ersten beiden Verse gegen die ebenfalls in sich kontrastiv – „aber" – formulierte Aussage der Verse drei und vier, wo dem Wunsch nach Rückkehr in die „Heimat" die Resignation angesichts „geerntet(en) ... Leid(s)" konfrontiert wird. Bei alledem verbindet und trennt zugleich das im ersten Teil der Strophe als Bild, im zweiten als Metapher benutzte Partizip Perfekt „geerntet" die Aussage der beiden Strophenteile.

Das „geerntete Leid" wird in Gestalt einer offen bleibenden Frage aus dem vierten Vers der ersten Strophe an die beiden ersten der zweiten Strophe weitergegeben. Es ist hier als „der Liebe Leiden" näher bestimmt und nimmt damit wohl Bezug auf Hölderlins Begegnung mit „Diotima" und die zurückliegende Homburger Zeit des Dichters. Als solches umschreibt es die gegenwärtige Befindlichkeit des lyrischen Sprechers und kontrastiert mit seiner Sehnsucht nach der Idylle der „holden Ufer" und der „Wälder meiner Kindheit" sowie der damit zugleich erinnerten und erwünschten „*Ruhe*" die momentane Unruhe „(unge)*stillt*(er) ... Leiden". Diese wiederum lassen an den „*stillen* Strom" zu Beginn des Gedichts erinnern, wo das Bild vom „froh ... *heim*(kehrenden) ... Schiffer" die Sehnsucht nach der „*Heimat*" sozusagen eröffnet hatte.

Das Bild der „Stille" und die Sehnsucht nach „Ruhe", die Hoffnung auf Rückkehr in die „Heimat" und die Wiederkehr der „Kindheit" prägen die ersten und die letzten Verse des Gedichts, spiegeln Ideal und persönliche Situation des Dichters. Was hingegen als „der Liebe Leiden" von diesen „Heimat(en)" trennt, bleibt in den Versen ungesagt. Ist es Susette Gontard, die „Diotima" seines *Hyperion*-Romans, der die Spannung zwischen der Heimat Deutschland und der des um seine Freiheit kämpfenden Griechenland, zwischen der Kälte der Gegenwart und der Lebendigkeit der Antike, thematisiert? Ist es die durch den Verlauf der – von ihm zunächt begrüßten – Revolution in Frankreich erschütterte „Liebe (zum) Menschengeschlecht", die Hölderlin in Briefen an den Bruder Karl beklagt?"⁴ Oder ist es jene menschliche Wärme, die er bei seinem Aufenthalt in Weimar vermißt hat? Alles das bleibt am Ende dieser aus lauter Fragen bestehenden Verse offen – für immer neue Fragen, Lektüren und immer neues Verstehen.

1826 verläßt August Graf von Platen-Hallermünde endgültig seine Heimat Deutschland, um – nur durch zwei kurze Besuche unterbrochen – fortan bis zu seinem Tode in Italien ein „rastloses Wanderleben" zu führen, von dem er in seinen Tagebüchern immer wieder berichtet. Seinen endgültigen Abschied von der Heimat hat er in mehreren Sonetten thematisiert. Am bedeutendsten ist das folgende aus dem Jahr der Abreise:

> Es sehnt sich ewig dieser Geist ins Weite
> Und möchte fürder, immer fürder streben:
> Nie könnt' ich lang an einer Scholle kleben,
> Und hätt' ein Eden ich an jeder Seite.
>
> 5 Mein Geist, bewegt von innerlichem Streite,
> Empfand so sehr in diesem kurzen Leben,
> Wie leicht es ist, die Heimat aufzugeben,
> Allein wie schwer, zu finden eine zweite.
>
> Doch wer aus voller Seele haßt das Schlechte,
> 10 Auch aus der Heimat wird es ihn verjagen,
> Wenn dort verehrt es wird vom Volk der Knechte.
>
> Weit klüger ist's, dem Vaterland entsagen,
> Als unter einem kindischen Geschlechte
> Das Joch des blinden Pöbelhasses tragen.⁵

Aus diesen Versen spricht eine ganz andere Art von Entfremdung gegenüber der „Heimat" als aus denen Hölderlins. Nicht nur, daß der Dichter sich hier selber recht prätentiös in Szene setzt, was ihm im übrigen zeitlebens den Spott dichtender Zeitgenossen – insbesondere den Heinrich Heines – eingetragen hat; er versucht auch, den Gang in die Fremde, der durch Unregelmäßigkeiten bei seiner Tätigkeit im bayerischen Staatsdienst, Mißerfolge als Dichter, seine maßlose Selbstüberschätzung und nicht zuletzt auch seine homoerotischen Neigungen eher erzwungen worden war, zu einem überlegten und freiwilligen Schritt seines „Geist(es) ins Weite" zu stilisieren.

In den beiden Quartetten präsentiert sich dieser „Geist" als „ewig (...) streben(der)", der sich damit immer zugleich in einem „innerlichen Streite" zwischen „Weite" – d.h. Fremde – und „Scholle" – d.h. Heimat – befindet. Damit setzt von Platen sich in deutlichen Kontrast zu jenen dichtenden Zeitgenossen, die – wie die Barden im Gefolge der Befreiungskriege – in nationalistischer Verblendung eben an jener

„Scholle kleben", die sie in Gestalt Deutschlands immer wieder als ein neues „Eden" versreich verherrlichen. Dabei ist sich von Platen bewußt, daß er die damals nicht nur poetisch propagierte, nationalistisch verengte „Heimat", die nach den Worten Ernst Moritz Arndts gerade so weit reichen soll, „so weit die deutsche Zunge klingt",[6] aufgeben muß, ohne daß ihm die demgegenüber ersehnte „Weite" damit notwendig zu „eine(r) zweite(n) Heimat" würde, wie es die pointierten Formulierungen des 7. und 8. Verses deutlich machen.

Von daher wird es auch verständlich, daß die mit einer adversativen Konjunktion – sonettgerecht – eingeleiteten Terzette das Streben nach „Weite" nicht so sehr im Hinblick auf ein Ziel, als vielmehr im Blick zurück auf das Verlorene: „Heimat" bzw. „Vaterland" begründen. Beide werden dabei in betontem Gegensatz zu jener heimatseligen und vaterlandsbegeisterten Lyrik der Körner, von Schenkendorf, Arndt, Becker, Uhland und vieler anderer dichtender Zeitgenossen geradezu zum Hort des „Schlechten" stigmatisiert. Dieser wiederum wird in den Terzetten in die rhetorische Triade des „Volks der Knechte", eines „kindischen Geschlechte(s)" und „blinden Pöbelhasses" differenziert. Die politisch entmündigten Bürger des Zeitalters der Restauration, das aus den Befreiungskriegern ein „Volk der Knechte" werden ließ, verschmelzen mit dem „kindischen Geschlechte" des unpolitischen Biedermeier und schließlich mit jenem „blinden Pöbelhasse", der den Dichter Platen und besonders dessen homoerotische Neigungen ganz persönlich betrifft. Wenn von Platen (dabei) fast unmerklich im Übergang vom ersten zum zweiten Terzett das „Verjag(t)"-Werden in ein „weit klüger(es) ... Entsagen" ummünzt, bleibt er seinen übrigen autobiographischen Zeugnissen treu, in denen er das zwingend Faktische zu einer großen Entscheidung seiner selbst umzudeuten liebte – ein fragwürdiger Umgang mit der Wahrheit, der sich auch in der verqueren Syntax der dritten Strophe andeutet.

Zugleich kompensiert er seine private Entfremdung in und gegenüber der „Heimat" und den daraus resultierenden Entschluß zur Flucht mit einer großen poetischen Geste, mit der er jene tatsächlichen Fluchten zeitgenössischer Dichterkollegen des Jungen Deutschland vor dem Zugriff der Restauration zu übertrumpfen trachtet. Darüber wie über die virtuose Handhabung der Sonettform kann er allerdings nicht vergessen machen, daß ihm die „Weite", in die er sich in seinen Versen flüchtet, in der Realität genausowenig zur – „zweiten" – Heimat hat werden können.

Viele seiner bekanntesten Gedichte hat Joseph von Eichendorff zunächst im Rahmen seiner Romane und Novellen veröffentlicht. So auch 1832 das folgende in seiner satirischen Erzählung *Viel Lärmen um Nichts*, wo der Erzähler sich seiner „schönen, fröhlichen Jugendzeit" erinnert und Julie daraufhin ein „Lied" singt, das später von Schumann und Brahms fast genauso berühmt gewordene Vertonungen[7] erfährt:

In der Fremde

Aus der Heimat hinter den Blitzen rot
Da kommen die Wolken her,
Aber Vater und Mutter sind lange tot,
Es kennt mich dort keiner mehr.
5 Wie bald, wie bald kommt die stille Zeit,
Da ruhe ich auch, und über mir
Rauschet die schöne Waldeinsamkeit,
Und keiner mehr kennt mich auch hier.[8]

Eichendorff hat in diesen Versen zentrale Chiffren seines poetischen Schaffens in einen spannungsreichen Zusammenhang gesetzt, um die Erfahrung der „Fremde" als Verlust von „Heimat" zum Ausdruck zu bringen. Diesen Verlust erfährt er in erster Linie als vergangene, aber zugleich auch als Vorausblick auf zukünftige „Zeit". Das manifestiert sich einerseits in der Erinnerung an die „lange tot(en)" „Eltern", zum andern in der Hoffnung auf das „bald" jener „stillen Zeit" jenseits des irdischen Lebens. „Fremde" bezieht sich damit auf den Ort, das „hier", das vom „dort" der „Heimat hinter den Blitzen rot" geschieden ist, aber ebenso auf das Wissen um das Vergessen-Werden im Leben – „Es kennt mich dort keiner mehr" – und schließlich im Tode: „Und keiner mehr kennt mich auch hier". „Fremd" ist mithin zuallererst derjenige, der nicht (mehr) gekannt wird.

Dabei hat der Dichter in diesen wenigen Versen die Vergangenheit einer „Heimat" mit „Vater und Mutter", die Gegenwart des „her" und „hier" und schließlich die vorausgeahnte „stille Zeit" in eine – Zeiten übergreifende – Situation lyrischen Sprechens zusammengefügt, sozusagen als eine Erinnerung der Zukunft, wie er sie bereits in den Schlußversen seiner *Vesper* wenige Jahre zuvor ausgesprochen hatte:

Ich wollt', ich läg' begraben
Und über mir rauschte weit
Die Linde jeden Abend
Von der alten, schönen Zeit.[9]

Es ist also die Empfindung der „Fremde", die die Vergangenheit der „Heimat hinter den Blitzen rot" und die Zukunft der „stillen Zeit" paradoxerweise und voller Melancholie mit dem Vergessen-Werden „hier" wie „dort" verknüpft. Die verlorene „Heimat" wird also gar nicht in erster Linie als Heimat-Ort sondern viel eher als der Ort der Kindheit in die Erinnerung gerufen, wenn der Dichter sie zum einen mit den „lange tot(en)" „Eltern" verbindet und zum andern mit der Hoffnung auf „die schöne Waldeinsamkeit", die über seiner Grabes-„Ruhe" „rauschen" soll, eine poetische Chiffre bemüht, die er seit seiner Jugend aus

Ludwig Tiecks Märchen vom *Blonden Eckbert* (1796/97) kannte und der er seitdem eine Reihe von eigenen Gedichten gewidmet hatte. So wird sich erst im Tode jene „Fremde" – wie jene Differenz zwischen „(S)tille" und Laut – „Rausche(n)" – aufheben lassen, die Eichendorff mit der „Heimat hinter den Blitzen rot" zwar nicht in der aber als Kindheit hatte verlassen müssen, auch wenn er für die ihn Überlebenden dann ebenfalls ein Unbekannter und „Fremder" sein wird: „Und keiner mehr kennt mich auch hier". Das zumindest hat der Ruhm des Dichters in der Geschichte der deutschen Literatur verhindert.

Von hierher ergibt sich schließlich noch ein tieferer Einblick in die Verse. War der Dichter mit der „Waldeinsamkeit" bereits in die Jugend der Romantik zurückgekehrt, so eröffnet insbesondere das Bild von der „Heimat hinter den Blitzen rot", von der die „Wolken" flüchtige Grüße senden, eine weitere Perspektive. Heimatverlust empfindet der Dichter nämlich 1832 im Rückblick auf die Epoche vor dem Ausbruch der Französischen Revolution, in deren allerletztes Jahr seine eigene Geburt fällt. Denn genau diese verlorene „Heimat" der „alten, schönen Zeit" hat der adlige Dichter in seiner autobiographischen Spätschrift *Der Adel und die Revolution* (1856/57) vor dem drohenden – revolutionären – Hintergrund des „Wetters von Westen" als bereits gefährdete Idylle geschildert, wo „einzelne Blitze schon über dem dunklen Waldeskranze prophetisch hin und her zuckten"[10]. Und bereits zuvor – 1836 – hatte der Dichter in seiner Revolutionsnovelle *Das Schloß Dürande* das Ancien Régime – jene „alte, schöne Zeit" – im Zeichen solcher „roter Blitze" seinen Untergang finden lassen[11]. Vor diesem Hintergrund thematisiert auch *In der Fremde* letztendlich die Selbstentfremdung des Menschen durch den Lauf der Geschichte und insbesondere im Zeitalter der Revolutionen; sozusagen als den Verlust einer über Jahrhunderte und Generationen tradierten politischen, sozialen und kulturellen „Heimat", eben als das, was für ihn, den Dichter wie den konservativen Adligen, identisch war mit einem Leben „in der Fremde".

In der Fremde hat – fast zur gleichen Zeit wie Eichendorff – im Jahr 1833 auch Heinrich Heine Verse überschrieben, die unter ganz anderen Bedingungen als diejenigen des Romantikers – und dabei nicht weniger eindringlich – nach der Revolution von 1830 in seinem Pariser Exil entstanden:

In der Fremde

Ich hatte einst ein schönes Vaterland.
Der Eichenbaum
Wuchs dort so hoch, die Veilchen nickten sanft.
Es war ein Traum.

5 Das küßte mich auf deutsch, und sprach auf deutsch
   (Man glaubt es kaum
   Wie gut es klang) das Wort: „ich liebe dich!"
   Es war ein Traum.[12]

Mit dem im ersten Vers akzentuiert gesetzten Zeitadverb und dem dadurch gewählten Präteritum kündet der Dichter sowohl die räumliche und zeitliche wie die innere Distanz zu seinem „schöne(n) Vaterland" an. Sprechende Symbole für das in diesem Sinne verlorene „Vaterland" nennen die beiden mittleren Verse der ersten Strophe: „Veilchen" und „Eichenbaum". Diese ermöglichen dem Leser zunächst die Assoziation einer ganzen Reihe von expliziten wie impliziten (Charakter-) Eigenschaften der beiden Pflanzen. Die vom Dichter genannten – „..." – bzw. vom Leser zusätzlich assoziierten – (...) – Merkmale lassen sich in dem folgenden – kontrastiven – Schema darstellen:

„die Veilchen"	„der Eichenbaum"
– (klein und unscheinbar am Boden)	– „wuchs (...) so hoch"
– „nickten"	– (stand starr)
– „sanft"	– (und kraftvoll)

Heine hat den so beschriebenen Gegensatz noch einmal 1834 in seiner Schrift *Zur Geschichte der Religion und Philosophie in Deutschland* in ähnlicher Weise zur Charakterisierung Luthers verwendet, von dem er dort schreibt:

> Er war manchmal wild wie der Sturm, der die Eiche entwurzelt, und dann war er wieder sanft wie der Zephyr, der mit Veilchen kost.[13]

In der Fremde zielen die angesprochenen Charakteristika angesichts eines Deutschland zwischen den Revolutionen auf Merkmale der selbstbescheidenen und unpolitischen Biedermeierkultur auf der einen, auf das zeitgleich politisch wirkende starrsinnige System der Restauration auf der anderen Seite. Interessanter als das Motiv der „Veilchen", die sich zudem in der Verbindung mit Heines resignativem „Traum" unschwer auch als aus Mörikes bekanntem Frühlings-Vers: „Veilchen träumen schon"[14] entliehen offenbaren, ist das korrespondierende Bild vom „Eichenbaum". Denn über den bereits angedeuteten Bezug zum System der Restauration hinaus ist der „so hoch" gewachsene „Eichenbaum" zugleich ein eher ironisches Zitat jenes eichenumrauschten lyrischen Pathos der Dichter der Befreiungskriege. Insbesondere Körner, von Schenkendorf, Arndt und Rückert hatten – wie ihre kaum zu zählenden zeitgenössischen und nachfolgenden Nachahmer – in ihren Versen den Eichenbaum zum dominierenden Symbol eines militanten Nationalismus gekürt[15].

Das wird deutlich, wenn man sich nur eine kleine exemplarische Auswahl dieser Verse in Erinnerung ruft. So reimt bereits 1812 Ludwig Uhland in seiner *Freie(n) Kunst*:

> Nicht in kalten Marmorsteinen,
> Nicht in Tempeln dumpf und tot:
> In den frischen Eichenhainen
> Webt und rauscht der deutsche Gott.[16]

Zwei Jahre später, auf dem Höhepunkt der innenpolitisch so kläglich gescheiterten Freiheitskriege, die die Fürsten nachträglich per Dekret zu bloßen „Befreiungskriegen" entschärfen, jubelt Max von Schenkendorf noch eine Tonart chauvinistischer in seinem *Frühlingsgruß an das Vaterland*:

> Zum Eichenwald, zum Eichenwald,
> Wo Gott in hohen Wipfeln wallt,
> Möcht' ich wohl täglich wandern.
> Du frommes, kühnes deutsches Wort,
> Du bist der rechte Schild und Hort
> Zur Scheidung von den andern.[17]

Und schließlich, um die schier endlose Reihe möglicher Beispiele damit abzuschließen, hat deren Epigone, der Dichter des „Deutschlandliedes", Heinrich Hoffmann von Fallersleben 1840 über ein angemessenes *Bundeszeichen* nachgedacht:

> Darum sei der Eichenbaum
> Unser Bundeszeichen:
> Daß in Taten und Gedanken
> Wir nicht schwanken oder wanken,
> Niemals mutlos weichen.[18]

Was Heine – über die ironische Anspielung auf solche und ähnliche „Eichen"-Verse in seinem Gedicht hinaus – von solchen „Bundeszeichen" gehalten hat, wird u.a. aus einer Passage im Nachlaß zu seiner *Romantischen Schule* deutlich. Er hat sie etwa zeitgleich mit *In der Fremde* formuliert:

> (...) Aber ist denn Deutschland nur wo deutsche Eichen wachsen? Ist das wahre Vaterland von Eichenholz? Nein, Eichen sind nur große Klötze, woran im Sommer grüne Blätter hängen, so wie auch sogenannte Eicheln, läppisch kleine Früchte, allzu winzig für so großen Baum und genießbar nur für Schweine. Ja, die Eiche war ein bedeutsames Symbol für das alte Deutschland der Vergangenheit.[19]

So nimmt es schließlich nicht wunder, daß Heine das „schöne Vaterland" der „Veilchen" und „Eichenbäume" in der zweiten Strophe seines Gedichts endgültig nicht nur real sondern auch poetisch als „Traum" hinter sich läßt. Es ist die Formulierung einer Ent-Täuschung – „(man glaubt es kaum wie gut es klang)" – und gleichzeitig einer „(Ent)fremd(ung)", die sich in jenem hintersinnigen Miteinander von Judaskuß und Liebesbekenntnis – beidemale „auf deutsch" – zum Ausdruck bringt. Diese Erkenntnis, pointiert im populären Eingangsvers des Gedichts, der uns in der deutschen Lyrik noch begegnen wird, wie in den identischen Schlußversen beider Strophen, macht zugleich die Melancholie dieser Verse abgrundtief.

Nur kurz hingewiesen werden kann in diesem Rahmen auf die ganz ähnliche Problematik in jenen meist strophenreichen Gedichten der Epoche, die das Schicksal der politischen, religiösen oder sozialen „Auswanderer" zum Thema haben. Hermann Püttmann, Gottfried Kinkel, Anastasius Grün, Ferdinand Freiligrath, Wilhelm Waiblinger waren seinerzeit die populärsten Autoren.

Heines resignatives Bekenntnis kehrt 100 Jahre später wortwörtlich in den – damit zugleich betitelten – Versen einer Frau wieder. Es ist in der Epoche eines zweiten – gegenüber der Zeit Heines ungleich gewaltigeren – Heimatverlusts und zugleich eines weitverbreiteten Gefühls der Entfremdung im geschlagenen Deutschland nach dem Ersten Weltkrieg. Damals gehen nicht nur Territorien verloren und machen Menschen zu Vertriebenen und Flüchtlingen oder zu „Fremden" in ihren neuen „Heimat(en)"; es ist auch die Zeit, als sich viele noch im autoritären Geist des Kaiserreichs Erzogene angesichts der demokratischen Staatsform der Weimarer Republik als „Fremde" im eigenen Land fühlen. Diese Spannung zwischen Heimat und Fremde wird damals zu einem ständig wiederkehrenden Thema auch der Lyrik.

Daß 1931 ausgerechnet eine stramm nationalsozialistisch ausgerichtete Dichterin – Johanna Wolff – die fast genau 100 Jahre zuvor entstandenen „geflügelten" Worte des jüdischen Dichters Heinrich Heine, der bei ihr selbstverständlich keinerlei Erwähnung findet, sogar als Titel für ihre Verse verwendet, zeigt zugleich die Dreistigkeit, mit der sich jene dem Nationalsozialismus der sogenannten „Kampfzeit" nahestehenden Barden bereits des deutschen Kulturerbes bedienen:

Ich hatte einst ein schönes Vaterland

Ich hatte einst ein schönes Vaterland,
Da liegt mein Saitenspiel, ich hab's zerschlagen.
Wenn sie mich draußen nach der Heimat fragen,
Ich winke müde, müde mit der Hand
5 Und sage abgewandt:
Ich hatte einst ein schönes Vaterland!

Ich hatte einst ein schönes Vaterland!
Wer wollte noch mit Stolz von Deutschland sprechen –
Der Gram will mir das Herz, die Adern brechen.
10 Ich lehn den grauen Kopf an fremde Wand,
Faß meines Kindes Hand:
Wir hatten einst ein schönes Vaterland!

Und dennoch lieb ich dich, mein deutsches Land!
Wachs auf, mein Kind, für Deutschland sollst du leben,
15 Um die zertretene Heimat aufzuheben.
Deutsch sind wir beide, Sohn!
Frei sei's bekannt ...
Trotz Schmach und Schand:
Wir haben doch ein schönes Vaterland![20]

Fünfmal wiederholt bzw. variiert Johanna Wolff Heines Vers jeweils zu Beginn und am Ende ihrer Strophen. Dazwischen entfaltet sie allerdings Gedanken, die denen ihres – geheimgehaltenen – Vorbildes geradezu diametral entgegenstehen. Hatte Heine aus dem liberalen Exil des französischen Bürgerkönigtums wehmütig auf ein „Vaterland" zurückgeblickt, das durch Reaktion und Restauration seiner Befreiungs- bzw. Freiheits-Kriegs-Ideale beraubt war, so sehnt sich Johanna Wolff unter demselben Leitgedanken geradezu umgekehrt aus einem inzwischen – zumindest vom Anspruch und der Verfassung her – liberal und demokratisch gewordenen Deutschland zurück in ein „Vaterland", das die Züge trug, vor denen Heine 100 Jahre zuvor „in die Fremde" hatte fliehen müssen.

In der ersten Strophe hat eine sich als moderne Sappho gerierende Dichterin nicht nur ihr „Saitenspiel (...) zerschlagen", sondern fühlt sich in ihrer „Heimat" sozusagen „draußen", wenn sie in einer – mehr vom Reimzwang als von Betroffenheit geprägten – Geste „mit der Hand" und zugleich vom ‚Frager' – ohne Angabe von Gründen – „abgewandt" scheinbar tiefsinnig – in Wirklichkeit aber lediglich als Plagiat – Heines Vers zitiert.

Die zweite Strophe nennt zumindest andeutungsweise den Grund für die manirierten Gebärden der ersten. Das dort angesprochene „draußen" kehrt hier als „fremde" wieder und ist damit als eine Art innerer Entfremdung akzentuiert, die aus der Tatsache resultiert, daß die Identität zwischen dem „schönen Vaterland" und einem „Deutschland", von dem „mit Stolz (zu) sprechen" wäre, nicht mehr gilt. Dabei sind es auch hier wieder Reim- und Vers-Zwang, die der Dichterin nicht nur das „Herz", sondern gleich auch noch „die Adern brechen" lassen wollen und darüber hinaus die verwirrten Gefühle derselben erst an einer „fremden Wand" (!) zur Besinnung auf die geliehenen Verse finden lassen. Wenn dabei zugleich noch „meines Kindes Hand" eine Rolle spielt, klingt auch noch jene zeitgenössische Hysterie der Rechten gegen die Annahme des Young-Plans für die Regelung restlicher Reparationsfragen aus dem Ersten Weltkrieg an, die – gerade zwei Jahre vor der Veröffentlichung dieses Gedichts – unter Berufung auf „die Zukunft Deines Kindes" eine üble Kampagne gegen dessen Befürworter in den demokratischen Parteien geführt hatte.[21] Diesen Kreisen wie ihren Poeten konnte die Republik weder „Vaterland" bleiben noch zur „Heimat" werden.

Hoffnung verspricht da nur noch ein Blick in die Zukunft, den die dritte Strophe eröffnet. Sie bietet – zunächst unter Verzicht auf das Heine-Zitat – „deutsch" und „Deutschland" gleich in drei grammatischen Varianten auf, um sie als Zukunftsvision der gegenwärtig „zertretene(n) Heimat" entgegenzusetzen und gegen „Schmach und Schand" ins Feld zu führen, mit denen sie den von der Rechten immer wieder inkriminierten „Schmach-" und vor allem „Schand-Frieden von Versailles" in Erinnerung ruft. Das „Und dennoch" eröffnet ohnehin eine Reaktion des Trotzes zu Beginn der dritten Strophe, die sich im letzten Vers des Gedichts mit und in der Variante des Heineschen Verses wiederholt und bestätigt. Sie setzt seit dem zweiten Teil der zweiten Strophe auf das „wir" der Eltern und „Kind(er)" und von Mutter und „Sohn" einer Generationen übergreifenden ‚Volksgemeinschaft', wie sie die Nazipropaganda immer wieder beschworen hat. Aber auch dabei mißlingen der Autorin die poetischen Bilder. Nicht nur, daß sich angesichts solcher Hoffnungen die „Zerschlagung" des „Saitenspiels" in der ersten Strophe als etwas voreilig erweist; auch daß das „Kind" aufwachsen soll, „um die zertretene Heimat aufzuheben", evoziert Vorstellungen, die nicht so recht mit dem Pathos dieser „Vaterlands"-Verse zusammenpassen wollen.

So erweisen sich Johanna Wolffs Verse als nichts anderes, als die gereimte Variante jenes „Deutschland erwache!", das zu gleicher Zeit die braunen Schlägertrupps in den Straßen brüllten. Dabei liegt der eigentliche Skandal darin, daß letztere die Juden ihres „Vaterlands" und ihrer „Heimat" verlustig erklärten, während ihre Poeten – mangels eigener dichterischer Kraft – die „Vaterlands-" und „Heimat-" Verse jüdischer Dichter schamlos plagiierten, um sich überhaupt einigermaßen poetisch artikulieren zu können.

Was aus diesem „schönen Vaterland" nur 10 Jahre später geworden war, machen Verse eines der führenden Dichter des Nationalsozialismus – eher unfreiwillig – deutlich. Gerhard Schumann bedient sich dabei des Genres des Sonetts, von dem der stalinistische Dichter Johannes R. Becher unmittelbar nach dem Krieg nicht ganz zu Unrecht – im Rahmen eines *Sonetts* – vermutet hat, daß „Wenn einer Dichtung droht Zusammenbruch,/ und sich die Bilder nicht mehr ordnen lassen (...), alsdann erscheint in seiner schweren Strenge,/ und wie das Sinnbild einer Ordnungsmacht/ als Rettung vor dem Chaos – das Sonett".[22] Schumanns Sonett von 1941 wird mit einem weiteren konfrontiert, das im Jahre 1955 noch einmal die gleiche Situation des Heimatverlusts zur Sprache bringt, nur daß sich die Vorzeichen inzwischen genau umgekehrt haben. Zunächst das Sonett von Schumann:

Die Heimatlosen

Ein Unheilszug, gepeitscht von tausend Peinen,
Vorbei an schaurig aufgedunsenen Pferden,
Schwankt heimatlos heran, mit irr verzerrten
Gesichtern. – Da denkt mancher an die Seinen ...
5 Hungrige Hunde irrn auf toten Fährten
Durch schwelende Trümmer, zwischen Schutt und Steinen,
Unschuldige Kinder schaun mit leisem Weinen
Nach Müttern aus, die nie mehr kommen werden.

Junge Gesichter werden alt und hart
10 Und unterm Helmrand seltsam grau und gleich.
Sie sehn die Greisin, der die weißen Strähnen

Ums Totenantlitz flattern, wie sie starrt,
Da sie sich hinschleppt durch ein sterbend Reich ...
Was würgt die Männer? Kennen sie noch Tränen?[23]

Da mag zunächt einmal verwundern, daß Schumann unter ansonsten martialischen *Lieder(n) vom Krieg* auch den Geschlagenen ein Sonett gewidmet hat, um damit – wie es ein zeitgenössischer Rezensent seiner Lyrik lobend erwähnt – ein „in unmittelbaren und z.T. auch in kunstvolleren Formen gestaltetes Bild des Kriegserlebnisses der Frontkämpfer von 1940"[24] zu entfalten. Gedacht ist es allerdings als Kontrastfolie für die in den übrigen *Lieder(n) vom Krieg* immer wieder beschworenen Gesten und Bilder heroischen Kämpfens, Siegens und Sterbens deutscher Soldaten. So entfaltet es das Grauen einer in Chaos mündenden „Heimatlos(igkeit)" (1. Str.), der Zerstörung von Heimat und menschlichen Bindungen (2. Str.) und der Sinnlosigkeit des morbiden Weitervegetierens von Individuen und „sterbend(en) Reich(en)" (4. Str.), um darüber, wie das Sonett ganz unumwunden formuliert, bei den eigenen Kriegsteilnehmern „Härte" (3. Str.) zu erzeugen.

„Die Heimatlosen" sind Menschen, die der 1939 von den Deutschen brutal und total entfesselte Krieg in Mitleidenschaft gezogen hat und unter der Zielsetzung der „Gewinnung von Lebensraum im Osten" zu „Heimatlosen" und Fremden in der eigenen Heimat hat werden lassen. Nicht nur „irr verzerrte Gesichter", sondern auch das „hungrige(n) Hunde(n)" verglichene „(I)rrn auf toten Fährten" durch die verlorene Heimat sollen das illustrieren. Die kalte Beschreibung dieses in allen Strophen geschilderten Kriegs-Chaos erinnert allzu deutlich an jene mit unbarmherzig „soldatischem" Kommentar unterlegten Wochenschauen und Propaganda-Filme der Nazis während des Krieges. Selbst die – in diese Bilder des Grauens integrierte – sich andeutende Geste der Anteilnahme: „Da denkt mancher an die Seinen ...", kurz bevor die Verse in der zweiten Strophe angesichts des geschilderten Grauens teilweise aus dem Rhythmus geraten, hebt die letztlich unbeteiligte Distanz des Dichters gegenüber den beschriebenen Vorgängen in Wirklichkeit nicht auf. Bestätigt sie doch vielmehr den Abstand der nur „an die Seinen" denkenden Sieger gegenüber den sich selbst und ihrem Elend überlassenen Besiegten, was im übrigen die von der Nazi-Propaganda immer wieder eingepeitschte These vom „Herrenvolk" auf der einen, von „minderwertigen Rassen" wie den Slaven oder gar den Juden und Zigeunern auf der anderen Seite, nur unterstreicht.

Diese Tendenz zu polarisierender Darstellung verstärkt sich mit den Terzetten noch erheblich. Wird hier doch den Bildern „greis(enhafter)" Auflösung von Individuen und „sterbend(en) Reich(en)" dasjenige einer starken Gemeinschaft „Gleicher" entgegengestellt, deren „Gesichter" dem Feld-„Grau" ihrer Uniformen entsprechen. Dort sind alle Unterschiede zwischen „jung" und „alt" aufgehoben, zumal die „Härte" sie vor allem Untergang zu bewahren und schließlich mit dem Krupp-Stahl ihres „Helmrand(es)" zu verschmelzen scheint: der deutsche Soldat, eine lebende Kampfmaschine, die alle Anwandlungen möglicher Schwäche oder Mitmenschlichkeit gegenüber dem geschlagenen „Feind" zu zwei rhetorischen Fragen erstarren läßt.

Diesem Prinzip generationslos mechanisierter „Härte" des ‚Herrenvolks' steht das der hilflos in Generationen isolierten Weiblichkeit gegenüber: „Unschuldige *Kinder* schaun mit *leisem Weinen*/ Nach *Müttern* aus, die nie mehr kommen werden./ (...) sie sehn die *Greisin* (...), (die) sich hinschleppt (...)" – eine Folie, die sich ebenso problemlos über jene immer wieder propagierte von den zur Fronarbeit für die Deutschen geborenen „S(k)laven", denen so etwas wie „Heimat" gar nicht zustehe, projizieren läßt.

Noch eine andere ideologische Komponente verbirgt sich in diesen Versen: Krieg ist von den Aggressoren nicht schuldhaft entfacht; er wird zum Schicksal stilisiert, wie es schon der erste Vers des Sonetts in einem apokalyptischen Bild suggerieren möchte. Dadurch sehen sich die das ganze „Unheil" verursachenden Soldaten des Angreifers fast zu bloßen Zuschauern verharmlost, die lediglich passiv etwas „sehn", die etwas „würgt" oder die – beschränkt egoistisch – über das Schicksal der Ihren „(nach)denken". So dient dieses auf den ersten Blick so untypische Kriegs-Sonett eines führenden Nazi-Dichters über die vom Krieg entwurzelten „Heimatlosen" in Wirklichkeit martialisch männlicher Selbstbestätigung und dem Versuch, die Täter zu entlasten, die Frage nach Ursache und Schuld hinter einem vagen „Unheil"-Begriff, der die Verse einleitet, verschwinden zu lassen und so etwas wie „Heimat" allein den „Seinen" zuzubilligen.

Daß es so dann doch nicht gekommen ist, zeigt sich, als nach 1945 diejenigen in den Rest ihrer „Heimat" als „Heimkehrer" zurückkehren, die – nur wenige Jahre zuvor – ausgezogen waren, um die jetzigen Sieger zu „Heimatlosen" zu machen. Die Bilder in Friedrich Peter Kreuzigs Sonett von 1955 gleichen denen in Gerhard Schumanns aus dem Jahr 1941 auf verblüffende Weise:

Die Heimkehrer

Da sind die Zeugen, auf den Mann zu zeigen,
der sie „geführt" in langen Untergang,
aus Fetzen bettelnd! Mürbe Nacken neigen
sich in ein Schicksal ohne Sang und Klang.

5 Ein Brueghel müßte ihren Höllenreigen
in seiner Farben derbem Überschwang
zu Bildern schaffen! Oder decke Schweigen
die „Grande armée", die sich bloß Schmach errang.

Es maß sich an dem Kleinen Korporal
10 des Größenwahns blutrasender Gefreiter –
nun plagiieren grausig die Ballade

sie, seine Grenadiere, leichenfahl
von Seuchen, Hunger, Irrsinn und so weiter:
Heimkehrer! Welch ein Hohnwort ohne Gnade![25]

Die, die sich 1941 als ‚Herrenmenschen' noch so „hart" gebärdet hatten, sind 1945 selber besiegt und erinnern 1955 bei der Rückkehr aus der Gefangenschaft „leichenfahl/ von Seuchen, Hunger, Irrsinn und so weiter" an jene, die sie wenige Jahre zuvor noch „durch ein sterbend Reich (...) gepeitscht" hatten. „Ein Schicksal ohne Sang und Klang" ist aus alledem geworden – „Sang und Klang", unter welchem die deutschen Soldaten 1939 in den Krieg gezogen waren, so daß Heinrich Anacker, neben Schumann einer der bekanntesten Nazi-Barden, in Versen „aus dem Herbst 1939" verkünden konnte: „eine klingende Brücke ist weit übers Land/ Von der kämpfenden Front bis zur Heimat gespannt"[26]. Aber aus dem von Hitler zunächst prophezeiten, dann beschrieenen, schließlich nur noch beschworenen „Endsieg" ist inzwischen die totale Katastrophe geworden. Verständlich, daß bei Kreuzig die überlebenden „Zeugen" nur noch anklagend mit dem Finger „auf den Mann (...) zeigen", dem sich ihre Arme und Hände – auch in seiner und Kreuzigs Heimat Österreich – so lange begeistert zum „Deutschen Gruß" entgegengereckt hatten. „Aus Fetzen bettelnd! Mürbe Nacken neigen(d)", kehren sie aus dem verlorenen Krieg zurück, in den sie 1939 noch als „hart(e) (...) Männer" – mit dem Dichter Schumann

– gezogen waren und woraus seit Stalingrad ein schwerer Weg „in langen Untergang" geworden war.

Für diesen „Untergang" liefert im zweiten Quartett ein auf „Brueghel" und „seiner Farben derben Überschwang" projiziertes „Bild" vom „Höllenreigen" die zutreffende Anschauung und den metaphysischen Bezug. Ironie bestimmt dann den Rest der Strophe: die Rede von „d(er) ‚Grande armée', die sich bloß Schmach errang". „Deckte" ihre ähnlich „größenwahn(sinnig)" in den Osten aufgebrochene Vorgängerin von 1812 noch das „Schweigen" des russischen Winters, dem bereits Napoleons Soldaten zu Tausenden erlagen, so kann das für deren Nachfolgerin, „die sich bloß Schmach errang", nur noch als ein – irrealer – Wunsch artikuliert werden. Denn sie ist im Gegensatz zu Napoleons „Grande armée" und als deren schlechte Kopie in den Geschichtsbüchern auch nicht der Spur einer verstehenden oder gar rechtfertigenden Darstellung wert, deren sich ihre Vorgängerin in zahlreichen Erzählungen und Anekdoten – bis heute – immer noch erfreut.

Verschärft wird die ironische Distanzierung noch in den Terzetten. Das Schicksal der Hitler-Armeen ist nicht nur ein Zerrbild der historischen „Grande armée" Napoleons, sondern auch noch ein Zerrbild des Zerrbildes dieser Armee. Als ein solches geistert sie durch die Fieberträume eines der beiden *Grenadiere* in Heines bekannter früher „Ballade"[27]. Wenn die „Heimkehrer" bei Kreuzig „nun (...) grausig die Ballade (plagiieren)", die von den „Heimkehrern" aus jenem ersten Feldzug gegen Rußland erzählt, enthüllen sich rasch weitere Bezüge zwischen beiden Texten innerhalb eines ironischen Verweisungszusammenhangs. Da wird bei Kreuzig zunächst einmal des „*Größen*wahns (...) *Gefreiter*" Hitler dem „*Kleinen Korporal*" Napoleon gegenübergestellt, wobei sich beim Leser zusätzlich noch die „Größen"-Zuordnungen vertauschen und dem „kleinen Gefreiten" des Ersten Weltkriegs der „große Korporal" welthistorischer Schlachten gegenübersteht. Während in Heines „Ballade" die Sehnsucht des einen „Heimkehrers" nach seinem Kaiser trotz der gemeinsamen Niederlage bis in den Tod, ja noch darüber hinaus reicht: ‚Dann steig ich gewaffnet aus dem Grab – / Den Kaiser, den Kaiser zu schützen", „zeigen" bei Kreuzig „die Heimkehrer" schließlich mit dem Finger auf ihren ‚Führer', der sich als „blutrasender Gefreiter" mit seinen Armeen „bloß Schmach errang".

Die modernen „Grenadiere" parodieren und „plagiieren" als „Heimkehrer" aber auch noch weiter „grausig die Ballade". Wo es bei Heine von den Geschlagenen heißt: „Sie ließen die Köpfe hängen", läßt Kreuzig seine „Heimkehrer" „mürbe Nacken neigen"; wo bei Heine von der tödlichen „Wunde" und den Fieberträumen des einen Grenadiers berichtet wird, sind Kreuzigs „Heimkehrer" allesamt „leichenfahl von Seuchen, Hunger, Irrsinn und so weiter". Aber während „die Heimkehrer" aus dem Zweiten Weltkrieg abschließend mit einem „Hohnwort ohne Gnade" konfrontiert und bezeichnet werden, ergibt sich für die von 1813 die unangefochten ehrenvolle Rückkehr in den bürgerlichen Alltag mit „Weib und Kind zu Haus" oder sogar die Apotheose des in diesem Krieg tödlich Verwundeten durch das „Ehrenkreuz", das alle „Schmach" der Niederlage bis zu seinem gloriosen Auferstehungstag zu bannen vermag. Damit öffnet sich für Heines „Grenadiere" eine Perspektive, die den „aus Fetzen bettelnd(en) (...) Heimkehrern" der Armeen Hitlers, so sehr sie sich bemühen, Heines „Ballade (...) grausig (zu) plagiieren", ganz und gar versagt bleiben muß. Statt des „Ehrenkreuzes" der „Grande Armée" haben sie tatsächlich nichts als „bloß Schmach err(ungen)" – an den Zweiten Weltkrieg erinnert kein Orden, kein Arc de Triomphe und kein „Heldengedenktag".

Neben den besiegten Siegern von 1939 – 1941 kamen nach dem Krieg vereinzelt auch die von diesen Verfolgten und Verjagten in ihr Vaterland bzw. in ihre alte Heimat zurück, um diese dort am Ende doch nicht wiederzufinden. Diese Form von Entfremdung spiegeln die Gedichte einer Jüdin und eines Juden, die – zumindest vorübergehend – aus ihrem Exil nach Deutschland zurückkehrten. Dabei hat zunächst die 1907 geborene, 1938 endgültig aus Deutschland geflohene Mascha Kaléko 1968 in ihrem *Himmelgraue(n) Poesie-Album* den von Johanna Wolff mißbrauchten Heine-Vers auf ganz andere Weise noch einmal zum Ausgangspunkt elegischer Verse gemacht:

Im Exil

Ich hatte einst ein schönes Vaterland –
so sang schon der Flüchtling Heine.
Das seine stand am Rheine,
das meine auf märkischem Sand.

5   Wir alle hatten einst ein (siehe oben!).
Das fraß die Pest, das ist im Sturz zerstoben.
O Röslein auf der Heide,
dich brach die Kraftdurchfreude.

Die Nachtigallen wurden stumm,
10 sahn sich nach sicherm Wohnsitz um,
und nur die Geier schreien
hoch über Gräberreihen.

Das wird nie wieder, wie es war,
wenn es auch anders wird.
15 Auch, wenn das liebe Glöcklein tönt,
auch wenn kein Schwert mehr klirrt.

Mir ist zuweilen so, als ob
das Herz in mir zerbrach.
Ich habe manchmal Heimweh.
20   Ich weiß nur nicht, wonach.[28]

Die Dichterin nennt – anders als die Wolff – mit ihrem ersten Vers auch dessen Dichter, dem sie sich, bedingt durch das gemeinsame Schicksal des Exils, verbunden fühlt. Aber bereits zu Beginn der zweiten Strophe unterbricht sie das Zitat als nicht mehr angemessen in einer ironischen Pointe. Diese erinnert mit dem sein poetisches Vorbild zugleich nennenden wie nachahmenden – rührenden – „Rheine ... Heine"-Reim selbst wieder an den Schicksalsgenossen, genauso, wie sie ihr „(siehe oben!)" als Reminiszenz an Christian Morgensterns berühmtes *Trichter*-„u.s.w."[29] verstanden wissen will, das ja auch schon Friedrich Peter Kreuzig inspiriert hatte. Auf jeden Fall wird der Heine-Vers damit jener falschen Aura entkleidet, mit der ihn ein „Vaterlands"-Pathos – vom Zweiten Kaiserreich bis zum Dritten Reich der Nazis – immer wieder umgeben hatte.

Trotzdem bleibt Mascha Kalékos Gedicht Heines *In der Fremde* sehr viel näher verwandt als die Verse der Wolff, die ihn so ausgiebig bemühen. Denn ganz ähnlich wie Heine ist auch Mascha Kaléko das verlorene „schöne Vaterland" weniger im Sinne eines beschreibbaren Territoriums als vielmehr in Gestalt der Teilhabe an seiner Kultur und vor allem Literatur in Erinnerung.

Bereits in der ersten Strophe sind – neben dem Heine-Zitat – auch die Chiffren „Rhein" und „märkischer Sand" als überdies ironisch definierte – und auf „Sand" gebaute – „Vaterländer" mit poetischen Assoziationen verknüpft. „Rhein"-Romantik – einschließlich Heine – auf der einen, Ludwig Büchsenschütz' – von Paul Lincke für das Klavier bearbeitete – *Märkische Heide* und natürlich auch Fontanes *Wanderungen durch die Mark Brandenburg* auf der anderen Seite lassen sich unschwer assoziieren.

In der zweiten Strophe, in der diese beiden verlorenen „Vaterländer", durch die braune „Pest" und den „Sturz" des Dritten Reiches „gefressen" und „zerstoben", in ihrem gegenwärtigen Zustand gezeichnet werden, ist es das bekannte – von Goethe bearbeitete – Volkslied vom *Heideröslein*, das in den „Auf der Heide blüht ein Blümelein"-Marschgesängen der Nazis und dem dabei gegrölten Refrain: „Im Wald und auf der Heide verlor ich Kraft-durch-Freude" – in Kdf-Manier – verunstaltet wird.

In der dritten Strophe klingt solcherart Gesang im Geschrei von „Geiern" nach, um einerseits auf dessen Folgen in Gestalt von „Gräberreihen" zu verweisen. Auf der anderen Seite deutet die „verstummte Nachtigall" auf die Zerstörung einer weiteren poetischen Tradition, die seit Friedrich von Spee über Grimmelshausen, Brockes, Herder,

Goethe, Eichendorff, Storm bis hin zu Ricarda Huch – um nur die wichtigsten zu nennen – in unzähligen Versen zum Ausdruck gebracht wurde und die vor allem als immer wieder „mit Schalle" beschworener Vogel im Volkslied über die Jahrhunderte lebendig geblieben war.[30]
Nach den auf diese Weise in den ersten drei Strophen angedeuteten Beispielen des Kulturverlusts in und für Deutschland, der mit dem „Vaterlands"-Verlust der Exilierten einherging, zieht die vierte Strophe eine erste Bilanz: „Das wird nie wieder, wie es war, *wenn* es auch anders wird" – eine Position, die der Eichendorffs genau entgegensteht. Für diesen wurde die „Heimat", eben *weil* sie durch den Tod von „Vater und Mutter" anders wurde, ‚nie wieder wie (sie) war'. Das Bild des „lieben Glöckleins", das – wie einst das „Betgeläut" in Mörikes *Hirtenknaben* – „tönt" und in Eichendorffs Gedicht *Die Nachtigallen* gar mit deren Gesang zusammenklingt, wie das Bild des „klirr(enden) Schwert(es)", die beide zusammen an das friedliche Nebeneinander von Biedermeier-Kultur und -Literatur und patriotischer Poesie erinnern, sind genauso in ein „nie wieder" gebannt, wie beide in Gestalt von „Veilchen" und „Eichenbaum" in Heines Versen als endgültig verloren beklagt worden waren.
Die letzte Strophe treibt die paradoxe Situation „im Exil" endgültig auf die Spitze. Auch sie entfaltet wiederum literarische Bezüge. Diesmal ist es das Bild vom zerbrochenen oder zerbrechenden „Herzen", das ebenso wie die gewählte „als ob"-Vergleichsform und die Chiffre „Heimweh" an die Poesie des Freiherrn von Eichendorff und insbesondere dessen Romanze vom *Zerbrochenen Ringlein* erinnert. Die deren letzte Strophe beherrschende ausweglose Paradoxie und Heimweh-Melancholie:

> Hör' ich das Mühlrad gehen,
> Ich weiß nicht, was ich will –
> Ich möcht' am liebsten sterben,
> Da wär's auf einmal still![31]

prägt – fast im Stile einer Kontrafaktur – auch Mascha Kalékos letzte Strophe. Auch sie ist somit eine sensible Beschwörung poetischer Traditionen von „Heimweh" und „Fremde", um bei aller Entfremdung „im Exil" und im Wissen darum, daß nichts so sein wird, „wie es war", einen Rest humaner Identität zu bewahren.

Während Mascha Kaléko *Im Exil* dem „Vaterland", aus dem sie vertrieben wurde, als endgültig verlorenem nachsinnt, scheint im Gedicht eines anderen 1933 aus der „Heimat" geflohenen jüdischen Dichters die „Versöhnung" des bzw. der Exilierten mit der „Vergangenheit" zu gelingen. Anlaß für seine Verse ist die von ihm miterlebte Begegnung mit der ehemaligen Heimat anläßlich einer Einladung seiner alten Vaterstadt an die in den 30er und 40er Jahren geflüchteten oder verjagten Juden. 1976 veröffentlicht der ehemalige Berliner Theater-, Film- und Literaturkritiker Hans Sahl in seinem Lyrik-Band *Wir sind die Letzten* das wohl in den frühen 70er Jahren entstandene Gedicht:

Charterflug in die Vergangenheit

Als sie zurückkamen aus dem Exil,
drückte man ihnen eine Rose in die
Hand.
Die Motoren schweigen.
5 Versöhnung fand statt
auf dem Flugplatz in Tegel.
Die Nachgeborenen begrüßten die
Überlebenden.
Schuldlose entschuldigten sich für
10 die Schuld ihrer Väter.

Als die Rose verwelkt war, flogen sie
zurück in das Exil ihrer
zweiten, dritten oder vierten Heimat.
Man sprach wieder Englisch.
15 Getränke verwandelten sich wieder
in drinks.
Als sie sich der Küste von
Long Island näherten,
sahen sie die Schwäne auf der Havel
20 an sich vorbeiziehen,
und sie weinten.[32]

Bereits die erste Strophe deutet die – zweifellos mit viel guter Absicht inszenierte – „Versöhnung" als problematisch an, indem sie – wie viele beliebige andere Ereignisse – schlicht „stattfand". Es ist eine „Versöhnung", die vom Dichter pointiert auf einen zugleich geschichtslosen wie unwirtlichen Ort verlegt und reduziert wird: auf die erste Begrüßung „auf dem Flugplatz in Tegel". Darüber hinaus beschränkt sich diese „Versöhnung" auf wenige offizielle Tage, für die die als Begrüßungs- und Versöhnungszeichen „in die Hand (gedrückte) Rose" steht, die beim Abflug – in der zweiten Strophe – bezeichnenderweise bereits „verwelkt war". Schließlich fällt noch die Anonymität der sich „Versöhnenden" ins Auge: „sie", „die Überlebenden", begegnen dem „man" der „Nachgeborenen", die zudem als „Schuldlose" in keinem direkten „Schuld"-Bezug zu den Opfern stehen.

Es handelt sich damit ganz offensichtlich um „Nachgeborene", die der – angesichts „finsterer Zeiten" – von Bertolt Brecht 1938 in einem seiner großen „Svedenborger Gedichte" *An die Nachgeborenen*[33] gestellten Zukunftsaufgabe, „Freundlichkeit" unter den Menschen herzustellen und als „Mensch dem Menschen ein Helfer" zu sein, nur unzureichend gerecht werden. Denn gerade weil sich die Väter und Mütter dieser „Nachgeborenen" bekanntlich nicht zu ihrer „Schuld" bekannt,

‚Trauerarbeit' verweigert haben, wirkt die „Entschuldigung" der „Schuldlosen" so seltsam leer, bleibt sie eine unverbindliche Geste. Sie spiegelt sich in der letztlich nicht zu überwindenden Distanz, die in der Phrasen- und Formelhaftigkeit der Begegnung und „Begrüßung" ihren Ausdruck findet. Das „Schweigen" der „Motoren" wird – außer von „Begrüßungs-" und „Entschuldigungs"-Formeln von keinem echten Gespräch abgelöst, schon weil die „Nachgeborenen" nicht nur die Schuld sondern insbesondere auch das „Schweigen" ihrer Mütter und Väter niemals wieder in Sprache umwandeln können. Der „Charterflug in die Vergangenheit" holt diese – zumindest in der ersten Strophe – nicht ein.

Das findet zunächst seine Bestätigung in der zweiten Strophe. Sie ist mit der ersten durch das gewandelte Bild von der Rose verknüpft, hat ihren Schwerpunkt allerdings in der Problematisierung des „Heimat"-Begriffs. Dieser verdeutlicht das prinzipielle Mißlingen einer „Versöhnung" wie eines „Zurückkommens". Das „Exil ihrer zweiten, dritten oder vierten Heimat", das sowohl auf die durch den Kriegsverlauf bedingten fortgesetzten Fluchten der Exilierten wie auf Brechts Erinnerung für bzw. *An die Nachgeborenen*: „Gingen wir doch, öfter als die Schuhe die Länder wechselnd", anspielt, steht in krassem Gegensatz zu der auf den „Flugplatz Tegel" reduzierten ersten „Heimat", in die „sie zurückkamen". „Heimat" – dessen haben uns die Dichter bereits belehrt – ist eben nicht so ohne weiteres der Ort der Geburt.

Nach dem – nur von Gesten und Formeln unterbrochenen – „Schweigen" der ersten Strophe setzt bezeichnenderweise „Sprache" erst wieder außerhalb der ersten „Heimat" und gerade nicht in der „Heimat"-Sprache wieder ein. Darüber hinaus wird die Paradoxie dieser „Heimat"-Beziehungen noch durch die eines permanenten „Zurückkommens" (1.V.) bzw. „Zurückfliegens" (11./12. V.) unterstrichen, was für die „aus dem Exil" (1. V.) „in das Exil" (12. V.) „zurück"-kehrenden (1. V. u. 12. V.) – trotz ihrer vier Heimaten – eine unaufhebbar permanente Existenz „in der Fremde" bedeutet, wovon Dichter wie Eichendorff und Heine bereits so ergreifend geschrieben hatten.

Solche Entfremdung als dauernde Heimatlosigkeit gipfelt im Schlußbild des Gedichts, dem insgesamt die vermittelnden und versöhnenden Reime gänzlich fehlen; vielleicht eingedenk *Schlechte(r) Zeit(en) für Lyrik*[34], angesichts derer – laut Brecht – „in meinem Lied ein Reim/ käme mir fast vor wie Übermut". Am Ende von Sahls Versen verschmelzen vor dem (inneren) Auge der zwischen ihren „Heimat(en)" Schwebenden die realen „Küste(n)" ihrer „zweiten, dritten oder vierten Heimat" mit der Erinnerung an die Ufer der ersten, verlorenen, von denen aus sie in der „Vergangenheit" „die Schwäne auf der Havel" gesehen hatten.

Somit bleibt der „Charterflug in die Vergangenheit" ein solcher ohne Zukunftsperspektive und läßt mit dem Bild der „Havel" zugleich das der Vögel der Melancholie – der „Schwäne" – „an sich vorbeiziehen".

Das wiederum entläßt einen letzten – elften und überzähligen – damit aber um so beziehungsreicheren Vers der zweiten Strophe. Er beschwört nach dem Scheitern der Sprache der „Versöhnung" eine abschließende – sprachlose – Geste. In ihrer stillen Verzweiflung erinnert sie an die des „Galeriebesuchers" im letzten Satz von Franz Kafkas berühmter Erzählung *Auf der Galerie*.

Vielleicht sind ja auch die stummen „Lichterketten" der Jahreswende 1992/1993 die einzige angemessene Form und Geste gewesen, so etwas wie Heimat und Fremde miteinander zu „versöhnen".

Didaktische und methodische Anregungen

Ausgehend von der Interpretation eines einzelnen Gedichts, bietet sich mehrfach Gelegenheit, übergreifende Themen und Problemstellungen für die Gesamtreihe zu artikulieren. Zu nennen sind hier:

- die spezifische Füllung der Form des Sonetts bzw. ihre Durchbrechung im Rahmen der Gestaltung der zentralen Thematik (Platen, Schumann, Kreuzig);
- die unterschiedliche Füllung gleicher und zeitgleicher (Eichendorff, Heine) oder korrespondierender Titel (Schumann, Kreuzig);
- die Übernahme eines Bildes oder eines „geflügelten Wortes" aus einem in einen anderen Text (Heine, Wolff, Kreuzig, Kaléko, Sahl);
- die Poetisierung einer unpoetischen Abkürzung (Kreuzig, Kaléko);
- das Thema „Exil" bei zwei vom gleichen Schicksal betroffenen Dichtern (Kaléko, Sahl);
- die alle Texte betreffende zeit- wie ideologiebedingte Eigenart der zentralen Chiffren und Begriffe, wie „Heimat", „Vaterland", „Fremde" usw.

Gerade im Bezug auf die zuletzt genannte Thematik ließen sich die hier vorgestellten Texte durch eine kaum zu überblickende Anzahl weiterer ergänzen.[35]

Eine andere reihenbezogene Möglichkeit böte der Vergleich lyrischer Aussagen zum Thema mit epochengleichen biographischen, politischen oder historischen Prosatexten. Zu denken ist hier an zahlreiche Publikationen von Betroffenen im Zusammenhang mit den Demokratenverfolgungen im Zeitalter der Restauration und insbesondere auch der Verfolgungen und Vertreibungen von Menschen im Zeitalter des Faschismus und der Weltkriege. Bezeichnenderweise äußern sich im Rahmen unserer Auswahl dreimal jüdische Schriftsteller zum Thema (Heine, Kaléko, Sahl).

Vielfach bieten die hier vorgestellten Analysen und Interpretationen Hinweise auf ein mögliches Vorgehen im Unterricht, etwa im Hinblick auf Markierungen im Text, auf Folien- oder Tafelbilder. Die konkrete methodische Umsetzung der Interpretationsvorschläge im Unterricht ist allerdings ohne genaue Kenntnis der Lerngruppe und ihres Lernstandes kaum sinnvoll.

Ein mögliches – erprobtes[36] – Modell für eine Unterrichtsstunde (unter Absehung von ihren spezifischen situativen und schülergruppenspezifischen Bedingungen) sei am Beispiel des letzten Gedichts skizziert. Es eignet sich innerhalb der Reihe für die abschließende Besprechung, da es neben der aktuellen Thematik auch strukturell der zusammenfassenden Erprobung gattungsbedingter textanalytischer Verfahren entgegenkommt. Darüber hinaus verschließt es sich durch die Ambivalenz seiner Aussagen einer allzu vordergründigen Erschließung.

Methodisch bietet das Gedicht von Hans Sahl den Vorteil, daß die beiden Strophen jeweils einen relativ abgeschlossenen Komplex der zentralen Thematik von „Heimat" und „Fremde" realisieren. Von daher liegt es nahe, die Textanalyse mit Hilfe des verzögerten Lesens über die Präsentation zunächst nur der ersten Strophe anzugehen. Dabei entwickeln die Schüler im Sinne eines hermeneutisch konzipierten Verstehensprozesses eine Art Vor-Urteil für die nachfolgende differenzierte Analyse und Interpretation des Gesamttextes, was es im zweiten Teil der Stunde zu präzisieren bzw. zu korrigieren gilt.

Nach der Lektüre der ersten Strophe erhalten die Schüler Gelegenheit, sich spontan zu äußern. Dabei nimmt der Lehrer Aussagen zur Struktur und zum Inhalt der Strophe zum Ausgangspunkt, um die Aufmerksamkeit der Schüler auf die grundlegende Oppositionsstruktur dieser Strophe zu lenken. Etwaige Aussagen zur Wirkung des Textes werden – mit Rücksicht auf die noch vorenthaltene zweite Strophe – auf das Ende der Stunde verschoben (Protokoll, Sicherung an der Tafel). Die Oppositionen innerhalb der ersten Strophe könnten von den Schülern im Text farbig markiert werden. Im Rahmen einer ersten – vorläufigen – Interpretation der so ermittelten Ergebnisse der Analyse wären diesen Begriffe wie z.B. „geschichtsloser Ort", „Anonymität", „Betroffenheit", „Distanz", „Formelhaftigkeit" usw. zuzuordnen. Veranschaulicht werden könnte der diesbezügliche Erkenntnisfortschritt durch ein fortgeschriebenes oder abschließendes ergebnissicherndes Tafelbild für diese Unterrichtsphase:

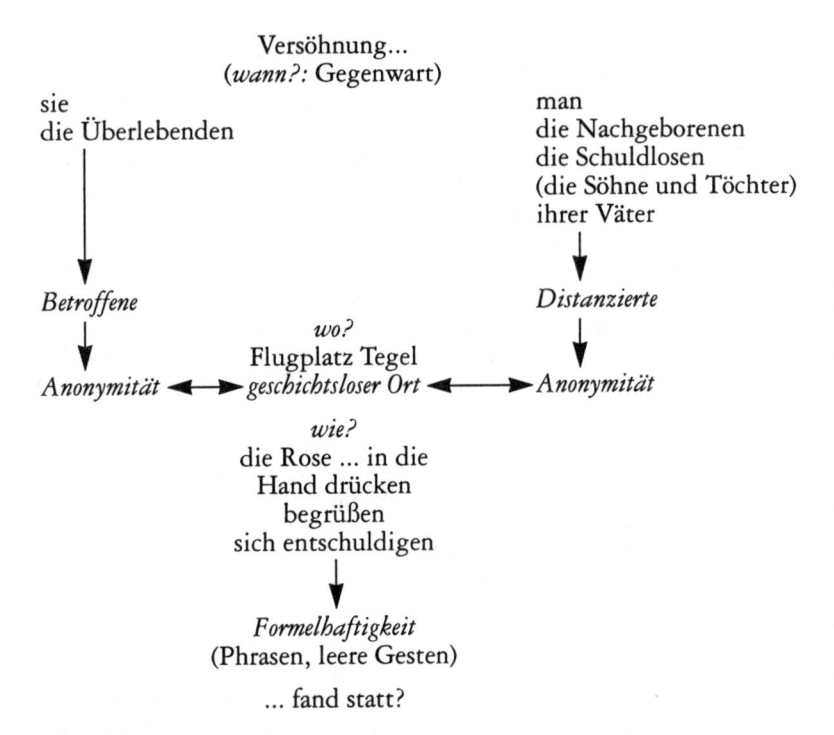

```
                    Versöhnung...
                  (wann?: Gegenwart)
sie                                              man
die Überlebenden                                 die Nachgeborenen
                                                 die Schuldlosen
                                                 (die Söhne und Töchter)
       |                                         ihrer Väter
       |                                                |
       v                                                v
    Betroffene                                      Distanzierte
       |                     wo?                       |
       v                Flugplatz Tegel                v
   Anonymität  <----> geschichtsloser Ort <---->  Anonymität
                           wie?
                       die Rose ... in die
                       Hand drücken
                       begrüßen
                       sich entschuldigen
                              |
                              v
                       Formelhaftigkeit
                     (Phrasen, leere Gesten)
                         ... fand statt?
```

Um einen neuen – hermeneutischen – Ansatz für die Besprechung der zweiten Strophe zu gewinnen, könnte die der ersten mit der Frage abgeschlossen werden: „Wie wäre eine wirkliche Versöhnung vorstellbar?"

Die dabei geäußerten Vermutungen der Schüler werden mit der ambivalenten Botschaft der zweiten Strophe konfrontiert und dabei voraussichtlich relativiert und abgeändert, so daß sich von daher ein Ansatz für Analyse und Interpretation dieser Strophe im Rahmen eines Unterrichtsgesprächs ergibt. Die drei in unserer Interpretation herausgestellten zentralen Themen- bzw. Problembereiche sowie die diesen zuzuordnenden Metaphern und Bilder müßten dabei – in beliebiger Reihenfolge – und unter Einbeziehung der Analyse-Ergebnisse der ersten Strophe, bzw. der erste und zweite Strophe verbindenden Begriffe (Exil, zurückkommen, zurückfliegen, Tegel, Havel) und Bilder (blühende Rose – verwelkte Rose) zur Debatte stehen:

– der problematische „Heimat"-Begriff;
– die Paradoxie permanenten „Zurückkommens";
– das ‚Traum'-Bild des Schlusses.

Auch hier sollten die Ergebnisse an der Tafel festgehalten werden. Der Abschluß der Stunde, innerhalb dessen es gegebenenfalls zu einer Anknüpfung an die zu Beginn geäußerten Thesen zur Wirkung (der ersten Strophe) kommen müßte, wäre evtl. durch einen Hinweis auf den Gedichttitel und dessen Realisierung im Text einzuleiten. Damit hat die Stunde zwei methodische Schwerpunkte. Während im ersten Teil – ermöglicht durch das verzögerte Lesen – neben der systematischen Anwendung textanalytischer Verfahren und deren Strukturierung mit Hilfe der Tafel ein eher vorläufiger Verstehenshorizont aufgebaut wird, dem Spekulationen über die Möglichkeit gelingender „Versöhnung" entsprächen, sollen im zweiten Teil der Stunde und anhand der zweiten Strophe im freien Unterrichtsgespräch diese „Vor-Urteile" überprüft und in begründete interpretatorische Aussagen überführt werden. Damit spiegelt der Unterricht auch im Ablauf seiner Phasen und in seinen Verfahren die sich steigernde Komplexität des Gedichts wider. In nachfolgenden Stunden wäre sowohl eine Anknüpfung an Brechts Gedicht *An die Nachgeborenen* wie an den – auch in seiner ersten „Heimat" – sich in einem permanenten „Exil" fühlenden Dichter Franz Kafka denkbar. Der letzte Satz von *Auf der Galerie* böte hier den Ansatzpunkt.

Anmerkungen:

[1] Dazu: *„Heimat". Gedichte und Prosa*, für die Sekundarstufe hg.v. Klaus Lindemann, Stuttgart 1992
[2] *Hölderlins Sämtliche Werke*, hg.v. F. Seebass, Berlin 1943, Bd. II, S. 36
[3] Ebd., Bd. IV, S. 19
[4] Insbesondere in den Briefen vom August 1793 und vom 21. August 1794; ebd., Bd. I, S. 291–292 und 339–340
[5] *Platens Werke*, hg. v. G.A. Wolff u. V. Schweizer, Leipzig u. Wien 1895, Bd. I, S. 161
[6] Ernst Moritz Arndt, Des Deutschen Vaterland (1813), in: Ders., *Werke*, hg.v. H. Meisner u. R. Geerds, Leipzig o.J., Bd. II, S. 25–26
[7] Vgl. dazu: Eckart Busse, *Die Eichendorff-Rezeption im Kunstlied* = AURORA-Buchreihe Bd. II, Würzburg 1975, S. 60–63
[8] Joseph Freiherr von Eichendorff, *Neue Gesamtausgabe der Werke und Schriften in vier Bänden*, hg.v. G. Baumann u. S. Grosse, Stuttgart 1978, Bd. I, S. 263
[9] Ebd., S. 263; vgl. dazu: Klaus Lindemann, Deutschland 1825: Joseph von Eichendorff: „Vesper", in: Ders., Hg., *europaLyrik 1775 – heute. Gedichte und Interpretationen*, Paderborn–München–Wien–Zürich 1982 = *Modellanalysen: Literatur* Bd. V, S. 144–153
[10] Joseph von Eichendorff, *Schriften zur Revolution – Das Schloß Dürande*, hg.v. Klaus Lindemann, Paderborn 1979, S. 77
[11] Dazu ausführlich: Klaus Lindemann, *Eichendorffs Schloß Dürande. Zur konservativen Rezeption der Französischen Revolution*, Paderborn–München–Wien–Zürich 1980 = *Modellanalysen: Literatur* Bd. I
[12] Heinrich Heine, *Sämtliche Schriften in 12 Bänden*, hg.v. K. Briegleb, München 1976, Bd. VII, S. 370
[13] Ebd., Bd. V, S. 538

[14] Eduard Mörike, Er ist's (1824), in: Ders., *Sämtliche Werke*, hg.v. G. Baumann u. S. Grosse, Stuttgart 1961², Bd. I, S. 42
[15] Vgl. dazu: Klaus Lindemann, In den deutschen Eichenhainen webt und rauscht der deutsche Gott. Deutschlands poetische Eichwälder, in: Joseph Semmler, Hg., *Der Wald in Mittelalter und Renaissance*, Düsseldorf 1991, S. 200–239
[16] *Uhlands Werke*, hg.v. L. Fränkel, Leipzig (1893), Bd. I, S. 37
[17] Max von Schenkendorf, *Gedichte*, hg.v. E. Groß, Berlin o.J., S. 82–84
[18] Heinrich Hoffmann von Fallersleben, *Gesammelte Werke*, Berlin o.J., S. 128
[19] Heine, l.c., Bd. VI, S. 868
[20] Johanna Wolff, Ich hatte einst ein schönes Vaterland, in: *Aus reinem Quell. Deutsche Dichtung von Hölderlin bis zur Gegenwart*, hg.v. W. Hofstaetter, Leipzig o.J., S. 169f.
[21] Walter Tormin, Hg., *Die Weimarer Republik*, Hannover 1965, S. 173
[22] Johannes R. Becher, Das Sonett, in: Ders., *Gesammelte Werke*, Berlin/Weimar 1966ff., Bd. V, (Gedichte 1942–1948), S. 230
[23] Gerhard Schumann, *Die Lieder vom Krieg*, München 1941, S. 43
[24] Eberhard Ter-Nedden, Schumann, Gerhard: Die Lieder vom Krieg, München 1941, in: *Die Neue Literatur* 42, 1941, S. 226
[25] Friedrich Peter Kreuzig, *Die andere Donau. Wiener Sonette*, Wien 1955, S. 76
[26] Heinrich Anacker, *Heimat und Front. Gedichte aus dem Herbst 1939*, München 1940, S. 35
[27] Heine, l.c., Bd. I, S. 47–48
[28] Mascha Kaléko, *Das himmelgraue Poesie-Album*, München 1991⁴, S. 39
[29] Christian Morgenstern, Die Trichter, in: Ders., *Alle Galgenlieder*, Berlin 1962, S. 29
[30] Grüß Gott, du schöner Maien ..., freundlicher Hinweis von Elisabeth Maubach, Essen
[31] Joseph Freiherr von Eichendorff, Das zerbrochene Ringlein, in: Ders., *Neue Gesamtausgabe*, l.c., Bd. I, S. 346–347
[32] Hans Sahl, *Wir sind die Letzten. Der Maulwurf*, Frankfurt 1991, S. 110
[33] Bertolt Brecht, *Gesammelte Werke*, Frankfurt 1967, Bd. IX, S. 722–725
[34] Ebd., S. 743–744
[35] Zum Thema „Heimat" vgl. Anm. 1
[36] im Grundkurs 12 des ‚Gymnasiums am Stoppenberg', Essen, im Unterricht von Meinolf Jelich, auf den das folgende Unterrichtskonzept zurückgeht.

Literatur zum Handlungs- bzw. Produktionsorientierten Deutsch- bzw. Literaturunterricht

Norbert Hopster (Hrsg.), *Handbuch „Deutsch" – Sekundarstufe I*, Paderborn 1984; (darin insbesondere die Aufsätze von: Hopster und Waldmann)
Diskussion Deutsch. Zeitschrift für Deutschlehrer aller Schulformen in Ausbildung und Praxis, Heft 98, 1987, *Handlungsorientierung;* (darin insbesondere die Aufsätze von Rank, Ossner, Meckling, Fingerhut, Spinner, Bremerich-Voss)
Gerhard Rupp, *Kulturelles Handeln mit Texten. Fallstudien aus dem Schulalltag*, Paderborn 1987
Schiefele/Stocker, *Literaturinteresse. Ansatzpunkte einer Literaturdidaktik*, Weinheim-Basel 1990

Werner Zimmermann

„Triffst du nur das Zauberwort"

Gedichte über das Wort

> Im Anfang war das Wort,/ und das Wort war bei Gott,/ und das Wort war Gott.
> Im Anfang war es bei Gott.
> Alles ist durch das Wort geworden,/ und ohne das Wort wurde nichts, was geworden ist.
>
> Joh. 1, 1-3

> Geschrieben steht: „Im Anfang war das Wort!"
> Hier stock ich schon! Wer hilft mir weiter fort?
> Ich kann das Wort so hoch unmöglich schätzen,
> Ich muß es anders übersetzen,
> wenn ich vom Geiste recht erleuchtet bin.
>
> Goethe, Faust, 1. Teil, Vers 1224ff.

> Das Wort ist eine geheimnisvolle, vieldeutige, ambivalente, verräterische Erscheinung. Es kann ein Lichtstrahl im Reich der Finsternis sein (. . .), doch es kann auch ein todbringender Pfeil sein. Und was das Schlimmste ist: Es kann eine Weile dies und eine Weile jenes sein, es kann sogar beides gleichzeitig sein!
>
> Vaclav Havel: Ein Wort über das Wort.
> Rede in der Fankfurter Paulskirche,
> Oktober 1989

Der Anfang des Johannes-Evangeliums, Fausts Bemühen um eine sein Tun rechtfertigende Übersetzung desselben und die Rede des tschechischen Schriftstellers, Widerstandskämpfers und Staatspräsidenten Vaclav Havel aus Anlaß der Verleihung des „Friedenspreises" des deutschen Buchhandels markieren Brennpunkte in der Reihe der unterschiedlichsten Erfahrungen, die die Menschheit in den letzten zwei Jahrtausenden ihrer Geschichte mit der Macht und der Wirkung des Wortes gemacht hat. Zu diesem Erfahrungsschatz zählen das Wort „im Anfang" – „ein Wunder, dem wir zu verdanken haben, daß wir Menschen sind" (V. Havel) – genauso wie die menschenverachtenden und menschenvernichtenden Wörter aus dem „Wörterbuch des Unmenschen", aber auch die Zauberworte der Magier und Dichter, die beiläufigen, scheinbar bedeutungslosen Worte des alltäglichen

Sprachgebrauchs, die Worte der Versöhnung und des Friedens ebenso wie die Worte des Hasses und der Gewalt, schließlich Worte, die die Wahrheit offenbaren wie Worte, die sie verschleiern.

Fast selbstverständlich hat sich – nicht nur – deutsche Lyrik als dichteste Ausdrucksform der Wortkunst überhaupt mittelbar oder unmittelbar diesem Thema immer wieder gestellt. Von den Anfängen der deutschen Literatur in den *Merseburger Zaubersprüchen* bis in die Epoche der Romantik erwuchs die Bedeutung des dichterischen Wortes aus dem Glauben an die welterschließende oder gar welterlösende Kraft des „Zauberworts". Erst an der Schwelle der Moderne mit ihrem zunehmenden Interesse an Sprache und Sprachgeschichte auf der einen und ihrer Sprachskepsis auf der anderen Seite setzt die kritische Reflexion über die Insuffizienz und Ambivalenz der Sprache im allgemeinen wie des dichterischen Wortes im besonderen ein. Wohl raunt auch noch an der letzten Jahrhundertwende der Sprach-Magier Stefan George in esoterischen Versen von der Zaubermacht „des Wortes", aber diese Verse wirken gerade durch ihre rückwärtsgewandte, Märchen und Mythen beschwörende Geste wie ein Dokument des Protestes gegen den von Skepsis und Aufklärung geprägten Geist der literarischen Moderne und ihrer vielfältigen Formen der Entfremdung. Und wenn noch 20 Jahre später ein weiterer eigenwilliger Künstler der lyrischen Form, Gottfried Benn, gar „einem" – nicht mehr „dem" – Wort die Fähigkeit zuschreibt, Leben zu erkennen und Sinn zu stiften, dann gilt dies eben nur für einen lichten, einen „glanz"-vollen Moment, der das nachfolgende „Dunkel", den „leeren Raum um Welt und Ich", nur um so schmerzlicher bewußt macht. Andererseits klagt Rilke lange schon vor George und Benn über die falsche Selbstgewißheit der nicht-dichterischen Sprache, der „Menschen Wort", vor dem er sich fürchtet, weil es die Welt der „Dinge" durch exakte Benennung zu beherrschen glaubt, während es sie doch gerade dadurch zugleich ihres Zaubers beraubt.

Solch kritische Einschätzung der Sprache setzt sich auf dem Höhepunkt spezifisch moderner Lyrik fort, wenn etwa Paul Celan die Unsäglichkeit seiner von „Blut" durchtränkten Erfahrungen beklagt, die nur „mit wechselndem Schlüssel" zu fassen sind, oder wenn Ingeborg Bachmann sich der entgegengesetzten Erfahrung des Ansturms leerer Worthülsen zu erwehren sucht. Nicht zufällig stehen darum auch am Anfang und am Ende des 20. Jahrhunderts zwei bedeutsame Essays, in denen es um die persönlichen wie die politischen Erfahrungen mit der Macht und Ohnmacht des Wortes geht: Hugo von Hofmannsthals fiktiver *Brief des Lord Chandos an Francis Bacon* aus dem Jahre 1902 und Vaclav Havels *Rede aus Anlaß der Verleihung des Friedenspreises des Deutschen Buchhandels* vom Oktober 1989, die von Maximilian Schell in der Frankfurter Paulskirche verlesen werden mußte, weil die scheinbar allmächtigen Beherrscher des tschechischen Staats auch noch kurz vor dem Zusammenbruch ihres Systems der Macht des

Der zweite Merseburger Zauberspruch
(10. Jahrhundert)

Uol ende Uuodan   uuorun zi holza
do uuart demo Balderes uolon   sin uuoz birenkit
thu biguolen Sinthgunt   Sunna era suister
thu biguolen Friia   Uolla era suister
5 thu biguolen Uuodan   so he uuola conda
sose benrenki   sose bluotrenki
sose lidirenki:
ben zi bena   bluot zi bluoda
lid zi geliden   sose gilimida sin

Merseburger Handschrift, 10. Jahrhundert
Entstehung 8. Jahrhundert

Vol und Wodan fuhren zu Holze.
Da ward dem Balders-Fohlen   sein Fuß verrenkt.
Da beschwor ihn Sinthgunt   Sonne ihre Schwester.
Da beschwor ihn Frija   Volla ihre Schwester.
5 Da beschwor ihn Wodan   er der's wohl konnte.
Wie die Beinrenke   so die Blutrenke.
So die Gliedrenke:
Bein zu Beine   Blut zu Blute.
Glied zu Gliede   wie wenn sie geleimt sei'n!

Übersetzt von Karl Wolfskehl und Friedrich von der Leyen

Die ältesten schriftlich überlieferten Sprachdenkmäler der deutschen Literatur, zu denen mythische Zaubersprüche und Heldenlieder ebenso zählen wie Gebete und Psalmenübersetzungen, dokumentieren die dichterische Sprache in der Funktion des Beschwörens.

Aufbau und sprachliche Mittel dieses – wie auch des ersten – Merseburger Zauberspruchs stehen ganz im Dienste der magischen Intention des Sprechers. Der Text gliedert sich in den umfangreicheren Erzählteil und den eigentlichen prägnant gefaßten Zauber- oder Segensspruch. Die epische Einleitung berichtet in aller Kargheit von einer konkreten Begebenheit, einer Notlage, aus der die magische Kraft der Zauberformel zu befreien verspricht. Indessen bleiben die Heilversuche der zwei Göttinnenpaare, Sinthgunt und Sunna, Freya und

Volla, erfolglos, und erst der dritte Versuch, den Wotan selbst unternimmt, bewirkt die Heilung. In der Zauberformel, die sich dem Bericht anschließt, spielt wiederum die magische Dreizahl eine wichtige Rolle: die Formel besteht aus zwei Teilen, die mit der dreifachen Benennung der Krankheit den magischen Bezug herstellen. Den beschwörenden Charakter der Verse verstärken neben dem dreigliedrigen Gleichklang die alliterierende Form des Stabreims, die dichte Folge klangvoller Vokale und der schwere, nachdrückliche Rhythmus.

So stellen die ältesten Zeugnisse deutscher Literatur „sprechende" Beispiele für den naiven Glauben an die heilende Kraft des dichterischen Wortes dar, dessen ästhetische Form in der vorchristlichen Welt allein der Vermittlung magisch religiöser Vorstellungen diente.

Filip von Zesen

Palm-baum
der höchst-löblichen Frucht-bringenden Geselschaft
zuehren aufgerichtet.

übliche / liebliche
früchte mus allezeit bringen
des Palmen-baums ewige Zier /
darunter auch Fürsten selbst singen /
lehren und mehren mit heisser begier
die rechte der deutschen hoch-prächtigen zungen /
die sich mit ewigem preise geschwungen
hoch über die anderen sprachen empor:
wie fohr
dis land /
mit hand /
durch krieg /
durch sieg /
durch fleiß /
mit schweis /
den preis /
das pfand /
ent-wandt
der Welt;
wie aus der taht erhällt.

Erstmalig wird in der Literatur des Barock die dichterische Sprache selbst zum Gegenstand lyrischer Dichtung gewählt, wofür dieses „Figurengedicht" von Filip von Zesen als Beispiel dienen mag. Zwar ist sein „vordergründiges" Thema der Palm-baum, der in barocker Manier auch im Druckbild veranschaulicht wird; doch zum eigentlichen Inhalt der kunstvoll geschmiedeten Verse werden die als Früchte des Palmbaums gepriesenen „rechte der deutschen hoch-prächtigen zungen", die nach Meinung des Dichters den Sieg über die „anderen sprachen" bereits errungen hat.

Daß sich dieser allein im Stolz auf die Muttersprache manifestierende Patriotismus gerade zur Zeit des 30-jährigen Krieges entfalten konnte, ist gewiß kein Zufall, glaubten doch Dichter wie Filip von Zesen dem Zerfall der Nation durch fremde Heere und den mörderischen Bruderkrieg vornehmlich mit ihren Bemühungen um den Erhalt und die Weiterentwicklung einer – von ihren „Fürsten" geförderten – deutschen Literatursprache wirksam beggenen zu können, eine Vorstellung, die Günter Grass im *Treffen von Telgte*[1] zum Gegenstand einer eindrucksvollen historischen Erzählung gemacht hat. Wie sehr auch in diesen barocken Versen der Glaube an die „Zauberkraft" des dichterischen Wortes, die solch nationale „taht" vollbringt, noch virulent ist, bezeugt die Füllung des Palmbaumstammes. Mit an die sakrale Sprache einer Litanei angelehnten einsilbig-prägnanten Benennungen werden die bisherigen spezifischen „Leistungen" der Deutschen durch ihre „deutschen hoch-prächtigen zungen" ins Bild gesetzt.

Für die Wahl der Sprache zum Thema eines lyrischen Textes gibt es im Barockzeitalter freilich außer dem nationalen Gedanken noch einen weiteren Impuls, der sich im Titel dieses Gedichts auch anzeigt: Filip von Zesen widmet seine Verse – und damit zugleich die Sieges-„Palme" – der von ihm mitbegründeten „Frucht-bringenden Gesellschaft". Sie ist eine jener literarischen Vereinigungen, die sich, wie die „Nürnberger Pegnitzschäfer" oder der „Hamburger Elbschwanorden", die bewußte Pflege der Lyrik in einer spielerisch-stilisierenden Form auf der Grundlage von Opitz' Lehrfibel, dem *Buch von der Teutschen Poeterey* (1624), angelegen sein ließen. Die Auseinandersetzung mit der Theorie der Dichtung war damit ebenso begründet wie der Charakter der Dichtervereinigung als einer gesellschaftlichen Institution, die den Status des modernen Berufsschriftstellers und die Bildung literarischer Zirkel und Gruppen andeutungsweise vorweggenommen hat.

Im übrigen erweist sich der „Palm-baum" auch hier – wie in zahlreichen Emblemata der Epoche – nicht allein als Zeichen des Sieges, sondern auch als ein solches der „constantia", der Treue[2]. In diesem Sinne wächst in Zesens Gedicht die Dichtervereinigung als höchste Blüte in Gestalt der Überschrift aus eben dieser Palme heraus. Dabei dienen zugleich die weltlichen Tugenden (und Untugenden) der „*taht*" als Basis und Stamm des Pictogramms, die jene aus ihnen geborenen poetischen „*früchte*" sozusagen als Blätterdach tragen, um dieses schließlich mit dem Namen der „*Frucht*-bringenden Gesellschaft" noch einmal zu krönen.

Johann Wolfgang von Goethe

Gedichte sind gemalte Fensterscheiben (1815)

Gedichte sind gemalte Fensterscheiben!
Sieht man vom Markt in die Kirche hinein,
Da ist alles dunkel und düster;
Und so sieht's auch der Herr Philister:
5 Der mag denn wohl verdrießlich sein
Und lebenslang verdrießlich bleiben.

Kommt aber nur einmal herein!
Begrüßt die heilige Kapelle;
Da ist's auf einmal farbig helle,
10 Geschicht' und Zierat glänzt in Schnelle,
Bedeutend wirkt ein edler Schein;
Dies wird euch Kindern Gottes taugen,
Erbaut euch und ergetzt die Augen!

Welten scheinen zwischen diesen launigen, unprätentiösen Versen Goethescher Alterslyrik einerseits und den raunenden Zauberformeln frühgermanischer Dichtung wie dem patriotischen Pathos der manierierten Barockverse eines Filip von Zesen andererseits zu liegen. Und doch geht es in diesen Jahrhunderte voneinander entfernten Texten um das gleiche Thema: die verwandelnde Kraft der dichterisch geformten Sprache. Geändert hat sich indessen die Ansicht über die Art dieser Verwandlung. In Goethes Spruchdichtung werden ihr weder aus naiver Gläubigkeit heraus magische Fähigkeiten zur heilsamen Veränderung der Wirklichkeit zugesprochen noch wird der deutschen Dichtersprache im Wettstreit mit den „anderen sprachen" gar die Palme des Sieges zuerkannt. Vielmehr verkünden die Verse die das Gesamtwerk Goethes bestimmende Grundanschauung, daß die Sprache der Dichtung dazu berufen und fähig sei, die im grauen Alltag und den Augen des Banausen verborgene Buntheit und Bedeutsamkeit des Lebens sichtbar und erlebbar zu machen. Indem diese Glanz verbreitende, Freude schenkende und Sinn stiftende Kraft der Poesie im Bilde des Kontrastes zwischen der Außen- und der Innenansicht eines sakralen Raums veranschaulicht wird, rückt deren Sprache immerhin in die Nähe jenes „Wortes" aus dem „Anfang", das – in der „heiligen Kapelle" gesprochen – in der Überzeugung des Gläubigen die Fähigkeit besitzt, die Wahrheit zu erkennen und zugleich die Wirklichkeit zum Besseren zu verändern.

Der skizzierte Kontrast prägt denn auch Struktur und Syntax des zweistrophigen Gedichts. Die erste Strophe schlägt mit der metaphorischen Gleichsetzung von Gedichten und Fensterscheiben schon gleich im ersten Vers das Thema an und weckt damit zugleich, zumal ja von einer Kirche noch nicht die Rede ist, Interesse, Neugier oder gar Irritationen. Erst die zweite Zeile bringt die Blickrichtung auf das Äußere einer Kirche ins Spiel, die indessen mit dem ironischen Hinweis auf die Sicht des Philisters, der außen bleibt und darum nichts von der verwandelnden Kraft der gemalten Fensterscheiben verspürt, in scheinbar trivial aufklärerischer Manier zunächst abgewertet wird.

Aber eben diese scheinbar bestätigte Vorerwartung kehrt sich in der zweiten Strophe mit jener Kraft, die die Innenansicht der Kirche dank der gemalten Fensterscheiben spendet, in ihr Gegenteil um. Das entfaltet sich bereits im munteren imperativischen Auftakt dieser Strophe, die damit auch syntaktisch zur Aussage der ersten Strophe kontrastiert, wo von der „Verdrießlichkeit" des „Herr(n) Philister(s)" die Rede war, der mit dem Erlebnis der Kunst oder der Poesie weder eine Erhellung der Wirklichkeit noch eine Aufhellung des Gemüts zu verbinden vermag.

Solcher Gewinn wird allein dem zuteil, der das Innere der Kapelle betritt und sich so auf die Botschaft des Gedichts einläßt. Dabei zielt der Vers

> Bedeutend wirkt ein edler Schein

auf eine Grundüberzeugung Goethes im Hinblick auf die Wirkung der Poesie. Die „Bedeutung" dieser Zeile kann nur erfaßt werden, wenn die Vokabel „bedeutend" noch in ihrer ursprünglichen Form als Partizip Präsens des Verbs „bedeuten" und damit in seiner hermeneutischen Funktion als „Sinn erhellend" verstanden wird. In die gleiche Richtung verweist das Bild vom „edlen Schein": der „Schein", den der Kirchenbesucher im Inneren empfängt, ist zwar nur der „Abglanz" der Sonne, aber er wirkt veredelnd im Glanz der gemalten Fensterscheiben. Übertragen auf die „Gedichte" oder die Kunst im allgemeinen bedeutet dies, daß sie dem Menschen die Fülle des Lebens erfahrbar und den Sinn des Lebens erkennbar zu machen vermögen.

Diese Vorstellung von der erhellenden und belebenden Kraft der Dichtkunst finden wir immer wieder an zentralen Stellen des Goetheschen Werkes. So erfährt etwa auch Faust zu Beginn des zweiten Teils der Tragödie seine Wiedergeburt im „Feuermeer" der herannahenden Sonne, das ihn umschlingt. Aber indem er ihr den Rücken zukehrt, weil er ihren unmittelbaren Anblick nicht länger zu ertragen vermag, gewinnt er die rettende Erkenntnis: „Am farbigen Abglanz haben wir das Leben."

Wie das menschliche Auge, obwohl selbst „sonnenhaft", nicht geschaffen ist, in die Sonne zu schauen, so ist der menschliche Geist nicht in der Lage, das Göttliche unmittelbar zu erkennen. In seinem „Versuch einer Witterungslehre" schreibt Goethe dazu:

Das Wahre, mit dem Göttlichen identisch, läßt sich niemals von uns direkt erkennen. Wir schauen es nur im Abglanz, im Beispiel, Symbol, in einzelnen und verwandten Erscheinungen; wir werden es gewahr als unbegreifliches Leben und können dem Wunsch nicht entsagen, es dennoch zu begreifen. Dieses gilt von allen Phänomenen der faßlichen Welt ...[3]

So vermag denn auch die Dichtung „das Wahre" nur verhüllt, im Schleier des Symbols zu vermitteln. In dem Gedicht „Zueignung", einem der „bedeutendsten" Texte der „Weltanschauungslyrik", erzählt der Dichter von der Erscheinung eines von ihm herbeigesehnten „göttlich(en) Weib(es)", das ihm vor Augen tritt, nachdem die Sonne den Morgennebel durchdrungen hat, und das ihm die Botschaft verkündet:

> Empfange hier, was ich dir lang' bestimmt!
> Dem Glücklichen kann es an nichts gebrechen,
> Der dies Geschenk mit stiller Seele nimmt:
> Aus Morgenduft gewebt und Sonnenklarheit,
> Der Dichtung Schleier aus der Hand der Wahrheit.

Der Schleier ist nicht die Wahrheit selbst: „Aus Morgenduft gewebt", verhüllt, ver-„schleiert" er die Wahrheit; aber die „Sonnenklarheit", die auch an ihm mitgewirkt hat, läßt die Wahrheit durch das Gewebe, eben den „Text", hindurchscheinen, macht Dichtung für Wahrheit transparent. Indem die Dichtung – und mit ihr immer zugleich die Kunst – im Medium des Symbols Wahrheit vermittelt, rückt sie für Goethe in die Nähe der Religion, wenn auch nicht unbedingt – wie in dem eher scherzhaften Gedicht – in die der „Kirche". Das bringt ein bekannter Spruch aus seinem Alterswerk unmittelbar zum Ausdruck:

> Wer Wissenschaft und Kunst besitzt,
> Hat auch Religion.
> Wer jene beiden nicht besitzt,
> Der habe Religion.[4]

Joseph von Eichendorff

Die Wünschelrute (1837)

> Schläft ein Lied in allen Dingen,
> Die da träumen fort und fort,
> Und die Welt hebt an zu singen,
> Triffst du nur das Zauberwort.

Auf den ersten Blick scheinen die Gedichte Goethes und Eichendorffs kaum etwas gemeinsam zu haben: zu unterschiedlich erscheint schon die äußere Gestalt der beiden Texte. Bei näherem Zusehen ergibt sich indessen eine Übereinstimmung in der Botschaft, die sie dem Leser oder Hörer übermitteln: In beiden Gedichten wird er ermuntert, sich der Verwandlung der Wirklichkeit durch die Poesie zu erfreuen. Aber diese Gemeinsamkeit wird fast verdeckt durch die unterschiedlichen

Gestaltungsweisen dieses Prozesses, die offenbar darauf beruhen, daß ein jeweils anderes Sinnesorgan diese Verwandlung wahrnimmt: während Goethe, der Maler und Augenmensch, die Verzauberung der Welt durch die Poesie als Vorgang der bildenden Künste erfährt und darstellt, macht der „Sänger" Eichendorff den gleichen Prozeß als musikalischen Akt hörbar. Das musikalische Element bestimmt den Eichendorffschen Vierzeiler in Aussage und Wortwahl ebenso wie durch Reim und Rhythmus, wobei überdies der aufmunternde Trochäus dem imperativischen Gestus der Goetheschen Verse sehr nahekommt.

Schließlich wird jedoch über die unterschiedliche Gestaltung der Metamorphose durch den metaphorischen Einsatz verschiedener Nachbarkünste hinaus auch ein Unterschied in der Substanz des Verwandlungsprozesses selbst erkennbar: Wenn in dem einen Gedicht die Wirklichkeit vor ihrer Verwandlung „dunkel" und „düster", im anderen aber „nur" „schlafend" und „träumend" erfahren wird, läßt dies den Schluß zu, daß für Goethe die Poesie wie die Künste überhaupt die Fähigkeit besitzen, der Wirklichkeit eine neue, ihr ursprünglich nicht innewohnende Qualität zu verleihen, eben den „edlen Schein" als „farbigen Abglanz" des Wahren und Göttlichen, während für Eichendorff das „Zauberwort" der Poesie eine Musikalität erklingen läßt, die den Dingen von Anfang an zu eigen ist und über diese gar „die Welt" als ganze „zu(m) Singen" bringt. In dieser Vorstellung wird der Einfluß der Schellingschen Naturphilosophie erkennbar, die die Natur mit ausschließlich menschlichen Attributen als den noch „schlafenden" oder „träumenden" Geist versteht, der, durch das Medium der Kunst geweckt, zum Bewußtsein seiner selbst gelangt, eben „singt": „natura loquitur". Diese Aufgabe erfüllt in Eichendorffs Gedicht das „Zauberwort" oder – wenn man die Überschrift gelten läßt – die „Wünschelrute", wobei nicht lediglich die eine Metapher durch eine andere ersetzt wird, sondern das „Zauberwort" der Poesie als ‚Schlüssel' zu den tieferen Schichten von „Welt" greifbar und in den vier Versen dieser einzigartigen Poesie auch erlebbar wird – so, wie es Friedrich von Hardenberg (Novalis) bereits mit jenem *„einen geheimen Wort"* im Fortsetzungsfragment *„Wenn nicht mehr Zahlen und Figuren..."* seines Romans *Heinrich von Ofterdingen* in Verse gefaßt hatte.

Rainer Maria Rilke

Ich fürchte mich so vor der Menschen Wort (1897)

Ich fürchte mich so vor der Menschen Wort.
Sie sprechen alles so deutlich aus:
Und dieses heißt Hund und jenes heißt Haus,
und hier ist Beginn und das Ende dort.

5 Mich bangt auch ihr Sinn, ihr Spiel mit dem Spott,
sie wissen alles, was wird und war;
kein Berg ist ihnen mehr wunderbar;
ihr Garten und Gut grenzt grade an Gott.

Ich will immer warnen und wehren: Bleibt fern.
10 Die Dinge singen hör ich so gern.
Ihr rührt sie an: sie sind starr und stumm.
Ihr bringt mir alle die Dinge um.

In diesen „prosaischen" Versen Rilkes aus der Jahrhundertwende scheint sich die Einschätzung der Sprache im Blick auf die ausgewählten Texte aus Klassik und Romantik völlig verändert zu haben: Da ertönt nicht das hohe Lied von der Zauberkraft des Wortes, von seiner Fähigkeit, die Wirklichkeit zu verwandeln, den „edlen Schein" in ihr aufleuchten zu lassen oder ein Lied in ihr zum Klingen zu bringen. Im Gegenteil: das Wort macht die Dinge „starr und stumm", ja es tötet sie gar. Nicht Lob der Sprache ist angesagt, sondern ihre Kritik: das Wort, so klagt der Dichter, vergewaltigt die Welt, indem es die „Dinge" genau benennt und begrenzt, spöttisch sein Spiel mit ihnen treibt und so ihr „wunderbares" Erscheinungsbild zerstört.

Indessen ist es offensichtlich nicht die Sprache der Dichtung, der diese zerstörende Wirkung zugeschrieben wird. Vielmehr sieht sich das lyrische „Ich", das sich vor der „Menschen Wort" fürchtet, immer wieder in deutlicher Antithese zum „ihr" und „sie", zur „Masse" Mensch und deren Gebrauch der Sprache. So unterscheidet Rilkes Kritik ausdrücklich zwischen der Wirkung der dichterischen Sprache, die zumindest für den Sprecher des Gedichts – fast wie für Eichendorff – das „Lied in allen Dingen" vernehmbar macht – „Die Dinge singen hör ich so gern" – und all jenen Formen der Sprache, deren vornehmliche Aufgabe es ist, zu klären und zu vermitteln, was „Sache" ist.

Von Folgerungen, die der Dichter aus seiner Kritik an der die Welt entzaubernden Sprache zieht, ist freilich nur in einer Zeile die Rede: „Ich will immer warnen und wehren: Bleibt fern."

Der Dichter scheint sich mit der Rolle des Mahners und Warners vor der Entzauberung und „Versachlichung" des Lebens durch die Sprache seiner Zeit zu begnügen. Damit teilt er mit seinem Zeitgenossen Hugo von Hofmannsthal dessen pessimistische Grundhaltung, wie sie in seinem *Brief des Lord Chandos,* dem „die abstrakten Worte (...) zerfielen (...) im Munde wie modrige Pilze", ihren markantesten Ausdruck gefunden hat. Indessen hat Rilke in Versen, die vier Jahre später entstanden sind, diese vornehmlich kulturpessimistische Einschätzung der sprachlichen Entwicklung nicht nur bekräftigt, sondern auch ausführlicher seine Vorstellung darüber deutlich gemacht, wie der Entfremdung von den Dingen als Folge des gestörten Verhältnisses von Wort und Welt zu begegnen sei:

> Da muß er lernen von den Dingen,
> anfangen wieder wie ein Kind,
> weil sie, die Gott am Herzen hingen,
> nicht von ihm fortgegangen sind.
> Eins muß er wieder können: f a l l e n ,
> geduldig in der Schwere ruhn,
> der sich vermaß, den Vögeln allen
> im Fliegen es zuvorzutun.

Die Warnung vor dem nüchternen, „sachgerechten" Gebrauch der Sprache wird in dieser poetischen „Rede" – denn um eine solche handelt es sich hier wohl eher als um einen lyrischen Text – insofern „konkretisiert", als sie sich nunmehr eindeutig als gegen den technischen Fortschritt gerichtet ausweist und in die Aufforderung mündet, sich den Anfängen des Menschen oder der Menschheit zuzuwenden. Nichts anderes bedeutet die Aufforderung, sich „wieder" in den Zustand kindlichen Unbewußtseins „f a l l e n " zu lassen und damit zugleich in Gottes Nähe zurückzukehren, wo die „Dinge" ihren Ursprung haben, „weil sie, die Gott am Herzen hingen, nicht von ihm fortgegangen sind". Damit scheint sich hinter Rilkes Eingeständnis der Furcht vor der „Menschen Wort" der Glaube an das „Zauberwort" der Dichtung zu verbergen, das allein den von ihm schmerzhaft erfahrenen Bruch zwischen Welt und Wort zu hinterfragen vermag, so daß er „die Dinge" – wie Eichendorff „die Welt" – vielleicht doch noch einmal „singen hör(t)".

Stefan George

Das wort (1919)

Wunder von ferne oder traum
Bracht ich an meines landes saum

Und harrte bis die graue norn
Den namen fand in ihrem born –

5   Drauf konnt ichs greifen dicht und stark
Nun blüht und glänzt es durch die mark ...

Einst langt ich an nach guter fahrt
Mit einem kleinod reich und zart

Sie suchte lang und gab mir kund:
10 „So schläft hier nichts auf tiefem grund"

> Worauf es meiner hand entrann
> Und nie mein land den schatz gewann ...
>
> So lernt ich traurig den verzicht:
> Kein ding sei wo das wort gebricht.

Form und Inhalt dieses späten George-Gedichts mögen dem Leser oder Hörer von heute ebenso manieriert wie esoterisch erscheinen. Die semantisch-rhythmische Gestaltung der Verse vermittelt den Eindruck eines von der Realität weit abgehobenen, von strenger sprachlicher Zucht geprägten Mythos aus grauer Vorzeit. Dazu trägt das archaisch anmutende erlesene Vokabular aus meist einsilbigen Wörtern – 70 von 92 weisen nur eine Silbe auf – ebenso bei wie der durchgehend männliche Reim, der paarweise aufeinander folgend die Zweizeiler eng zusammenfaßt, wie schließlich auch der häufig beschwerte Auftakt zu Beginn der vierhebigen Verse. So beginnt das Gedicht schon mit dem stark angehobenen Auftakt des Wortes „Wunder", dem das nicht weniger gewichtige „Bracht" zu Beginn des zweiten Verses entspricht.

In eine ferne Wunderwelt führt denn auch das Geschehen, von dem das lyrische Ich berichtet: Der Dichter trägt geheimnisvolle Dinge oder Vorgänge, die er nicht zu enträtseln vermag, weil sie aus großer Ferne zu ihm gelangen oder ihm als Traumbilder erschienen sind, der grauen Norne, einer der drei germanischen Schicksalsgöttinnen, zur Klärung – und das heißt zur Namensgebung – vor. Erst wenn die Göttin in der Tiefe ihres Brunnens den rechten „namen" für das „ding" gefunden hat, gewinnt es „blühende" Realität. Berichtet der Dichter im ersten Teil des Textes von dem in der Regel positiven Ergebnis einer solchen Wortfindung durch die Norne, so beklagt er im zweiten Teil das einmalige Erlebnis eines negativen Ausgangs seiner „fahrt" zum Ursprung der Dinge: die Norne konnte das Wort für etwas besonders Wertvolles – „ein kleinod reich und zart" – nicht finden, und so muß der Dichter die leidvolle Erfahrung machen, daß sein „schatz" ins Nichts „entrann". Immerhin gewinnt er daraus die Erkenntnis, daß, wo das „wort" fehlt, das „ding" nicht existent ist. Diese Erkenntnis erinnert an die archaischen Vorstellungen, daß nämlich, wer den Namen einer Person oder einer Sache kennt, auch über dieselbe – magisch – verfügt.

Das Wort des Dichters also auch für George ein „Zauberwort" wie in Eichendorffs „Wünschelrute"? Ja und nein. Zwar ist für beide Dichter das Wort im Reich des Wunderbaren angesiedelt; aber während Eichendorff allein die Zauberkraft des dichterischen Wortes verkündet, geht es George primär um die Welt des Mythisch-Magischen, in der das Wort erst geboren wird und die Namensgebung die „dinge" mit Leben erfüllt. Nicht das Wort selbst steht hier am Anfang aller Dinge, sondern der Mythos von der Wortfindung, die den Dingen ihre Existenz verleiht oder – modern gesprochen – aus den Sachen Dinge für den Menschen werden läßt. Das Ergebnis der lyrischen Gestaltung dieses Wort- und damit auch Ding-Findungsprozesses ist denn auch nicht ein liedhafter Text, dessen Sprachmusik die Welt zum Klingen brächte, sondern eine formal überanstrengte, hieratische Verserzählung in der für George charakteristischen „harten Fügung", die den Leser freilich eher befremdet als verzaubert.

So steht das Gedicht Georges wohl auch den Merseburger Zaubersprüchen näher als den klingenden Versen des Romantikers. Erst recht ist der rückwärts gewandte Mythos vom magischen Ursprung des Wortes im Brunnen der Norne weit entfernt von dem sprachkritischen Ansatz eines Rilke, der sich „so vor der Menschen Wort (fürchtet)".

Gottfried Benn

Ein Wort (1941)

Ein Wort, ein Satz – : Aus Chiffren steigen
erkanntes Leben, jäher Sinn,
die Sonne steht, die Sphären schweigen
und alles ballt sich zu ihm hin.

5 Ein Wort – ein Glanz, ein Flug, ein Feuer,
ein Flammenwurf, ein Sternenstrich –
und wieder Dunkel ungeheuer,
im leeren Raum um Welt und Ich.

Wie in den zuvor betrachteten lyrischen Texten wird auch in diesen Versen Gottfried Benns die magische Kraft des dichterischen Wortes gepriesen. Ihm wird – ähnlich wie in den Versen Goethes – die Fähigkeit zugeschrieben, das Dunkel des Daseins zu erhellen, seine Geheimschrift zu entziffern und ihm einen „jähen", einen unerwarteten Sinn zu geben; ja, es vermag selbst dem Kosmos eine auf sich bezogene, in geballter Kraft sich ordnende Gestalt zu verleihen.

Indessen wird schon in der zweiten Strophe, die „wort"-gleich mit der ersten beginnt, in einer syntaktisch völlig ungebundenen dichten Folge von Evokationen die Verwandlung der Welt in einen wort-sinnerfüllten Kosmos als trügerisch entlarvt, insofern der „Glanz" des „Wortes" als „Feuer", „Flamme", „Sternenstrich" nur für einen kurzen Augenblick Licht beschert, um gleich danach „Welt und Ich" vom „Dunkel" „ungeheuer" verschlingen und im wort- wie sinnleeren Raum versinken zu lassen. Nicht zufällig mag das „Ich" wie in eisiger Isolierung am Ende des Textes stehen – als „Verlorenes Ich", wie es der Titel eines anderen bekannten Bennschen Gedichtes verkündet.

Bei solch nihilistischer Grundstimmung wird man nicht erwarten dürfen, daß sich bei dem Dichtermagier Benn die Wirkung der Magie Eichendorffscher Provenienz einstellt „und die Welt (an)hebt (. . .) zu singen". Gleichwohl könnte die Klanggestalt der Bennschen Verse, die Regelmäßigkeit der vierhebigen Jamben und des Kreuzreims zumal, den Eindruck wohlklingender Harmonie vermitteln, wären da nicht jene intellektuelle Schärfe in der Wahl der Schlüsselwörter und die Sprengung jeder syntaktischen Bindung in der 2. Strophe, die dem Eindruck romantischer oder romantisierender „Zauberworte" entgegenwirken.

Bestätigt wird dieses ambivalente Verhältnis zum „Zauberwort" Eichendorffs durch den lyrischen Text *„Gedichte",* der ebenso wie *„Ein Wort"* im Kriegsjahr 1941 entstanden ist und der die scheinbare Nähe zu Eichendorff deutlich relativiert, wie bereits die erste der drei Strophen erkennen läßt:

> Im Namen dessen, der die Stunden spendet,
> im Schicksal des Geschlechts, dem du gehört,
> hast du fraglosen Aug's den Blick gewendet
> in einer Stunde, die den Blick zerstört,
> die Dinge dringen kalt in die Gesichte
> und reißen sich der alten Bindung fort,
> es gibt nur ein Begegnen: im Gedichte
> die Dinge mystisch bannen durch das Wort.

Wohl hat der Magier der Moderne den Glauben des Romantikers an die Zauberkraft des Dichterworts bewahrt, aber sie vermag ihm nicht mehr ein in den „Dingen" schlummerndes Lied zu entlocken, vielmehr legt sie nur deren Kälte bloß und deckt ihm die Zerstörung der „alten Bindung" und Ordnung auf.

Paul Celan

Mit wechselndem Schlüssel (1955)

Mit wechselndem Schlüssel
schließt du das Haus auf, darin
der Schnee des Verschwiegenen treibt.
Je nach dem Blut, das dir quillt
5   aus Aug oder Mund oder Ohr,
wechselt dein Schlüssel.

Wechselt dein Schlüssel, wechselt dein Wort,
das treiben darf mit den Flocken.
Je nach dem Wind, der dich fortstößt,
10   ballt um das Wort sich der Schnee.

Mehr als alle bislang analysierten Texte verweigern sich die Verse Paul Celans einem spontanen Verständnis oder gar einer eindeutigen Auslegung. Allein die Möglichkeit der thematischen Zuordnung zu unserer Reihe „Das Wort im Gedicht" ist leicht auszumachen und dürfte nicht in Frage stehen. Darüber hinaus könnte die Frage nach der spezifischen Anwendung eines für die Lyrik des Autors insgesamt charakteristischen Strukturprinzips einen ersten Zugang zu diesem Text eröffnen: gemeint ist das Geflecht scheinbar unzusammenhängender, der sinnlich wahrnehmbaren Realität widersprechender Bildelemente oder -komplexe nach dem Muster „Schwarze Milch der Frühe" in der bekannten *Todesfuge*. Eine genauere Betrachtung dieser Bildkomplexe wird zwangsläufig zu der Frage nach verbindenden Teilen und damit nach einem möglichen Zusammenhang und weiterhin nach dem möglichen Sinn des Ganzen, nach seiner „Botschaft" führen. In dem vorliegenden Text lassen sich zumindest drei oder vier solcher relativ selbständiger Bildkomplexe unterscheiden:

— das Haus, in dem der Schnee des Verschwiegenen treibt,
— das Blut, das aus den Sinnesorganen Auge, Mund und Ohr quillt,
— der Schlüssel, der je nach Menge und Art des Blutes wechselt,
— das Wort, das wie der Schlüssel wechselt, das in Schneeflocken und Windstößen treibt und um das sich der Schnee „ballt".

Was diese in keinerlei rational faßbarem räumlichem, sachlichem oder kausalem Zusammenhang stehenden, aber auch in sich realitätsfremden Bildkomplexe gleichwohl miteinander verbindet, ist eine auf emotionaler Ebene spürbare bedrohliche Wirkung, die von den in ihnen ausgesprochenen oder angedeuteten Phänomenen oder Aktivitäten ausstrahlt: da ist der „Schnee" offensichtlich als eine negative Chiffre für Kälte zu verstehen, die verschweigen oder verstummen läßt und die Grenzen des bergenden Hauses durchdringt; da ist das „Blut" als Hinweis auf die Gewalt, die den Sinnesorganen angetan wird und die sie unfähig macht, ihre eigentliche Aufgabe der Kommunikation zu erfüllen; da ist die Schwierigkeit, je nach Art und Ausmaß der Gewalt den „Schlüssel" zu wechseln, und da ist schließlich das „Wort", das, dem gleichen Zwang zum Wechsel ausgesetzt, vom Wind getrieben, „der dich fortstößt", im geballten Schnee erstickt — ganz anders übrigens als in Benns täuschender erster Strophe, wo sich noch „alles zu ihm hin (zu) ball(en)" schien.

Das lyrische Ich sucht nun offenbar dieser Gefahr der gewaltsamen Isolierung und „Mundtotmachung" mit „wechselndem Schlüssel" zu begegnen, einer Metapher, die dem Gedicht den Titel gibt und mit der es beginnt und der damit eine im eigentlichen Wortsinn „erschließende" Funktion zukommt.

Sie scheint den Versuch zu signalisieren, durch das wechselnde Wort ein verschwiegenes Leid zum Sprechen zu bringen, ein Versuch, der aber offensichtlich mißlingt; denn so wie das Wort

(. . .) treiben darf mit den Flocken.
Je nach dem Wind, der dich fortstößt,
ballt um das Wort sich der Schnee.

Von Anfang an ist das Gedicht auf einen Dialog hin angelegt – ob mit einem fiktiven Partner oder mit dem eigenen Ich, sei dahingestellt. In jedem Falle läßt die Anrede eines „du" persönliche Betroffenheit verspüren, und man wird wohl nicht fehlgehen in der Annahme, daß die Botschaft des Gedichts im Zusammenhang steht mit dem „unsäglichen" Leid, das den Juden durch Hitler und seine Schergen zugefügt wurde und das in der hermetischen Lyrik Celans mehr oder weniger verschlüsselt immer wieder eine zentrale Rolle spielt. Mit „wechselndem Wort" sucht der Autor das Unsagbare sagbar zu machen, es dem „Schnee des Verschwiegenen" und Vergessenen zu entreißen; aber offenbar vermag auch die im Wechsel des Worts sich anbietende Vielfalt der Sprache das Ungeheuerliche dieses Geschehens nicht ins Wort zu bannen.

So bleibt als letztes Wort der „Schnee", die Kälte des Unsagbaren, vielleicht ein neues, ein negatives „Zauberwort".

Ingeborg Bachmann

Ihr Worte (1964)

Ihr Worte, auf, mir nach!,
und sind wir auch schon weiter,
zu weit gegangen, geht's noch einmal
weiter, zu keinem Ende geht's.

5   Es hellt nicht auf.

Das Wort
wird doch nur
andre Worte nach sich ziehn,
Satz den Satz.
10 So möchte Welt,
endgültig,
sich aufdrängen,
schon gesagt sein.
Sagt sie nicht.

15 Worte, mir nach,
daß nicht endgültig wird
– nicht diese Wortbegier
und Spruch auf Widerspruch!

Laßt eine Weile jetzt
20 keins der Gefühle sprechen,
den Muskel Herz
sich anders üben.

Laßt, sag ich, laßt,

ins höchste Ohr nicht,
25 nichts, sag ich, geflüstert,
zum Tod fall dir nichts ein,
laß, und mir nach, nicht mild
noch bitterlich,
nicht trostreich,
30 ohne Trost
bezeichnend nicht,
so auch nicht zeichenlos –

Und nur nicht dies: das Bild
im Staubgespinst, leeres Geroll
35 von Silben, Sterbenswörter.

Kein Sterbenswort,
Ihr Worte!

In diesem neun Jahre vor ihrem Tod entstandenen lyrischen Text thematisiert die österreichische Dichterin ihr Verhältnis zur Sprache, das von Widersprüchlichkeit geprägt zu sein scheint. Auf der einen Seite läßt sie sich mit der unmittelbaren Anrede an die „Worte" in eine enge persönliche Beziehung mit ihr ein, bindet sie an sich mit der Aufforderung, ihr nachzufolgen, und bringt damit zugleich ihre Überzeugung zum Ausdruck, bis zur Aussage über den Tod Einfluß auf sie nehmen zu können. Auf der anderen Seite äußert sie eindringlicher noch ihre Zweifel, ob Sprache das, was sie von ihr erwartet, zu leisten vermag: Sprache gelangt zu keinem „Ende", zu keiner Klärung – „es hellt nicht auf" –, setzt immer wieder neu an, „Welt" zu interpretieren, und erzeugt doch immer nur neue „Wortbegier" und „Spruch auf Widerspruch".

Die unterschiedliche Akzentuierung dieser Widersprüchlichkeit bestimmt auch in etwa die Struktur des Textes: Klingt im ersten Teil, d.h. in den Strophen, die ausdrücklich mit dem Appell an die Worte als Gesprächspartner beginnen, noch ein gewisses Vertrauen in die Gefolgschaft der Sprache an, so ist der zweite Teil von der ersten bis zur letzten Zeile von Verweigerung und Negation diktiert. Die „Worte" werden aufgefordert, zu den zentralen Themen traditioneller Lyrik, wie „Gefühle" und „Tod", zu schweigen. Zwar ergeht auch hier noch einmal eine Aufforderung zur Nachfolge, aber dieses „und mir nach" ist eingebunden in die Negativ-Formeln und -Aufforderungen eines wiederholten „Laßt", „laß" und „nur nicht", die in immer neuen Variationen den zweiten Teil durchziehen und in „Kein Sterbenswort" am Ende münden, das nach der vorausgegangenen Erwähnung des Todes genausogut wörtlich wie in der im allgemeinen Sprachgebrauch üblichen übertragenen Bedeutung von „rein gar nichts" verstanden werden kann. Vor diesen markanten Schlußworten wird noch einmal „das Bild im Staubgespinst, leeres Geröll von Silben, Sterbenswörter" evoziert und damit der Mißstand einer inhaltsleeren, unzusammenhängenden Sprache beklagt, vor dem die Dichterin die „Worte" – und sie mögen im Gegensatz zu den „Wörtern" als Zeichen für sinnhaftes Sprechen stehen – warnen und bewahren möchte.

Es ist gewiß nicht zu erwarten, daß ein solch zwiespältiges Verhältnis zur Sprache in einer alle Unstimmigkeiten übertönenden Form von Reim und regelmäßigem Rhythmus „ins höchste Ohr" klingt. Auch davon, daß hier etwa „die Welt" zu „singen" anhebe, kann keine Rede sein. Wenn Musikalität in diesen Versen überhaupt ins Spiel kommt, dann in Form von Dissonanzen, nicht von Harmonien. Gleichwohl formen den Text literarische Ausdrucksmittel, die seiner Aussage angemessen sind und der Intensivierung seiner Botschaft dienen. So erfährt der Leser das Stilmittel der Steigerung in der Eskalierung von Zweifel und Verneinung, das der Wiederholung und Variation in der unterschiedlichen semantischen Füllung des Leitbegriffs „Worte" und schließlich das der Prägnanz in der Beschränkung auf wenige sinntragende Wörter oder „Worte", wie z.B. „endgültig", „ohne Trost", „kein Sterbenswort", wobei der Verzicht auf eine syntaktische Einbindung den Eindruck des Definitiven, Irreversiblen noch unterstreicht.

In seiner über eine bloße Sprachskepsis hinausgehenden pessimistischen Grundstimmung scheint das Gedicht der Bachmann unter den hier ausgewählten Texten allein mit Rilkes *Ich fürchte mich so vor der Menschen Wort* vergleichbar. Während der Dichter der Jahrhundertwende sein Unbehagen an der Sprache vornehmlich mit deren Instrumentalisierung für die alltägliche Kommunikation begründet – „und dieses heißt Hund und jenes heißt Haus" –, so klagt der Text aus der zweiten Hälfte des Jahrhunderts über das Ungenügen der Sprache gerade in Bezug auf jene Bereiche, in denen die Poesie nach allgemeiner Einschätzung von jeher eine besondere Sensibilität entwickelt hatte. So wird man in diesem Text auch vergeblich nach einem „Zauberwort" fahnden, das die Welt zum Singen brächte. Allenfalls vermag man in dem wiederholten Appell der Bachmann an die Sprache, ihr zu folgen, einen Rest jenes Glaubens zu erkennen, daß der Dichter über die „wunderbare" Gabe verfüge, der Sprache solche Inhalte zu erschließen und solche Form zu verleihen, daß sie davor bewahrt bleibt, in „Geschwätz" zu verkommen oder in Bedeutungslosigkeit zu versinken.

Didaktische und methodische Anregungen

Die Reihe „Gedichte über das Wort" wurde mit der *didaktischen Zielsetzung* konzipiert, am Beispiel lyrischer Texte aus verschiedenen literarischen Epochen des deutschen Sprachraums von den Anfängen bis in unser Jahrhundert die jeweilige Einschätzung der dichterischen Sprache und ihrer poetischen Reflexion zu untersuchen. Im Unterricht der Oberstufe kann diese für die sprachlich-literarische wie für die politische Bildung gleichermaßen wichtige Aufgabe geleistet werden, wenn zumindest einige der hier analysierten lyrischen Texte einer Unterrichtseinheit zu dem genannten Thema zugrunde gelegt werden. Erster didaktischer Schritt ist dabei die Wahl des „Einstiegs" – bedeutsam ebenso für den Aufbau der Motivation wie für die Formulierung der Zielsetzung und die weitere Planung der Reihe. Im Hinblick darauf erscheinen zur Eröffnung der Reihe als besonders geeignet

– die *Merseburger Zaubersprüche* (1)
– Eichendorffs *Wünschelrute* (2) und
– Benns *Ein Wort* (3)

1) Beginnt man die Reihe mit den *Merseburger Zaubersprüchen*, so kann man erwarten, daß die Schüler damit auf eine leicht faßliche Weise die „magische" Dimension des dichterischen Wortes wie der ritual geformten Rede als ein – wie sich für sie zeigen wird – über die Jahrhunderte hinweg wirksames Element der „öffentlichen" Rede und einer bestimmten Dichtungsart erfahren. Im Anschluß daran sollte deshalb zumindest ein Text der klassisch-romantischen Epoche die vergeistigte Form der Magie verdeutlichen, während in einem dritten Schritt ein Text der „klassischen" oder der jüngeren Moderne die Gegenposition der Sprachskepsis oder der Sprachkritik erkennen ließe.
2) Für eine emotional sensible, musikalisch aufgeschlossene Lerngruppe bieten sich die Eichendorffschen Verse zur Eröffnung der Reihe an, zumal wenn die Gruppe schon Erfahrungen im Umgang mit Texten der Romantik machen konnte. Die Musikalität dieser Verse und ihr unbedingtes Vertrauen in die „heilenden" Kräfte des dichterischen Wortes bleiben so ständiger Bezugspunkt bei der Erschließung der übrigen Texte, von denen neben den *Merseburger Zaubersprüchen* die Verse Georges und Rilkes – letztere im besonderen mit dem „Zitat": „Die Dinge singen hör ich so gern" – den Vergleich geradezu herausfordern.
3) Will man eine mehr „prosaisch"-intellektuell geprägte Lerngruppe gleich zu Anfang mit dem Problem der Ambivalenz der Sprache konfrontieren, so liegt es nahe, die Reihe mit den Versen von Benn zu eröffnen, spiegelt sich darin doch die Doppelwertigkeit des Wortes ganz anschaulich auch in der Struktur des Gedichtes wieder. Daran anschließen könnte man die beiden gleichfalls konträr komponierten Strophen Goethes, etwa im Sinne eines Rückgangs auf die „Wurzeln" der modernen Poesie. Darin tritt der Mensch vom Dunkel ins Helle, und dies allein

noch aufgrund einer Aufforderung des Dichters – ganz anders als bei Benn, wo die blitzartige Erhellung durch ein Wort das Bewußtsein für die existenzielle Dunkelheit, der das moderne „Ich" ausgeliefert bleibt, nur noch schärft. Mit der Erschließung der Texte der Bachmann und/oder von Celan könnte der lyrische Diskurs zur Moderne zurückkehren, und die Schüler würden in diesen Beispielen sowohl den Kontrast zum ganzheitlichen Lebensgefühl und zum Harmoniebedürfnis der klassisch-romantischen Epoche wie zugleich das Zerbrechen poetischer Sprache in ganz unterschiedliche Dichter-Sprachen erfahren. Einem tieferen, auch historischen Verständnis dieser „Wende" könnte das ergänzende bzw. begleitende Lektüre von Hugo von Hofmannsthals *Brief des Lord Chandos* dienen, der das Phänomen der Sprachlosigkeit des „fin de siecle" eindrucksvoll vor Augen führt. Aber auch ein Gespräch über die ambivalente Wirkung der Sprache im Grenzbereich zur Politik könnte einen sinnvollen Abschluß der Reihe bilden, wobei Text und Sprechsituation des „Wort(es) über das Wort" von Vaclav Havel anläßlich der Preisverleihung in der Frankfurter Paulskirche im Oktober 1989 der Diskussion Substanz und Richtung verleihen würden.[5] In methodischer Hinsicht wird man im wesentlichen den Wegen der von uns gewählten Erschließung folgen können, wobei natürlich die unterschiedlichen Voraussetzungen und die konkrete Unterrichtssituation der jeweiligen Lerngruppe Abweichungen erforderlich machen. Darüber hinaus sei auf zwei methodische Prinzipien hingewiesen, deren exemplarische Anwendung sich hier in besonderer Weise anbietet. Zum einen ist dies das Prinzip des Kontrastes, das sowohl den Vergleich der Texte untereinander als auch die Erschließung des Einzelgedichts erleichtert, insbesondere dann, wenn der Gegensatz wie in den Texten von Goethe und Benn die Gestalt der beiden Strophen eines Gedichts prägt. Zum anderen sei auf das Prinzip der Erhellung eines Textes durch einen anderen sinn- oder motivverwandten desselben Autors hingewiesen, das hier am Beispiel der Texte von Goethe, Rilke und Benn angewandt wurde.

Schließlich wird auch noch auf eine Möglichkeit des kreativen Umgangs mit Literatur im Rahmen dieser Unterrichtsreihe verwiesen. Ausgehend von Zesens barocktypischem Figurengedicht *Palm-baum* wären einerseits moderne Piktogramme wie z.B. Reinhard Döhls bekannter *Apfel* oder – in diesem Buch – Hans Manz' *Labyrinth* (Norbert Micke) zum Vergleich heranzuziehen. Die in der *Modellanalyse* Bd. 20 veröffentlichte Interpretation von Eugen Gomringers *schweigen* (Klaus Lindemann) böte darüberhinaus ein themenverwandtes Beispiel, das im Rahmen einer Klausur oder zum Abschluß der Reihe herangezogen werden könnte. Zum andern könnten die Schüler, ausgehend von einem solchen Vergleich, eventuell selbständig, wenn schon nicht so aufwendige *Palm-bäume,* so doch zumindest andere sprechende Piktogramme zum Thema und zu ihrem Verständnis vom „Wort" im Gedicht verfassen und zur Diskussion stellen.

Gedichte über das Wort

Anmerkungen:

[1] S. dazu die Interpretation in: Werner Zimmermann, *Deutsche Prosadichtungen des 20. Jahrhunderts,* Teil III, Düsseldorf 1988, S. 141-167.
[2] S. dazu Wolfgang Kayser, *Das sprachliche Kunstwerk,* Bern 1954, S. 76f.
[3] *Goethes Werke,* Hamburger Ausgabe, Band XIII, S. 305
[4] Ebd. Band I, S. 367
[5] abgedruckt in der *Frankfurter Allgemeinen Zeitung* vom 16.10.1989, Nr. 240

Benutzte Ausgaben der lyrischen Texte

Der zweite Merseburger Zauberspruch, in: Karl Otto Conrady, *Das große deutsche Gedichtbuch,* Kronberg 1977, S. 2
Filip von Zesen, Palm-baum, in: K.O.Conrady, a.a.O. S. 121
Johann Wolfgang von Goethe, Gedichte sind gemalte Fensterscheiben, in: *Goethes Werke,* Hamburger Ausgabe, Band I, S. 326
Joseph von Eichendorff, Wünschelrute, in: K.O. Conrady, a.a.O., S. 382
Rainer Maria Rilke, Ich fürchte mich so . . . in: R.M. Rilke, *Sämtliche Werke,* Frankfurt 1975, Band I, S. 194
Stefan George, Das wort, in: Echtermeyer/von Wiese, *Deutsche Gedichte,* Düsseldorf 1988, S. 565
Gottfried Benn, Ein Wort, in: K.O. Conrady, a.a.O. S. 761
Paul Celan, Mit wechselndem Schlüssel, in: K.O. Conrady, a.a.O. S. 944
Ingeborg Bachmann, Ihr Worte, in: I. Bachmann, *Gedichte, Erzählungen, Hörspiele, Essays,* München 1964, S. 62 ff.

Modellanalysen: Literatur

Begründet von Werner Zimmermann
Herausgegeben von Klaus Lindemann

Band 1   Klaus Lindemann
Eichendorffs Schloß Dürande
Konservative Rezeption der
Französischen Revolution
Best.-Nr. 75041

Band 2   Winfried Freund
Adelbert von Chamisso
Peter Schlemihl
Geld und Geist
Best.-Nr. 75042

Band 3   Karl Moritz
Annette von Droste-Hülshoff
Die Judenbuche
Sittengemälde und Kriminalnovelle
Best.-Nr. 75043

Band 4   Hubert Rüter
Erich Maria Remarque
Im Westen nichts Neues
Ein Bestseller der Kriegsliteratur
im Kontext
Best.-Nr. 75044

Band 5   Klaus Lindemann (Hrsg.)
europaLyrik 1775-heute
Gedichte und Interpretationen
Best.-Nr. 75045 (vergriffen)

Band 6   Klaus Lindemann
Jeremias Gotthelf
Die Schwarze Spinne
Zur biedermeierlichen Deutung
von Geschichte und Gesellschaft
zwischen den Revolutionen
Best.-Nr. 75046

Band 7   Peter Bekes
Peter Handke
Kaspar
Sprache als Folter
Best.-Nr. 75047

Band 8   Herbert Haffner
Heinrich Leopold Wagner/
Peter Hacks
Die Kindermörderin
Original und Bearbeitungen
im Vergleich
Best.-Nr. 75048

Band 9   Klaus Weimar
Goethes Gedichte 1769-1775
Interpretationen zu einem Anfang
Best.-Nr. 75049

Band 10   Winfried Freund
Theodor Storm
Der Schimmelreiter
Glanz und Elend des Bürgers
Best.-Nr. 75050

Band 11   Walter Jahnke
Hermann Hesse
Demian
Ein er-lesener Roman
Best.-Nr. 75051

Band 12   Guido Stein
Thomas Mann
Bekenntnisse des Hochstaplers
Felix Krull
Künstler und Komödiant
Best.-Nr. 75052

Band 13   Gerhard P. Knapp
Conrad Ferdinand Meyer
Das Amulett
Historische Novellistik auf der Schwelle
zur Moderne
Best.-Nr. 75053

Band 14   David E. Wellbery/Klaus Weimar
Johann Wolfgang von Goethe
Harzreise im Winter
Eine Deutungskontroverse
Best.-Nr. 75054

Band 15   Werner Zimmermann
Bertolt Brecht
Leben des Galilei
Dramatik der Widersprüche
Best.-Nr. 75055

Band 16   Gert Oberembt
Gerhart Hauptmann
Der Biberpelz
Eine naturalistische Komödie
Best.-Nr. 75056

Band 17   Paul-Wolfgang Wührl
E.T.A. Hoffmann
Der goldene Topf
Die Utopie einer ästhetischen Existenz
Best.-Nr. 75057

Band 18 Heinrich Mettler/Heinz Lippuner
Friedrich Schiller
Wilhelm Tell
Das Drama der Freiheit
Best.-Nr. 75058

Modellanalysen: Literatur

Begründet von Werner Zimmermann
Herausgegeben von Klaus Lindemann

Band 19   Albert Klein
Heinrich Mann
Professor Unrat oder
Das Ende eines Tyrannen
Best.-Nr. 75059

Band 20   Walter Jahnke/Klaus Lindemann/
Norbert Micke/Werner Zimmermann
Mythos und Mythenbildung
Prometheus – Krieg – Deutschland – Sehnsucht
Lyrikreihen I
Best.-Nr. 75060

Band 21   Walter Jahnke/Klaus Lindemann
Günter Grass: Die Blechtrommel
Acht Kapitel zur Erschließung des Romans
Best.-Nr. 75061